SOSTENIBILIDAD SOCIAL Y REHABILITACIÓN DE VIVIENDA

ESPECIAL REFERENCIA A ANDALUCÍA

María Luisa Gómez Jiménez
(Directora)

SOSTENIBILIDAD SOCIAL Y REHABILITACIÓN DE VIVIENDA

ESPECIAL REFERENCIA A ANDALUCÍA

María Luisa Gómez Jiménez
(Directora)

Autores:
Rafael Arredondo Quijada
Fernando García Rubio
María Luisa Gómez Jiménez
Beatriz Romera Megías

JUNTA DE ANDALUCIA
Agencia de Obra Pública de la Junta de Andalucía
CONSEJERÍA DE FOMENTO Y VIVIENDA

UNIVERSIDAD DE MÁLAGA

Unión Europea
Fondo Europeo de Desarrollo Regional

PasosVivienda

Dykinson, S.L.

Este libro ha sido sometido a evaluación por parte de nuestro Consejo Editorial.
Para mayor información, véase www.dykinson.com/quienessomos

Obra cofinanciada 80 % con fondos FEDER, en el marco de la convocatoria pública del «Contrato de servicios de proyectos de I+D+i relativos a las materias de Movilidad, Infraestructuras, Vivienda, Ciudad y otras dentro del ámbito competencial de la Consejería de Fomento y Vivienda para los años 2013 y 2015», con número de expediente G-GI3002/IDIV, titulado: «Propuestas de Actuación y Parámetros de Sostenibilidad en el acceso y la rehabilitación de vivienda en Andalucía en un momento de crisis» (Consejería de Fomento y Vivienda y Agencia de Obra Pública de la Junta de Andalucía).

Andalucía
se mueve con Europa

Editorial DYKINSON, S.L.
Meléndez Valdés, 61 - 28015 Madrid
Teléfono (+34) 91544 28 46 - (+34) 91544 28 69
e-mail: info@dykinson.com
htt://www.dykinson.es http://www.dykinson.com

ISBN: 978-84-9085-621-5
Depósito Legal: M-38833-2015

Realización Gráfica e Impresión:
SAFEKAT, S. L.
Laguna del Marquesado, 32 - Naves J, K y L
Complejo Neural - 28021 Madrid
www.safekat.com

ÍNDICE

INTRODUCCIÓN: EL PORQUÉ DE ESTA OBRA 9

CAPITULO I
ESTUDIO PRELIMINAR SOBRE LA POLITICA VIVIENDA EN ANDALUCÍA: PARAMETROS NORMATIVOS DE PARTIDA 13

CAPITULO II.
REFLEXIONES JURIDICAS SOBRE VIVIENDA Y SOSTENIBILIDAD 47

CAPÍTULO III.
LA REGENERACIÓN URBANA. CONSIDERACIONES SOBRE LOS PROYECTOS DE REGENERACIÓN URBANA 113

CAPÍTULO IV.
REFLEXIONES SOBRE LOS DESAHUCIOS EN MATERIA VIVIENDA DESDE LA CONSIDERACIÓN NORMATIVA DE LA EXCLUSIÓN SOCIAL, Y EL INFORME SOCIAL COMO INSTRUMENTO DE VALIDACIÓN 193

ANEXOS: 217
— INFORME SOCIAL CONSEJO ANDALUZ COLEGIO DE TRABAJO SOCIAL
— DECÁLOGO DE BUENAS PRÁCTICAS

INTRODUCCIÓN

Esta obra nace de un esfuerzo continuado en el grupo de Investigación «Propuestas de Actuación y Parámetros de Sostenibilidad en el acceso y la rehabilitación de Vivienda en Andalucía que ha sido financiado con cargo a fondos FEDER, en el marco de la convocatoria I + D + I, de la Consejería de Fomento y Vivienda de la Junta de Andalucía[1]. El objeto de las investigaciones desarrolladas en el seno del equipo de trabajo han estado orientadas a la generación de debate y reflexiones que permitieran construir propuestas normativas de interés para el desarrollo de la política de vivienda en la Comunidad Autónoma.

Durante la duración del proyecto hemos aprendido del valor de la integración interdisciplinar de distintas perspectivas y orientaciones que permitieran construir propuestas normativas reales y abundaran en la respuesta a problemas sociales desde una realidad también interdisciplinaria. Este texto es muestra sólo de alguno de los avances realizados. En el se contemplan trabajos de juristas pero también de arquitectos y trabajadores sociales, en un esfuerzo coordinado por aunar bajo una misma proyección los saberes técnicos, científicos que deben ser orquestados bajo un mismo ordenamiento jurídico capaz de resolver las cuestiones planteadas. Sin embargo este estudio no puede ser más que un estudio preliminar porque preliminares son siempre los apuntes con lo que uno trabaja y porque la realidad económica y social del país en general y de nuestra tierra en particular camina siempre muy por delante de derecho y de las propuestas normativas.

Tratar pues de adelantarse a las cuestiones es siempre un reto nada desdeñable para el estudioso de estos temas pero la sensibilidad social que despiertan temas como los desahucios de vivienda, el drama social que acompañan difícilmente son transferibles al texto de una Ley. Es por ello que hemos querido integrar la voz de los trabajadores sociales que por vocación profesional se encuentran cercanos a una cuestión social de difícil solución pero de necesaria proyección normativa. Accesibilidad pues entendida como accesibilidad social y económica, y no sólo técnica o de supresión de barre-

[1] *The authors would like to thank the FEDER of European Union for financial support via project «Propuestas de Actuación y Parámetros de Sostenibilidad en el Acceso y la Rehabilitación de Vivienda en Andalucía en un context de crisis GGI-31002IDIV» of the «Programa Operativo FEDER de Andalucía 2007-2013». We also thank all Agency of Public Works and the Ministry of Furtherance and Housing of Andalusia Regional Government staff and researchers for their dedication and professionalism.*

ras arquitectónicas. Dicho lo cual pareciera que faltan muchos elementos que abordar difíciles de condensar en este estudio, quizás si pueden apuntarse o motivarse cuestiones que inviten a la reflexión partiendo de los datos tozudos de la realidad cambiante de embargos y recortes, en el siempre escenario de la limitación presupuestaria que ha acompañado estos tiempos de crisis.

Quizás la reflexión hubiera debido hacerse sólo desde la sensibilidad social pero lo cierto es que en aras a la salvaguarda de los retos introducidos también por el Real Decreto Legislativo 7/2015, de 30 de octubre que aprueba el Texto Refundido de la Ley del Suelo y Rehabilitación Urbana, resultaba un reto añadido reflexionar sobre el origen de los procesos de regeneración urbana. Por ello, el texto viene a integrar además un aporte realizado desde la técnica arquitectónica pero con proyección normativa de la figura del proyecto de regeneración urbana. Figura por cierto poco estudiada en la doctrina pero relevante si cabe aún más en los tiempos de rehabilitación de vivienda que acontecen. Pues de los casos de éxito y las propuestas que se presentan se derivan no sólo valiosas enseñanzas respecto de la oportunidad de regular esta figura en el ámbito autonómico andaluz sino de la imbricación de todas estas actuaciones en el paraguas de la Ley de Ordenación Urbanística de Andalucía que debe adaptarse en sus previsiones a los nuevos paradigmas del texto Refundido de la Ley del Suelo y Rehabilitación Urbana de 30 de octubre de 2015. No sólo mediante la descripción de actuaciones contenidas en instrumentos de planificación de Vivienda (ya sea en el Plan de Vivienda Estatal o Autonómico sino en el más específico caso de las técnicas normativas que aún puedan ser repensadas en el escenario Andaluz.

El ejemplo reciente lo proporciona la jurisprudencia constitucional sobre la Ley 4/2013, y la misma repercusión de la Ley respecto de la modulación de la función social de la propiedad. Función Social, que conecta con la noción de vulnerabilidad social y si se quiere con la de exclusión social primas hermanas de una realidad compleja.

Estos estudios, son pues complementarios y a la vez diferentes pues aproximan dos aspectos de una poliédrica realidad compleja en el estudio de la Vivienda. A ellos se anexa una introducción normativa que sirva de paraguas contenedor de la siguientes y que reproduce parte de del informe sobre propuestas normativas presentado en el seno del Proyecto de Investigación. Informe prolijo en recomendaciones que sin embargo debe esperar a su implementación para el caso de las posibles y futuras reformas en la política de vivienda en Andalucía, y que se complementa con una no menos prolija y concienzuda reflexión sobre el marco normativo de la vivienda con la atractiva expresión de las cuestiones de eficiencia energética y derecho público que tanto motivan a los poderes públicos acuciados en el control del gasto de los recursos públicos.

Incorpora a su vez el texto dos anexos, de interés. El primero es fruto del trabajo del Consejo de Colegio Andaluz e Trabajo Social, y se integra en el aporte del Prof. Arredondo, Decano a la sazón del Colegio de Trabajadores Sociales de Málaga y el segundo es fruto también de las investigaciones desarrolladas en el seno del proyecto de investigación (Pasos), nos referimos al Decálogo de Buenas prácticas. Son en cualquier caso documentos de reflexión y conclusiones finales pero motivan al lector a repensar sobre la cuestión inacabada de la vivienda, con el cual les dejamos en este estudio preliminar.

En Málaga a 9 de Noviembre de 2015

MARÍA LUISA GÓMEZ JIMÉNEZ
Directora de Proyecto Pasos Vivienda
Profesora de Derecho Administrativo
Universidad de Málaga
www.pasosvivienda.uma.es

CAPÍTULO I

ESTUDIO PRELIMINAR SOBRE LA POLÍTICA VIVIENDA EN ANDALUCÍA: PARÁMETROS NORMATIVOS DE PARTIDA

PROF. DR. MARÍA LUISA GÓMEZ JIMÉNEZ
PROF. CONTRATADO DOCTOR DE DERECHO ADMINISTRATIVO
UNIVERSIDAD DE MÁLAGA
mlgomez@uma.es

I. LA VIVIENDA COMO DERECHO HUMANO Y LAS IMPLICACIONES DE SU EJERCICIO EN EL ÁMBITO DE LAS POLÍTICAS PÚBLICAS ESPAÑOLAS

A. Introducción: La vivienda como derecho humano y las implicaciones de su ejercicio en el ámbito de las políticas públicas españolas

El artículo 1.ª de la Declaración Universal de los Derechos Humanos de 10 de Diciembre de 1948, vino a afirmar que: «Todos los seres humanos nacen libres e iguales en dignidad y derechos y, dotados como están de razón y conciencia, deben comportarse fraternalmente los unos con los otros». La referencia expresa a la dignidad del ser humano como factor intrínseco calificador y diferenciador, ha sido con frecuencia ignorado en las políticas públicas que al uso han puesto su énfasis especialmente en el ámbito edificatorio y constructivo en aspectos más económicos que humanos.

Recuerda además el artículo 25 de la Declaración de Derechos Humanos, que «toda persona tiene derecho a un nivel de vida adecuado que le asegure, así como a su familia, la salud, y el bienestar y en especial la alimentación, el vestido la vivienda, la asistencia médica y los servicios sociales necesarios;

tiene asimismo derecho a los seguros en caso de desempleo, enfermedad, invalidez, viudez, vejez u otros casos de pérdida de sus medios de subsistencia por circunstancias independientes de su voluntad», Está música que interpretada por Nacionales Unidas, no olvidó expresamente recordar el mínimo asistencial que la vivienda proporciona en tanto en cuanto permite el bienestar individual y familiar, ha sido con frecuencia ignorada. Pareciera mediar un abismo desde las grandes declaraciones institucionales y la efectividad del día a día y pareciera que hace falta recordar estos principios e integrarlos como parte relevante de la actuación pública, en tanto que premisas de obligado complimiento.

La dificultad viene por la concreción en la que puede apreciarse, tanto a nivel nacional como autonómica el cumplimiento de un lado de la garantía de «dignidad humana» y por otro lado de la «garantía del nivel de vida adecuado». En ambos se desprenden dos elementos de partida, de un lado el mismo significado de dignidad humana, y su proyección normativa— y de otro la relación que subyace al examen de la adecuación en las condiciones de vida que los poderes públicos e instituciones públicas deben garantizar.

Pues bien, en el primer caso no hay estudios jurídicos serios sobre la cuestión. En el segundo caso la descripción de las categorías conceptuales a las que se hace referencia nos llevan de la mano interdisciplinar de la economía política, de la política fiscal y financiera de un país y de la definición —en nuestro caso— de instrumentos de derecho comunitario que redunden en la definición de la cohesión social y económica y nos sumerge en el debate entre lo adecuado del nivel de vida y el umbral de la pobreza, entre otros temas colaterales de significación.

Entendemos que cualquier propuesta normativa que se oriente al examen del derecho a la vivienda debe integrar ambos aspectos de la misma manera que debe integrar lo existente y partir del contexto económico del momento en que pretende llevarse a cabo para, poner en relación los instrumentos económicos abocados a la producción de un bien (en este caso la vivienda digna), con la necesidad social a que debe dar respuesta.

Además, y siguiendo la Resolución aprobada por el Consejo de Derechos Humanos, en 25 período de sesiones de la Asamblea General de Naciones Unidas,[1] de 14 de abril de 2014, la vivienda adecuada es un elemento integrante del derecho a un nivel de vida adecuado[2]. Este reconocimiento avala

---

[1] Documento referenciado con; A/HRC/RES/25/17

[2] Documento que parte de la descripción de una realidad que no tarda en diagnosticar como preocupante;

«Profundamente preocupado por el hecho de que, en años recientes, millones de propietarios de casas se hayan visto afectados por ejecuciones hipotecarias, y de que la elevada tasa de ejecuciones hipotecarias pueda repercutir negativamente en el disfrute del derecho a una vivienda adecuada, e igualmente preocupado por que, en años recientes, haya habido una vez más desde instancias internacionales en la necesidad de obrar en el ámbito de la normativa interna de nuestro país los ajustes precisos que hagan viable el ejercicio del derecho a la vivienda.

En cualquier caso, y sea como fuere, la traslación de las premisas internacionales, aceptadas por todos los países, en el que debe ser ámbito de actuación público de defensa de los derechos humanos en general y del Derecho Humano a la Vivienda en particular, ha tenido en los últimos meses un importante avance de la mano de la Jurisprudencia del Tribunal de Estrasburgo del que en este capitulo queremos dar alguna reseña[3]. Son varios los pronunciamientos jurisprudenciales que desde que la crisis inmobiliaria estalló en todo el mundo han tenido lugar en el ámbito de la defensa del derecho humano a una vivienda digna y adecuada y que desde distintos aspectos han sido objeto de atención por el Tribunales Internacionales, respecto de la clausula suelo, las inversiones inmobiliarias transfronterizas, los derechos de los consumidores o los embargos de vivienda. Uno de los pronunciamientos más significativos es aquel que ha emanado de Estrasburgo en fechas recientes y que implica obligación de realojo a las administraciones Públicas[4], para hacer efectivo el derecho humano a la vivienda digna y adecuada. Sin que sea este el lugar de descender al detalle de cada uno de los pronunciamientos jurisprudenciales[5], sólo podemos dar cuenta de la consecuencias que las declaraciones emanadas operan en dicha cuestión, y las implicaciones sociales y mediáticas que incorporan[6], a la par que su conexión con la realidad de una sociedad afectada por numeroso procesos de embargo que hacen insostenible la convivencia y afectan de manera creciente dinámicas de desarrollo y cohesión social.

---

un incremento del alquiler de vivienda privada entre los pobres urbanos sin que exista un marco equilibrado de protección de inquilinos y propietarios, y también por que las opciones en materia de alquiler para los pobres urbanos sean todavía insuficientes e inadecuadas».

[3] Este trabajo se enmarca en el desarrollo del proyecto de Investigación: «Propuestas de Actuación y Parámetros de Sostenibilidad en el Acceso y la Rehabilitación de Vivienda en Andalucía en un contexto de crisis», que con referencia C-GI3002/IDIV se viene desarrollando en la Convocatoria 2013-2014 y se conecta específicamente con el examen de propuestas normativas para mejorar la accesibilidad a la vivienda en Andalucía.

[4] Véase en este sentido el reciente Auto del Tribunal Superior de Justicia de Andalucía de 20 de Junio que avala la decisión de realojar al colectivo que integran menores y en riesgo de exclusión social, en el caso de la Corrala la Utopía de Sevilla, que tanta polémica suscitó y cuyo realojo había sido ya demandado por del Tribunal de Estrasburgo en el sentido de exigir el realojo en caso de desahucios, 5 de marzo de 2014.

[5] Para consultar y seguir un análisis mas detallado véanse las publicaciones que emanarán del Think Tank on Housing and Urban Policy del presente proyecto.

[6] En este sentido puede leerse en profusa documentación administrativa y mediática, como la emanada en la paralización de desahucios por la Plataforma de Afectados por la Hipoteca (http://afectadosporlahipoteca.com/).

B. La defensa del Derecho a la Vivienda como Derecho Humano a la luz de la Jurisprudencia del Tribunal Europeo de Derechos Humanos: De la paralización de los desahucios hasta que la Administración Pública no garantice una alternativa habitacional a la familia desahuciada

Son varios los pronunciamientos jurisprudenciales que desde que la crisis inmobiliaria estalló en todo el mundo han tenido lugar en el ámbito de la defensa del derecho humano a una vivienda digna y adecuada y que desde distintos aspectos han sido objeto de atención por el Tribunales Internacionales, respecto de la clausula suelo, las inversiones inmobiliarias transfronterizas[7], los derechos de los consumidores o los embargos de vivienda. Uno de los pronunciamientos más significativos es aquel que ha emanado de Estrasburgo en fechas recientes y que implica una obligación a las administraciones Públicas, para hacer efectivo el derecho humano a la vivienda digna y adecuada. Sin que sea este el lugar de descender al detalle de dicha cuestión y las implicaciones sociales y mediáticas que incorpora, a la par que su conexión son la realidad de una sociedad afectada por numeroso procesos de embargos que hacen insostenible y afectan de manera creciente a las familias y producen situación de angustia social.

En este lugar tendremos ocasión de analizar algunos de los pronunciamientos más significativos en la materia, en atención a: de un lado la misma configuración del Derecho a la Vivienda en tanto que Derecho Humano, y en segundo lugar respecto de la expresión de su acceso, a sostenibilidad social, sin olvidar la proyección del mismo respecto de los condicionantes que desde aspectos sectoriales inciden en su adecuación al colectivo al que va dirigida, o su adaptación al entorno y a la normativa de eficiencia energética.

Así, como exponíamos ut supra, fue la Declaración Universal de los Derechos Humanos la que en el párrafo 1, del artículo 25, la que vino a introducir reconocimiento expreso del Derecho a la Vivienda al decir: «Toda persona tiene derecho a un nivel de vida adecuado que le asegure, así como a su familia, la salud y el bienestar, y en especial la alimentación, el vestido, la vivienda […]»[8]. En el mismo sentido otros textos internacionales como la Pacto Internacional de Derechos Económicos y Sociales, y Culturales de 1966[9], han abundado en la misma idea, instando a los Estados firmantes a adoptar todas las medidas necesarias para garantizar la materialización del derecho a una vivienda digna.

---

[7] Caso Sint Servatius.

[8] Asamblea General de las Naciones Unidas (1948).Disponible en: http://www.un.org/en/documents/udhr/

[9] Asamblea General de las Naciones Unidas (1966), párrafo 1 del artículo 11, disponible en: http://www2.ohchr.org/english/law/cescr.htm

Concepto este de dignidad que conecta con la Observación General núm. 4 del Comité de Derechos Económicos Sociales y Culturales, de Naciones Unidas, al introducir el derecho a la vivienda en el escenario del «derecho a vivir, en seguridad, paz y dignidad, en alguna parte».

Podríamos comenzar señalando que tal y como señala el manual de Legislación Europea sobre Discriminación[10], de acuerdo con el Comité de Derechos Económicos, Sociales y Culturales,(CDESC), la vivienda adecuada debe cumplir una serie de requisitos, «y en particular debe ser de calidad suficiente, para asegurar la protección frente a los elementos, reflejar las necesidades culturales de sus ocupantes (por lo que incluye vehículos, caravanas, campamentos y otras estructuras no permanentes), estar conectada a suministros y saneamiento públicos y a servicios públicos y oportunidades de trabajo a través de una infraestructura adecuada, así como incluir una protección adecuada frente al desahucio forzado o sumario y ser asequible».

Además el Comité ha recordado que el Derecho a la Vivienda no comporta solamente obligaciones de hacer, (como la construcción de viviendas o las ayudas en el régimen de alquiler), sino también, obligaciones de no hacer, (como por ejemplo la prohibición de desalojos arbitrarios), o de protección frente a actuaciones provenientes de terceros (como la prohibición de abusos por parte de propietarios, agencias inmobiliarias o bancos). El entendimiento de lo que signifique las obligaciones contraídas por los Estados (tanto de hacer como de no hacer), se entiende en términos relativos al principio de progresividad (según señala el Artículo 2.1 del PIDESC)[11]. Si bien es cierto que la obligación como carácter internacional que ha tenido mayor predicamento ha sido la contenida en el Artículo 11 del PIDESC, sin olvidar que nadie (artículo 17), puede ser objeto de injerencias arbitrarias, o ilegales con su domicilio.

«El Protocolo Facultativo al Pacto Internacional de Derechos Económicos, Sociales y Culturales (PIDESC), que introduce los mecanismos tradiciones de control relativos a las denuncias interestatales e individuales, y añade el más novedoso y facultativo procedimiento confidencial de investigación ante la información de violaciones graves o sistemáticas»[12].

En el plano internacional además la defensa de los derechos sociales encuentra expresión en la Carta Social Europea. Dicho Documento, fue realizado en Turín, en el seno del Consejo de Europa, el 18 de octubre de 1961, y firmada en Estrasburgo el 27 de abril de 1978. En vigor a partir del 26 de febrero de 1965, fue ratificada por España el 29 de abril de 1980 (BOE, 26 junio y 11 agosto), convirtiéndose en derecho interno español a contar del 5 de junio de 1980, salvo su art. 8.4, b), que el Gobierno denunció por Instru-

---

[10] Pág., 77. The Hand Book of non Discriminatory Law (Section on Housing). Manual de legislación Europea contra la discriminación.

[11] Pisarello, opc.cit. Página 3.

[12] Jiménez García, op. Cít. Págin. 91.

mento de 6 de mayo de 1991. El documento inicial sufrió una profunda revisión en 1996, (3 de mayo de 1996, en Estrasburgo), pasando a denominarse *Carta Social Europea Revisada*. Este último documento no ha sido aún ratificado por España, (aunque se ha firmado), lo que implica que no forma parte aún del derecho Interno. Ya que treinta y dos de los cuarenta y siete estados del Consejo de Europa, han ratificado la Carta Social Europea Revisada. España la ha firmado el 23 de noviembre del año 2000, pero no la ha ratificado. No obstante lo cual, afirme el prof. Jiménez García[13], que a pesar de ello, los poderes públicos espaoles no podrán adoptar medidas que frusten el objeto y el fin de esta disposición, lo cual implica la inerpretación conforme a la Carta Social Europea.

Además, nos recuerda Jiménez García; «se trata no sólo de coherencia jurídica estatal que evite dos realidades irreconocibles con idénticos destinatarios, sino del derecho del ciudadano a exigir del Estado el cumplimiento por las vías procesales nacionales pertinentes de los compromisos adquiridos internacionalmente de conformidad con los postulados y los principios que rigen el propio Derecho internacional ratificado e integrado».

La vulneración de la Carta no compete al TEDH sino al Comité Europeo de Derecho Sociales, del que emanan Decisiones que pueden ser condenatorias para un País. Entres las últimas decisiones destacan la recibida el Reino de España con carácter condenatorio con respecto a la reforma realizada en materia de Derecho a la salud y el acceso al mismo por los inmigrantes extranjeros, en aras de la aplicación de medidas de austeridad y salvaguarda de la sostenibilidad económica.

No obstante lo cual, el documento ha integrado el reconocimiento del Derecho a la Vivienda, aunque no haya sido rafiticado en este punto por nuestro país. Respecto de la Declaración Universal de los Derechos Humanos, esta fue adoptada en la Asamblea General de Naciones Unidas, en su Resolución 217, A, de 10 de diciembre de 1948, en París[14]. Además el Convenio para la protección de los Derechos Humanos y Libertades Fundamentales, fue establecido en Roma el 4 de Noviembre de 1950, En dicho documento (ya con la integración del Protocolo 11) se creó el Tribunal Europeo de Derechos Humanos, en el artículo 19 de la norma.

El Tribunal Europeo de Derechos Humanos fue establecido el 3 de septiembre de 1953, y se renovó el 1 de noviembre de 1998, con la entrada en vigor del protocolo núm. 11[15]. Su proyección en el derecho interno Español adquiere rango constitucional en el artíuclo 10.2 de la Carta Magna al decir: «Las normas relativas a los derechos fundamentales y a las libertades que la

---

[13] En «Tomarse en serio el Derecho Internacional de los Derechos Humanos, en REDC, 101, 2014.

[14] La Unión de la Declaración Universal de los Derechos Humanos y los Pactos Internacionales de Derechos Humanos es lo que se considera como la Carta Internacional de Derechos Humanos.

[15] http://es.wikipedia.org/wiki/Tribunal_Europeo_de_Derechos_Humanos

Constitución reconoce se interpretarán de conformidad con la Declaración Universal de Derechos Humanos y los tratados y acuerdos internacionales sobre las materias ratificados por España».

Junto al examen de la Jurisprudencia del Tribunal Europeo de Derechos Humanos, se debe tomar en consideración la incidencia de la Carta de Derechos Fundamentales de la Unión Europea. Así, el artículo 51 de la Carta de Derechos Fundamentales de la Unión Europea (en adelante CDFUE) precisa que sus disposiciones, incluyendo derechos económicos, sociales y culturales, están dirigidas a los Estados miembros cuando apliquen el derecho de la Unión, por lo que éstos respetarán los derechos, observarán los principios y promoverán su aplicación con arreglo a sus respectivas competencias y dentro de los límites de las competencias que los Tratados atribuyen a la Unión».

La carta de Derechos Fundamentales de la Unión Europea es un texto aprobado por el Consejo Europeo de NIZA de 2000, y que complementa el Convenio Europeo e Derechos Humanos del Consejo de Europa[16]. Una versión adaptada de la carta fue aprobada el 12 de diciembre de 2007, antes de la firma del Tratado de Lisboa. Sucede sin embargo que una vez ratificado este se hace vinculante para todos los Estados firmantes (con excepciones para Polonia y el Reino Unido). En suma según la redacción del número artículo 6[17] del Tratado de la Unión Europea, estamos ante un texto jurídico vinculante para los Estados y cuya protección y salvaguarda corresponderán también al Tribunal de Justicia de la Unión Europea.

En este sentido la Agencia de Derechos Fundamentales de la Unión Europea (FRA), en el informe sobre la no discriminación, puso énfasis en la consideración de la vivienda en un sentido amplio (como había apuntado la Jurisprudencia del Tribunal Europeo de los Derechos Humanos, en el caso *Buckley v United Kingdom),* entendiendo por tal también formas de alojamiento menos convencionales como «caravanas» y «casas móviles».

---

[16] http://www.europarl.europa.eu/aboutparliament/es/0003fbe4e5/Carta-de-los-Derechos-Fundamentales-de-la-UE.html

[17] Artículo 6: 1. La Unión reconoce los derechos, las libertades y los principios enunciadas en la Carta de Derechos Fundamentales ... la cual tendrá el mismo valor jurídico que los Tratados. Las disposiciones de la Carta no ampliarán en modo alguno las competencias de la Unión tal como se definen en los Tratados. Los derechos, libertades y principios enunciados en la Carta se interpretarán con arreglo a las disposiciones generales del título VII de la Carta por las que se rige su interpretación y aplicación y teniendo debidamente en cuenta las explicaciones a que se hace referencia en la Carta, que indican las fuentes de dichas disposiciones. 2. La Unión se adherirá al Convenio Europeo para la Protección de los Derechos Humanos y de las Libertades Fundamentales. Esta adhesión no modificará las competencias de la Unión que se definen en los Tratados. 3. Los derechos fundamentales que garantiza el Convenio Europeo para la Protección de los Derechos Humanos y de las Libertades Fundamentales y los que son fruto de las tradiciones constitucionales comunes a los Estados miembros formarán parte del Derecho de la Unión como principios generales.»

Además viene a señalar la FRA que «el acceso al a vivienda incluiría no sólo la garantía de la igualdad de trato por parte de los propietarios públicos o privados y los agentes inmobiliarios en la decisión de arrendar y vender o no inmuebles a determinadas personas, así como el derecho a la igualdad de trato en *el modo de adjudicar la vivienda* (como la adjudicación de viviendas de baja calidad o lejanas a determinados grupos étnicos), *mantenerla* (como la falta de mantenimiento de las viviendas ocupadas por ciertos grupos) y *alquilarla* (como la falta de seguridad del arrendamiento o la aplicación de mayores rentas o fianzas a los pertenecientes a determinados grupos)». Esto es el análisis de la accesibilidad se aprecia desde la definición de los actores que intervienen y de la proyección del principio de igualdad tanto en la adjudicación de la vivienda, mantenimiento, como en la forma Buena de tenencia a la misma (que implica en el caso concreto las garantías respecto del alquiler de vivienda).

El examen del respecto al principio de igualdad en el acceso a la Vivienda ha tenido como resultado significativas decisiones de la FRA y pronunciamientos jurisprudenciales. Así, en el caso *Correctionele Rechtbank van Antwerpen (Bélgica), Decisión de 7 de diciembre de 2004*[18], en Bélgica se condenó penalmente y se impuso una sanción civil a un propietario por denegar el arrendamiento a personas de origen congoleño, alegando el propietario que había tenido problemas anteriores con los extranjeros en relación al pago de la renta.

Además cuando el alojamiento suministrado no cumple con las mínimas condiciones se considera como trato inhumano, tal y como en conexión con el artículo 8 de la declaración Universal de Derecho Humanos señala respecto del Derecho de acceso al domicilio. Ello motiva también la expresión del TEDH, al conectar alojamiento inadecuado con trato inhumano e indigno, tal y como sucediera en el caso *Moldovan y otros contra Rumanía, de 12 de julio de 2005*[19]. En esta ocasión, en relación a la expulsión de sus viviendas demolidas y el correspondiente derecho de realojo, que se tradujo en un alojamiento provisional y de baja calidad que tardó en materializarse 10 años, el TEDH señaló: «las condiciones de vida de los denunciantes durante los últimos diez años, en particular el entorno gravemente superpoblado y antihigiénico, y su efecto perjudicial para la salud y el bienestar de los solicitantes, combinados con la duración del período durante el cual han tenido que vivir en estas condiciones y la actitud general de las autoridades, deben haberles causado un importante sufrimiento mental, perjudicando su dignidad humana y provocándoles sentimientos de humillación y degradación».

---

[18] Resumen en inglés disponible en el Portal Informativo de la FRA (Info Portal), Asunto 15-1. Texto original disponible en: http://infoportal.fra.europa.eu/InfoPortal/caselawDownloadFile.do?id=15

[19] Números 41138/98 y 64320/01), 12 de julio de 2005.

En el mismo sentido y más reciente encontramos el caso *Đokić contra Bosnia y Herzegovina,* de 27 de mayo 2010[20]. El caso nos relata una interferencia en el derecho de propiedad como sigue: Un profesor de la escuela militar en Yugoslavia, y miembro de las fuerzas armadas del país, había comprado un piso en Sarajevo, pero cuando estalló la guerra en Bosnia y Herzegovina y su escuela militar se trasladó a Serbia se incorporó a las fuerzas armadas de Serbia. Acabada la contienda, las autoridades se negaron a restituirle la propiedad por haber servido a fuerzas armadas extranjeras. El TEDH, estima entonces que la decisión se había basado en el origen étnico del solicitante (pues el servicio en determinadas fuerzas armadas era indicativo de dicho origen) y dado que no podía acreditarse que hubiera actuado con deslealtad, la falta de restitución de la vivienda o indemnización o alojamiento alternativo se apreció por el Tribunal como una interferencia desproporcionada en su derecho de propiedad[21].

> Esta apreciación, junto con otros factores, llevó al TEDH a concluir que se había producido un trato degradante contrario al artículo 3 del CEDH, aunque la terminología empleada en el extracto anterior indica que las condiciones sufridas en el alojamiento hubieran bastado también para esta conclusión

Otro caso más reciente es el que señala la Sentencia del TEDH de 28 de enero de 2014, *Caso A. M.B. contra España*[22]. En esa ocasión se examina la situación en que queda una Española y sus dos hijos menores de edad que habían sido objeto de una orden de desalojo, por ocupación ilegal de vivienda perteneciente a la Administración (IVIMA) Así la demandante había quedado en situación de desamparo y exclusión social. En dicha se sentencia se esgrime la violación del artículo 3 y 8 del Convenio: que se refiere al *levantamiento de la medida cautelar de no expulsión de los demandantes del domicilio e* ***inadmisión de demanda por falta de agotamiento de las vías de recursos internas***. Pues bien, en el presente caso se estima la demanda prematura, en el sentido del artículo 35.1 del Convenio y debe ser rechazada conforme al artículo 3.54 del Convenio.

Distinta suerte tiene la Denuncia resuelta por la Sentencia de 10 de Julio de 2014 en el *Caso Lemo y otros contra Croacia* En dicha ocasión se plantea de nuevo un caso de desahucio, y orden de desalojo de viviendas por inexistencia de base legal que justificara su ocupación: apartamentos propiedad de empresa pública otorgados en alquiler social a los demandantes por ser

---

20 TEDH n.o 6518/04, 27 de mayo de 2010.

21 Sic, informe de la FRA sobre discriminación en el acceso a la Vivienda.

22 TEDH 2014\6

empleados de la misma y la cual posteriormente es privatizada. Pues bien, en esta ocasión se exige el derecho al respeto de su domicilio[23].

En el mismo sentido la Sentencia del TEDH, de 20 de mayo de 2014, Caso Kopnin y Otros contra Rusia. se refiere al incumplimiento de la orden de reaolojo temporal, en el plazo de 10 días y en vivienda municipal. En el caso examinado, se plantea, un caso en que transcurre más de un año y siete meses, desde la orden de desalojo. Se alega no obstante, **ausencia de medidas necesarias para ejecutar las sentencias por parte de las autoridades alegando falta de medios económicos para adquirir una vivienda.** Pero ello no impide al TEDH el argumentar que se estaba produciendo una violación de Declara que se ha producido una violación del artículo 6 del Convenio (RCL 1999, 1190, 1572) y del artículo 1 de Protocolo Núm. 1.

C. De la Jurisprudencia del Tribunal de Justicia de la Unión Europea respecto de la aplicación de las Directivas de Eficiencia Energética

En sintonía con los pronunciamientos del Tribunal Europeo de los Derechos Humanos, el Tribunal de Justicia de la Unión Europea, realiza significativos pronunciamientos jurisprudenciales que vienen a abundar: a) en la configuración del Derecho a la Vivienda como Derecho Humano, vinculado por tanto a la dignidad humana y observado desde una doble perspectiva de un lado respecto del acceso a la vivienda (en conexión con el mercado hipotecario español y los efectos de la crisis económica y su cuantificación en el número de embargos,) y por otro lado, b) en lo que respecta a la transposición de directivas Comunitarias que afectan a aspectos edificatorios y en su caso de eficiencia energética.

Respecto de la primera cuestión, resulta relevante el pronunciamiento de 14 de marzo de 2013, caso «Aziz»[24], que vino a introducir la configuración del derecho a la Vivienda como un derecho cuyo respeto exigía el entendimiento del mismo un derecho vinculado a la protección del consumidor. De tal suerte que el Tribunal, señala la vulneración de la Directiva 93/13/CE relativa a los derechos de los consumidores, respecto de la existencia de clausulas abusivas en el marco de la normativa nacional sobre procedimiento de ejecución hipotecaria.

---

[23] Señala el artículo 8 del Convenio: «1. Toda persona tiene derecho al respeto de... su domicilio... 2. No podrá haber injerencia de la autoridad pública en el ejercicio de este derecho sino en tanto en cuanto esta injerencia esté prevista por la ley y constituya una medida que, en una sociedad democrática, sea necesaria para la seguridad nacional, la seguridad pública, el bienestar económico del país, la defensa del orden y la prevención de las infracciones penales, la protección de la salud o de la moral, o la protección de los derechos y las libertades de los demás».

[24] Sentencia 14 de marzo de 2013, Asunto C-415/11.

Pero veamos con algún detalle la cuestión examinada. La Sentencia trae causa de la cuestión prejudicial interpuesta con arreglo al artículo 267 del Tratado de la Unión Europea, por el Juzgado de lo Mercantil de Barcelona, mediante auto de 19 de julio de 2011, en el procedimiento entre Mohamed Aziz y Catalunya Caixa. La petición de la decisión prejudicial tiene por objeto la interpretación de la Directiva 93/2013, del Consejo de 5 de abril de 1993, sobre las clausulas abusivas de los contratos celebrados con los consumidores. El señor Aziz era titular de un préstamo hipotecario con Catalunya Caixa, ante la imposibilidad de afrontar el pago de dicho préstamo se le expulsa de su vivienda, y se procede a la ejecución de la garantía hipotecaria, pero entonces el interpone recurso ante el Juzgado de lo mercantil de Barcelona, argumentando que se le está aplicando un clausulado abusivo. Ante la cuestión el Juez decidir someter la decisión con carácter prejudicial al TJUE. En este sentido, la Sentencia señala respecto del fondo del asunto que: «a falta de armonización de los mecanismos nacionales de ejecución forzosa, las modalidades de aplicación de los motivos de oposición admitidos en el marco de un procedimiento de ejecución hipotecaria y de las facultades conferidas al juez que conozca del proceso declarativo, competente para analizar la legitimidad de las cláusulas contractuales en virtud de las que se estableció el título ejecutivo, forman parte del ordenamiento jurídico interno de cada Estado miembro en virtud del principio de autonomía procesal de los Estados miembros, a condición, sin embargo, de que no sean menos favorables que las que rigen situaciones similares de carácter interno (principio de equivalencia) y de que no hagan imposible en la práctica o excesivamente difícil el ejercicio de los derechos que confiere a los consumidores el ordenamiento jurídico de la Unión (principio de efectividad)» (punto núm. 50).

Además siguen apuntando la Sentencia: «En el presente asunto, de los autos trasladados al Tribunal de Justicia se desprende que, según se establece en el artículo 695 de la Ley de Enjuiciamiento Civil, en los procedimientos de ejecución hipotecaria sólo se admitirá la oposición del ejecutado cuando ésta se funde en la extinción de la garantía o de la obligación garantizada, en un error en la determinación de la cantidad exigible —cuando la deuda garantizada sea el saldo que arroje el cierre de una cuenta entre ejecutante y ejecutado— o en la sujeción a otra prenda o hipoteca inscritas con anterioridad al gravamen que motive el procedimiento. Con arreglo al artículo 698 de la Ley de Enjuiciamiento Civil, cualquier otra reclamación que el deudor pueda formular, incluso las que versen sobre nulidad del título o sobre el vencimiento, certeza, extinción o cuantía de la deuda, se ventilarán en el juicio que corresponda, sin producir nunca el efecto de suspender ni entorpecer el procedimiento que se establece en el correspondiente capítulo de dicha Ley».

Pues bien a la luz de dichas afirmaciones pone de manifiesto **el Tribunal de Justicia de la Unión Europea la incompatibilidad entre el régimen español de ejecuciones hipotecarias y desahucios, con el derecho de la Unión Europea sobre protección de consumidores.**

La regulación del procedimiento de ejecución hipotecaria español, había sido ya puesto en entredicho en el ámbito Europeo en repetidas ocasiones. En este contexto, y respecto del acceso a la vivienda, y el respeto al principio de no discriminación, en secuencia con los casos examinados por el TEDH, el TJUE, también ha realizado pronunciamientos, que desde la salvaguarda de la libertad comunitaria de circulación de personas ha manifestado la existencia de vulneración del principio de igualdad. Así venía a suceder, por ejemplo en el caso de la *Sentencia del Tribunal de Justicia de la Unión Europea de 24 de abril de 2012, caso Kamberaj*[25]. En dicha Sentencia se examina la normativa nacional que prevé, en relación con el reparto de los fondos destinados a la concesión de una ayuda a la vivienda, un trato diferente para el nacional de un país tercero respecto del trato dispensado a los nacionales residentes en la misma provincia o región.

En el caso en cuestión, el demandante fue beneficiario durante los años 1998-2008, de una ayuda a la vivienda prevista en el artículo 2, párrafo 1, de la Ley Provincial. Sin embargo su solicitud de ayuda para el año 2009 había sido denegada «al haberse agotado el presupuesto, determinado de conformidad con la Decisión núm. 1885, que estaba destinado a los nacionales de países terceros».

a) Respecto del régimen de las ayudas y su compatibilidad con el mercado de la UE:

Otro de los aspectos abordados por el Tribunal Superior de Justicia de la Unión Europea es el que hace referencia a la compatibilidad con el mercado común de las ayudas estatales concedidas a favor de entidades promotoras de Vivienda Social. Así, la Sentencia del Tribunal de Justicia de la UE de 27 de febrero de 2014, ***Caso Stichting Woonlinie contra Comisión Europea***[26].

En similar sentido la Sentencia ***Caso Eric Libert y Otros contra Government flamand,*** de 8 de mayo de 2013[27], hace referencia al Derecho de Establecimiento y prestación de servicios. En el presente supuesto se incorpora la referencia a una normativa nacional que impone una carga social a determinado operadores económicos, al concederles la correspondiente licencia de construcción[28]. **Se produce en el presente caso además la aplicación de la aplicación de la «Decisión SIEG» relativa a la aplicación de las disposiciones del artículo 86 [CE], apartado 2, a las ayudas estatales en forma de compensación por servicio público concedidas a algunas empresas encargadas de la gestión de servicios de interés económico general**

[25] Caso Servet Kamberaj contra Istituto per l'Edilizia sociale della Provincia autonoma di Bolzano, TJCE 2012\93

[26] TJCE 2014\75

[27] TJCE 2013\210

[28] Esta apreciación podría ser equivalente a cuando se impone en el sentido urbanístico la obligación de reservar tierra en los patrimonios municipales de suelo.

b) Respecto de la libre circulación de trabajadores y las políticas de lucha contra la discriminación en materia de Vivienda

En este sentido destaca el caso, ***Comisión Europea vs Grecia,*** en Sentencia de 20 de enero de 2011[29]. En el caso en cuestión la normativa Griega reserva la exención del impuesto de Bienes Inmuebles, al adquirir un bien inmueble como primera vivienda únicamente a los residentes del territorio nacional y a los nacionales de origen griego que no residen en dicho territorio en la fecha de la compra.

A propósito de lo cual el Fallo de la Sentencia señala que:

- La República Helénica ha incumplido las obligaciones que le incumben en virtud de los artículos 12 CE (RCL 1999, 1205 ter), 18 CE, 39 CE y 43 CE y 4, 28 y 31 del Acuerdo sobre el Espacio Económico Europeo, de 2 de mayo de 1992 (LCEur 1994, 66) al conceder una exención del impuesto de transmisión de bienes inmuebles, con arreglo a lo dispuesto en el artículo 1, apartados 1 y 3, párrafo primero, de la Ley 1078/1980, únicamente a los residentes permanentes en el territorio nacional y excluir de dicha exención a los no residentes que tienen intención de instalarse en el futuro en ese territorio, y al conceder una exención de ese mismo impuesto, en determinadas condiciones, únicamente a los nacionales griegos o a los griegos de origen que adquieren una primera vivienda en el territorio nacional.

c) Jurisprudencia en Materia de Certificación de Eficiencia Energética

Se pone de manifiesto la necesidad de transponer las Directivas Comunitarias que imponen la obligación a los estados de incorporar los procedimientos de Certificación de Eficiencia Energética en las edificaciones. Caso más reciente lo integra la **Sentencia de 13 de Junio de 2013, que se refiere a la República Italiana**, por una transposición incorrecta de la Directiva 2002/91/CE. *(Incumplimiento de Estado – Directiva 2002/91/CE – Eficiencia energética de los edificios – Artículos 7, apartados 1 y 2, 9, 10 y 15, apartado 1 – Transposición incorrecta – No transposición en el plazo establecido – Directiva 2010/31/UE – Artículo 29).*

La Sentencia de 17 de Julio de 2014, vino a resolver por otro lado la cuestión prejudicial planteada por la Audiencia Provincial de Castellón, mediante resolución de 2 de abril de 2014 que tuvo entrada en el Tribunal de Justicia el 7 de abril de 2014 en procedimiento entre particulares y una entidad bancaria, el Banco Vizcaya Argentaria S.A., con relación a un procedimiento de ejecución hipotecaria.

En relación al tratamiento de la normativa urbanística no es la primera vez que España recibe la condena por la política urbanística desarrollada como puso de manifiesto el Informe AUKEN.

---

[29] TJCE 2011\2

II. TÍTULOS COMPETENCIALES EN MATERIA DE REHABILITACIÓN DE VIVIENDA Y REHABILITACIÓN URBANA. DOS ASPECTOS DE UNA MISMA PROBLEMÁTICA

D. La Competencia Autonómica Andaluza en materia de Vivienda y Rehabilitación

La Constitución Española reconoce en el artículo 47[30], mandato a los poderes públicos, —derecho a la Vivienda de todos los Españoles. Son numerosos los estudios que desde la aprobación del texto Constitucional se han ocupado del examen de dicho precepto y que han permitido la construcción actual del contenido esencial del derecho a la vivienda y sus elementos diferenciadores.

El primer Estatuto de Autonomía de Andalucía vino a atribuir a la Comunidad Autónoma competencia exclusiva en el artículo 13.8, sobre Vivienda[31]. Si bien no hubo un pronunciamiento jurisprudencial del TC en relación a dicha atribución si se aplicaron otros apartados del mismo artículo (STC 149/2012; 40/2011;456/2007; 331/2005; 291/2005, con relación a los apartados 12, 5 y 7 respectivamente). La asunción de competencia con carácter exclusivo en la materia motivó la inclusión en la estructura orgánica de la Consejería de Política Territorial e infraestructura, competente por razón de la materia en aquél momento la creación de la Dirección General de Arquitectura y Vivienda[32]. Por lo demás y en este contexto, en los años 80, se llevan a cabo también actuaciones tendentes a afrontar la crisis económica existente. Es de justicia recordar, la Ley 4/82, de 30 de diciembre, que aprobaría un plan extraordinario de inversiones, y que iniciaba en su Exposición de Motivos con la siguiente afirmación:

«La situación económica de Andalucía al finalizar en 1982 es comúnmente calificada, sin exageración, como sumamente grave. A los problemas crónicos y estructurales de la economía andaluza se han venido a añadir los efectos de la prolongada crisis en que está inmersa la economía mundial y desde luego la española, a lo largo del último decenio. Y ello con tan particular virulencia que, así como se ha afirmado que la economía española presenta una crisis diferenciada respecto a la de los restantes países occidentales,

---

[30] Ex. Artículo 47 de la constitución Española. «Todos tienen derecho a una vivienda digna y adecuada».

[31] «Política territorial: ordenación del territorio y del litoral, urbanismo y vivienda».

[32] Decreto 40/82, de 4 de agosto. Norma que sin embargo no ha sido expresamente derogada a pesar de las posteriores reestructuración de Consejerías llevadas a cabo en el Gobierno Autonómico. Esta norma fue desarrollada por el ya derogado Decreto 143/1982, de 3 de noviembre, que se ocupó de dar estructura a las previsiones del Decreto 40/82. La norma fue derogada por el Decreto 312/1984, de 11 de diciembre.

también puede establecerse que la economía andaluza registra una crisis diferencial dentro de la economía española».

Resulta interesante la lectura de dicho plan que enmarcado en las previsiones de inversiones económicas de los años 80, Plan Económico de Andalucía 1983-1986, supusieron todo un revulsivo en la apuesta por el desarrollo de la región. No resulta nueva por otro lado la afirmación de que los programas de regeneración y rehabilitación urbana tuvieron un momento significativo en los años 80.

Como señala al Ley de Ordenación urbanística de Andalucía 7/2002, uno de los fines principales de la misma es hace efectivo el derecho a una vivienda digna y adecuada[33]. Fueron varias las normas que tras la Constitución reflejó específicamente la preocupación autonómica por el desarrollo del derecho a la vivienda. En orden cronológico la primera norma en desarrollar los aspectos competenciales en la materia fue la Ley 1/2010, de 8 de marzo, introdujo el marco autonómico de referencia respecto de las políticas a desarrollar en la configuración el derecho a la Vivienda en la Comunidad Autónoma. Cinco años más tarde la Ley 13/2005, de 11 de noviembre, complementó la regulación anterior con el específico reflejo de la normativa sobre protección pública a la vivienda, integrando en nuestra comunidad Autónoma el desarrollo de la competencia autonómica, e incorporo su integración desde la modulación de la función social de la propiedad que reconoce el artículo 33 de la Constitución. Al efecto de la aprobación y elaboración de la nueva normativa sobre rehabilitación de vivienda merece la pena destacar los elementos esenciales de la norma autonómica que pudieran de lo contrario pasar desapercibido.

Así, la Ley 13/2005, se dicta en un momento expansivo del mercado inmobiliario, **en los prolegómenos de la crisis económica e inmobiliaria.** Viene a reflejar por tanto una situación socio-económica que ha sufrido importantes modificaciones desde su aprobación. No obstante lo cual, la norma incorpora, instrumentos y técnicas de intervención en la materia cuya proyección debe adaptarse a la realidad sin sustanciales modificaciones, definitorias. El examen de la norma por otro lado refleja contenidos dignos de ser analizados pues forman parte del Derecho Autonómico Andaluz a la Vivienda, y sus contenidos, inspiran y deben respetarse en los desarrollos autonómicos posteriores sobre la materia en nuestra comunidad Autónoma. La norma se inserta en el marco de la Ley 1/2010, de 8 de marzo, reguladora del Derecho al a Vivienda en Andalucía, que fue desarrollado por Decreto autonómico, Reglamentos de desarrollo de la Ley 13/2005, de Vivienda de Andalucía.

No ha sido sin embargo hasta el Estatuto de Autonomía de Andalucía de 2007[34], en el que se ha reflejado la proyección constitucional en la configuración de los derechos estatutarios a que hiciera referencia en su momento la

[33] Según nos recuerda la Exposición de motivos de la Ley 13/2005.

[34] Aprobado por Ley Orgánica 2/2007, de 19 de marzo. Publicado en el BOE de 20 de marzo, núm. 68.

Jurisprudencia del Tribunal Constitucional. Así, el artículo 56[35] del Estatuto de Autonomía de Andalucía señala:

> «1. Corresponde a la Comunidad Autónoma la competencia *exclusiva*[36] en materia de vivienda, que incluye en todo caso:
>
> a) La planificación, la ordenación, la gestión, la inspección y el control de la vivienda;
> b) el establecimiento de prioridades y objetivos de la actividad de fomento de las Administraciones Públicas de Andalucía en materia de vivienda y la adopción de las medidas necesarias para su alcance;
> c) la promoción pública de viviendas;
> d) las normas técnicas, la inspección y el control sobre la calidad de la construcción;
> e) el control de condiciones de infraestructuras y de normas técnicas de habitabilidad de las viviendas;
> f) la innovación tecnológica y la sostenibilidad aplicable a las viviendas;
> g) y la normativa sobre conservación y mantenimiento de las viviendas y su aplicación...
>
> 2. La regulación administrativa del comercio referido a viviendas y el establecimiento de medidas de protección y disciplinarias en este ámbito.
>
> 1. Asimismo, corresponde a la Comunidad Autónoma la competencia sobre las condiciones de los edificios para la instalación de infraestructuras comunes de telecomunicaciones, radiodifusión, telefonía básica y otros servicios por cable, respetando la legislación del Estado en materia de telecomunicaciones.
> 2. Corresponde a la Comunidad Autónoma la competencia exclusiva en materia de urbanismo, que incluye, en todo caso,
>   — la regulación del régimen urbanístico del suelo;
>   — la regulación del régimen jurídico de la propiedad del suelo, respetando las condiciones básicas que el Estado establece para garantizar la igualdad del ejercicio del derecho a la propiedad;

[35] Transcribimos a continuación el enunciado del artículo 56 del Estatuto de Autonomía con la finalidad de poner analizar las distintos apartados que integran y el alcance de la proyección de las competencias autonómicas en la materia.

[36] La atribución de competencia exclusiva a la Comunidad Autónoma implica según el tenor del artículo 42 del propio estatuto: «la potestad legislativa, la potestad reglamentaria y la función ejecutiva, íntegramente y sin perjuicio de las competencias atribuidas al Estado en la Constitución. En el ámbito de sus competencias exclusivas, el derecho andaluz es de aplicación preferente en su territorio sobre cualquier otro, teniendo en estos casos el derecho estatal carácter supletorio». Y ello además con la salvaguarda del principio de proximidad que implica que las competencias deberán ser ejercidas por la Administración Pública más próxima al ciudadano.

— el establecimiento y la regulación de los instrumentos de planeamiento y de gestión urbanística;
— la política de suelo y vivienda;
— la regulación de los patrimonios públicos de suelo y vivienda y el régimen de la intervención administrativa en la edificación;
— la urbanización y el uso del suelo y el subsuelo;
— y la protección de la legalidad urbanística, que incluye en todo caso la inspección urbanística, las órdenes de suspensión de obras y licencias;
— las medidas de restauración de la legalidad física alterada, así como la disciplina urbanística.

3. Asimismo, corresponde a la Comunidad Autónoma la competencia compartida en materia de derecho de reversión en las expropiaciones urbanísticas, en el marco de la legislación estatal.
4. Corresponde a la Comunidad Autónoma la competencia exclusiva en materia de ordenación del territorio, que incluye en todo caso
   — el establecimiento y regulación de las directrices y figuras de planeamiento territorial,
   — las previsiones sobre emplazamientos de infraestructuras y equipamientos,
   — la promoción del equilibrio territorial y la adecuada protección ambiental.
5. Corresponde a la Comunidad Autónoma la competencia exclusiva en materia de ordenación del litoral, respetando
   — el régimen general del dominio público, la competencia exclusiva, que incluye en todo caso:
   — el establecimiento y la regulación de los planes territoriales de ordenación y uso del litoral y de las playas, así como
   — la regulación del procedimiento de tramitación y aprobación de estos instrumentos y planes;
   — la gestión de los títulos de ocupación y uso del dominio público marítimo-terrestre, especialmente
   — el otorgamiento de autorizaciones y concesiones y, en todo caso,
   — las concesiones de obras fijas en el mar, respetando las excepciones que puedan establecerse por motivos medioambientales en las aguas costeras interiores y de transición;
   — la regulación y la gestión del régimen económico-financiero del dominio público marítimo-terrestre en los términos previstos por la legislación general;
   — la ejecución de obras y actuaciones en el litoral andaluz cuando no sean de interés general. Corresponde también a la Comunidad Autónoma la ejecución y la gestión de las obras de interés general situadas en el litoral andaluz, de acuerdo con lo establecido en el apartado 8 del presente artículo.

6. Corresponde a la Comunidad Autónoma la competencia exclusiva en materia de planificación, construcción y financiación de las obras públicas en el ámbito de la Comunidad, siempre que no estén declaradas de interés general por el Estado.
7. La Comunidad Autónoma de Andalucía participará en la planificación y programación de las obras públicas de interés general competencia del Estado a través de los órganos y procedimientos multilaterales a que se refiere el apartado 1 del artículo 221 de este Estatuto. La Comunidad Autónoma emitirá informe previo sobre la calificación de obra de interés general del Estado. En el supuesto de las obras calificadas de interés general o que afecten a otra Comunidad Autónoma, podrán suscribirse convenios de colaboración para su gestión, de conformidad con lo dispuesto en la legislación del Estado y según lo establecido en el Título IX.
8. La Comisión Bilateral Junta de Andalucía-Estado emitirá informe previo sobre la determinación de la ubicación de infraestructuras y equipamientos de titularidad estatal en Andalucía.
9. La calificación de interés general del Estado respecto de obras públicas titularidad de la Comunidad Autónoma requerirá informe previo de la misma y se ejecutarán, en todo caso, mediante convenio de colaboración».

Pues bien, si examinamos detenidamente el texto del artículo descrito ut supra y lo ponemos en relación las con los desarrollos normativos realizados hasta la fecha convendremos en afirmar que existe título competencial habilitante para la elaboración de una normativa propia autonómica en materia de renovación urbana y rehabilitación inmobiliaria. Aspectos por tantos diferenciados que se conectan de un lado a la ordenación urbanística y por otro lado a las competencias en materia de vivienda. Respecto de las primeras hasta la fecha nuestra comunidad Autónoma no dispone de una legislación específica sobre regeneración y renovación urbana. Si de una normativa urbanística que ha tenido un desarrollo prolijo y sobre la que existe abundante doctrina, pero no un tratamiento específico de los procesos de obsolescencia urbana[37], y regeneración urbana abordados desde una perspectiva integral urbanística.

En el ámbito de la normativa urbanística que con carácter específico ha venido a regular las competencias sobre suelo y ordenación urbana en Andalucía, la Ley 7/2002, de Ordenación Urbanística de Andalucía.

---

[37] Nos recuerda el Prof. Cervera Pascual, que no es sino la Ley de Gestión urbanística de Valencia, 6/94, la que introduce por primera vez, desde la regulación urbanística autonómica las cuestiones de atención a la recuperación de espacios degradados que se encuentran en situación de obsolescencia (en Cervera Guillén, óp. Cít. Pág. 47, y ss.).

E. La competencia sobre rehabilitación de vivienda en Andalucía

La Comunidad Autónoma Andaluza había incorporado ya en la década de los 80[38] referencias específicas a las obras de rehabilitación, y no siempre en disposiciones relativas a la edificación o a los planes constructivos[39], por mas que la competencia para el otorgamiento de las correspondientes ayudas correspondiera a la Consejería competente en materia de urbanismo y vivienda[40]. Debe tenerse en cuenta además, que no fue sino hasta el 28 de diciembre de 1983[41], cuando se transfirió a la Comunidad Autónoma Andaluza la competencia en materia Patrimonio Arquitectónico y Control de Calidad de las Edificaciones. Así una norma tan en apariencia alejada de la afección medioambiental en la rehabilitación de viviendas, como fue el Decreto 213/1988, de 17 de mayo, por el que se modifica el Decreto de 6 de noviembre de 1985, de ayudas para la conservación y mejora en municipios de actuación preferente en rehabilitación, introdujo en su artículo 5, la descripción normativa de lo que debiera entenderse como obras de conservación y mejora de las

[38] Así las primeras atribuciones competencias derivadas del Estatuto de Autonomía en la materia se operaron por el Decreto 4/85, de 12 de febrero en torno a la atribución de facultades a órganos de la Consejería de Política Territorial. (ex artículo 2 de la norma). (Norma modificada y afectada en su vigencia por el Decreto 378/2000). El Decreto 4/85 fue seguido a continuación por un conjunto de disposiciones que se dedicaron al establecimiento de los municipios de actuación preferente en rehabilitación en las provincias andaluzas (Así, la Orden de 25 febrero de 1986, que establece los municipios de actuación preferente en rehabilitación en la provincia de Sevilla; la Orden de 25 de febrero de 1986, de actuación preferente de rehabilitación en la provincia de Huelva; Orden de 22 de mayo de 1986, de actuación preferente de rehabilitación en la provincia de Cádiz; Orden de 22 de mayo de 1986, de municipios de actuación preferente y de rehabilitación en la provincia de Córdoba; Orden de 2 de junio de 1986, de municipios de actuación preferente y de rehabilitación en la provincia de Málaga; Orden de 14 de julio de 1986, de municipios de actuación preferente en rehabilitación en la provincia de Jaén; Orden de 18 de Julio de 1986, de municipios de actuación preferente en rehabilitación en la provincia de Almería; Orden de 7 de octubre de 1986, de municipios de actuación preferente en rehabilitación en la provincia de Granada;

Entendiéndose en este caso las rehabilitación urbanística más que la inmobiliaria, y ubicándose dichas disposiciones en el ámbito de la expansión inmobiliario sin precedentes del que fue testigo nuestro país.

[39] Así en plena euforia de construcción inmobiliaria el Programa Andalucía Joven para 1987, aprobado por Decreto 68/87, de 11 de marzo, incorporó las ayudas para facilitar el acceso a la vivienda —según señala el artículo 3.ª del mismo— «mediante la concesión de subvenciones y créditos para la adquisición y rehabilitación».

[40] Este es el caso del artículo 4.ª del Decreto 68/87 que atribuye a la Consejería de Obras Públicas y Transportes, y a la Dirección General de Arquitectura y Vivienda, el Programa de Subvención a la Rehabilitación de Viviendas para Jóvenes.

[41] Por vía del Decreto 238/87, de 30 de septiembre.

edificaciones[42], y permitió la calificación de rehabilitación[43] de vivienda, que fue objeto de desarrollo y finalmente modulada tras la puesta en funcionamiento de los Planes Autonómicos de Vivienda[44] y la introducción de instrumentos urbanísticos ligados a la noción de rehabilitación integral y concertada. Se trataba de una valoración de la rehabilitación de vivienda que se vinculaba más a las labores de conservación del edificio, y fachadas que a la propia de adaptación a los parámetros de sostenibilidad, y que desde el principio fue uno de los ejes en los que se materializó la descoordinación entre la política de vivienda y urbanística a la que apuntábamos en otro lugar.

Que las política de rehabilitación de vivienda en Andalucía no se podían entender sino en el marco de la política urbanística, motivó que con frecuencia y salvo las previsiones que derivarían de la normativa sobre calidad edificatoria y del código tecnológico de la edificación, o el imperativo del libro del edificio, todas las disposiciones normativas que se ocuparan de la rehabilitación de vivienda lo hicieran en el seno de la normativa sobre regeneración urbana, no sobre política de vivienda propiamente dicha. Una excepción con todo, viene a adornar la cuestión y se trata de la incidencia que los Planes de Vivienda tuvieron en la temática.

Por ello entender el ámbito competencial y sus desarrollos autonómicos en el ámbito de la rehabilitación de vivienda en Andalucía, debe hacerse desde las premisas autonómicas premisas que han permitido hasta la fecha llevar a cabo operaciones de rehabilitación edificatoria. Premisas, que si bien han

---

[42] Así, señala la norma que «se consideran obras de conservación o mejora a los efectos de este Decreto, aquéllas cuyo presupuesto de contrata sea menor de novecientas mil pesetas, su plazo de ejecución inferior a ocho meses y se dirijan a las siguientes finalidades y en el orden que se determinan:

1.ª Estabilidad y seguridad estructural y constructiva.
2.ª Estanqueidad frente a la lluvia.
3.ª Supresión de humedades de capilaridad y condensación.
4.ª Instalaciones de suministros de agua, gas y electricidad y de saneamiento.
5.ª Redistribución interior y adecuación de las viviendas y sus accesos para el uso de minusválidos.
6.ª Iluminación y ventilación de espacios.
7.ª Ampliación de superficie, siempre que no se superen los 90 m2 útiles. Con carácter excepcional, la Dirección General de Arquitectura y Vivienda podrá autorizar que se califiquen actuaciones de conservación y mejora de presupuesto de contrata de hasta un millón quinientas mil pesetas cuando sea imprescindible para corregir las condiciones de seguridad estructural o constructiva de vivienda».

[43] La calificación de Rehabilitación de Vivienda establecida en la misma norma, se operaba tras la solicitud de la misma previa presentación de la documentación precisa para ello.

[44] Así el Plan de Vivienda que se ocupó de la derogación de dicho precepto fue el Plan de Vivienda 1996-1999 que aprobado por Decreto 51/96, de 6 de febrero, que introdujo entre los programas de iniciativa pública el programa; «las áreas de rehabilitación concertada y las oficinas de rehabilitación».

sido objeto de modificación y reforma en los últimos tiempos han marcado la pauta de la producción inmobiliaria en nuestra Comunidad.

Vayamos por partes:

A.1. *El ejercicio de las competencias de Rehabilitación Inmobiliaria a través de los Planes Autonómicos de Vivienda*

Fueron los planes de vivienda, los que vinieron a integrar las operaciones de rehabilitación. Así, en el período 2002-2005, la Orden de 2 de Julio de 2002[45], operó la modificación de la Orden de 27 de enero de 2000, que venía a integrar el desarrollo y tramitación de los programas contenidos en el III Plan Andaluz de Vivienda 1999-2002, y a la Orden de 25 de mayo de 1999, por el que se desarrolla el programa de rehabilitación autonómica regulado en el Decreto 78/99, de 30 de marzo de 1999.

Cada uno de los planes de vivienda aprobados en nuestra Comunidad Autónoma han realizado una valoración de la rehabilitación integrado la misma entre las actuaciones protegibles. No obstante ninguno de ellos hasta la fecha ha prestado la atención debida a los procesos de rehabilitación de vivienda, como el plan andaluz.

Examinaremos a continuación los desarrollos autonómicos previos en materia de rehabilitación ligados a la aprobación del plan de vivienda 1992-1995, y posteriores. Ni que decir tiene que no ha sido hasta la eclosión de la crisis económico cuando se ha introducido la expresión de crisis inmobiliaria que ha motivado una diferente orientación en la política de vivienda. Habrá de partirse de dichas reflexiones para introducir las propuestas normativas específicas que demande la actual regulación de la política de vivienda en Andalucía.

II. LA LEY 4/2013, DE 1 DE OCTUBRE, DE MEDIDAS PARA ASEGURAR EL CUMPLIMIENTO DE LA FUNCIÓN SOCIAL DE LA PROPIEDAD Y LOS NUEVOS TIEMPOS: LA BÚSQUEDA DE SOLUCIONES NUEVAS A PROBLEMAS VIEJOS

Pues bien, como afirmábamos, fue la Resolución de 14 de abril de 2014, de la Relatora especial de Vivienda de Naciones Unidas, la que en el análisis de la salvaguarda del derecho a la vivienda, como derecho humano, vino a exhortar: «a los Estados a que presten la debida atención al derecho a la vivienda adecuada como elemento integrante del derecho a un nivel de vida adecuado y a las cuestiones relacionadas con el acceso universal a una vivien-

---

[45] BOJA de 12 de Julio de 2002.

da digna y sostenible en la elaboración de la agenda para el desarrollo después de 2015».

El detonante de la falta de vivienda, como elemento vinculado la exclusión social, a que antes hacíamos referencia, respecto de la jurisprudencia internacional en la materia, se congratula en el tenor de la Resolución internacional que reseñamos de la necesaria incardinación del problema en sede de definición de las fórmulas de la tenencia de la propiedad inmobiliaria. Esto es, más allá del tímido arranque del parque de vivienda en régimen de alquiler, y del mandato a los poderes públicos en defensa de la función social de la propiedad privada, se hacen precisa la configuración de nuevas formas de tenencia que permitan asegurar el mandato internacional y constitucional a la vivienda digna y adecuada.

Un paso en el sentido de hacer valer, desde la técnica jurídica la defensa de la propiedad privada, desde la tenencia lo vimos en octubre del año pasado, de la mano de la Ley de medidas para asegurar el cumplimiento de la Función social de la propiedad. La norma, amén de suponer un revulsivo y un paso hacia delante respecto del restablecimiento del equilibro entre viviendas deshabitadas y la necesidad social de vivienda, abre la puerta a otras respuestas normativas que en el mismo perfil puedan suponer un avance respecto del tratamiento del régimen de alquiler de vivienda., y no sólo respecto de la propiedad de la misma. El fomento del régimen de tenencia en alquiler y los programas en defensa pública del alquiler, demandan además la orientación del alquiler al cumplimiento en tanto que forma de tenencia, también de una función social. Entendemos que sólo con propuestas innovadoras que respeten los derechos adquiridos y los avances sociales obtenidos[46], el Prof. Apgar[47], nos hizo hace 10 años un análisis institucional interesante al respecto en un contexto diferente pero con unas premisas similares a las que hoy demandan nuestra atención institucional, repensemos pues el derecho a la tenencia como parte del derecho humano a la vivienda digna y adecuada.

El Consejo de Estado ha tenido ocasión con motivo de la Interposición del Recurso de Inconstitucionalidad del Gobierno de la Nación respecto del Decreto-Ley 6/2013, de 9 de abril, de pronunciarse sobre la constitucionalidad de la intervención autonómica al modular el contenido de la función social de la propiedad.

---

[46] Véase el interesante texto entre otros, del Prof. Ponce Solé, en la reciente reflexión que realiza sobre la irreversibilidad de los derechos sociales. Ponce Solé, Juli; *El Derecho a la irreversibilidad limitada de los derechos sociales de los ciudadanos. Las líneas rojas constitucionales a los recortes y la sostenibilidad social.*, en Instituto Nacional de Administración Pública Madrid. 2013.

[47] Apgar, Will, «Rethinking Rental Housing: Expanding the Ability of Rental Housing to serve as a Pathway to Economy and Social Opportunity, Joint Center for Housing Studies, Harvard University, 2004.USA.

Por su parte, la Ley 4/2013, de 1 de octubre para asegurar el cumplimiento de la función social de la vivienda en Andalucía[48], incorporó desde su Exposición de Motivos la necesidad de llevar a cabo actuaciones que promuevan la función social de la propiedad, al señalar que la constitución no tutela «usos» antisociales de la propiedad. Haciendo una acertada reflexión sobre la misma configuración del Derecho de Propiedad[49].

La norma incorpora la necesidad de inspeccionar el parque de viviendas desocupadas que son titularidad de personas jurídicas. Así la norma dedica especial atención al tratamiento de las viviendas desocupadas. La incidencia del fenómeno motiva entonces la reforma de la Ley 1/2010 de 8 de marzo, al introducir en la misma el principio de subsidiariedad[50]. La Ley por lo demás vino a introducir modificaciones sustanciales de la normativa existente hasta la fecha, y fue resultado de la tramitación como Ley del Decreto-Ley 6/2013, de 9 de abril.

Pues bien el Decreto-ley 6/2013, fue objeto de impugnación ante el Tribunal Constitucional, en su artículo 1, en cuanto daba una nueva redacción a los preceptos indicados de la Ley 1/2010, del derecho a la vivienda de Andalucía. La interposición del correspondiente recurso de inconstitucionalidad provocó, por invocación del 161.2 de la Constitución lo cual conforme al artículo 30 de la LOTC, motivó la suspensión de la norma, desde la fecha de inter posición del recurso el 9 de Julio de 2013. Pues bien el Auto del Tribunal Constitucional de 22 de octubre de 2013, vino a confirmar respecto de incidente del levantamiento de la suspensión del Decreto-Ley que dado que éste había sido derogado por la Ley 4/2013, había desaparecido el objeto del incidente sobre el mantenimiento o levantamiento de la suspensión del Decreto-Ley 6/2013.

No obstante lo cual la Ley 4/2013, ha sido objeto igualmente de interposición de recurso de inconstitucionalidad, así en primer lugar la Providencia del Pleno del Constitucional, de 14 de enero de 2014, que admitió a trámite el recurso de inconstitucionalidad contra el artículo 1 de la Ley, y la disposición adicional primera de la norma. Cuestión que provocó la suspensión de la vigencia, y aplicación de los preceptos impugnados desde la fecha de la interposición del recurso—esto es el 18 de diciembre de 2013.

---

[48] Publicada en el BOJA de 8 de octubre de 2013, núm. 198.

[49] Señala la Exposición de Motivos de la norma: «La función social de la vivienda configura el contenido esencial del derecho mediante la posibilidad de imponer deberes positivos a su titular que aseguren su uso efectivo para fines residenciales, entendiendo que la fijación de dicho contenido esencial no puede hacerse desde la exclusiva consideración subjetiva del derecho o de los intereses individuales. La función social de la vivienda, en suma, no es un límite externo a su definición o a su ejercicio, sino una parte integrante del derecho mismo. Utilidad individual y función social, por tanto, componen de forma inseparable el contenido del derecho de propiedad».

[50] Así se prevé en dicho texto modificación de los artículos 1.3, 25, y 53.1 de la Ley.

En este sentido es importante destacar la reflexión del TC al hilo de lo dispuesto en la Sentencia del Tribunal Constitucional de 14 de mayo de 2015[51], que declara inconstitucional la Disposición Adicional II del Decreto-Ley 6/2013, de 9 de abril, de medidas para asegurar el cumplimiento de la función social de la propiedad. Y ello en el bien entendido de cuál deba ser el alcance del título «bases y coordinación general de la Actividad económica, toda vez que su entendimiento al albur de la Sentencia que referenciamos implica dotar a la Administración General del Estado de las atribuciones que permitan no sólo definir las directrices de ordenación general, (ex STC 34/2013, de 14 de febrero), sino de permitir regulaciones de materias concretas, «vaciando —en las palabras de los magistrados que emitieron el voto particular a la sentencia referenciada—, las competencias exclusivas de las Comunidades Autónomas en la materia[52]. Esta utilización del título competencial de coordinación de la actividad económica en el sentido desarrollado en la Sentencia de 14 de mayo evidencia además cierto centralismo en el ejercicio de funciones que implican el compromiso del gasto público, y que se deben hacer —en el caso de competencias transversales— contando con la regulación autonómica que no contravenga o menoscabe la competencia ejercida por el Estado

Volveremos en la segunda parte de este trabajo sobre las interrelaciones entre los contenidos de esta norma y los ajustes precisos para la implementación en nuestra Comunidad Autónoma de parámetros sostenibles en la formulas de tenencia de vivienda que permitan se aplicadas en espacios objeto de proceso de renovación urbana.

F. Examen de la jurisprudencia del tribunal constitucional respecto de la delimitación de títulos competenciales en materia de rehabilitación

Entendemos que la correcta delimitación de propuestas normativas que atiendan a la concreción de medidas de política publica tendentes a la promoción de la rehabilitación sostenible, en el ámbito autonómico andaluz, debe gestarse al amparo de las coordenadas constitucionales existentes y a la luz de las disposiciones normativas que tanto desde el Estado como en el ámbito de Internacional y local puedan y deban considerarse, en el escenario de una precisa delimitación de títulos competenciales, que deba tener presente la definición e interacción de las políticas de rehabilitación en el contexto de los derechos y deberes que se ejerzan al amparo del desarrollo de otros títulos competenciales conexos. Es por ello que tras el examen genérico de las exi-

---

[51] Sentencia del Tribunal Constitucional de 14 de mayo de 2015,

[52] Voto particular a la Sentencia de 14 de mayo de 2015, emitido por la Magistrada D. Encarnación Roca Trias. Voto al que se adhiere el magistrado D. Fernando Valdés Dal Re.

gencias internacionales y su proyección en el ámbito estatal respecto del reconocimiento y respeto del derecho a la Vivienda digna y adecuada, deban a continuación, prestarse atención a las limitaciones e imbricaciones existentes derivadas de la interacción de las políticas de rehabilitación de Vivienda, no sólo con la rehabilitación urbana o regeneración urbana, sino con otras legislaciones sectoriales que inciden en la configuración de una rehabilitación integrada, a la que debe tender la actuación publica. Integración que se proyecte en el ámbito del fortalecimiento de la cohesión social y que permita que instrumenten las medidas precisas para conseguir una mejora efectiva en la calidad de vida de los españoles en general y de los andaluces en particular. Es por ello que hemos dividido este epígrafe en tantos apartados como hayan sido precisos para analizar las distintas interacciones sectoriales que la política de rehabilitación de vivienda debe tomar en consideración en su formulación autonómica. Así, habrá que atender a la definición de la propiedad privada, como régimen de tenencia que ha sido salvaguardado por la constitución, y que interacciona de manera directa en los procesos edificatorios que se gestan desde los titulares de edificaciones sujetas o no a algún régimen de protección pública. Prestaremos especial atención también a todos los aspectos conexos con al sostenibilidad ambiental y energética, que derivan no sólo de exigencias comunitarias sino del desarrollo de los títulos competenciales sobre la materia a nivel nacional y autonómico. Integraremos en el examen los aspectos derivados de la diversa casuística que pueda observarse respecto de la edificación en sí, esto es, la que respecta a la por ejemplo la integración de la normativa sobre patrimonio histórico, o la rehabilitación energética de edificios sujetos a la protección de la Ley de Patrimonio histórico, o las previsiones que desde el planeamiento puedan derivarse respecto de los procesos constructivos en general y de rehabilitación en particular. Por último y tras los exámenes de la interrelación entre la política urbanística y la edificatoria en aspectos no sólo de planificación económica sino territorial, o de ordenación del territorio, resulta de interés el examen de las cuestiones derivadas de la aplicación de la normativa sobre expropiación forzosa, en el bien entendido de la utilización que específicamente ha tenido proyección en el ámbito autonómico respecto de la salvaguarda de la función social de la propiedad. Todo ello sin olvidar los aspectos técnicos derivados de la aplicación del código tecnológico de la edificación y la adaptación de la rehabilitación a las necesidades específicas de los colectivos que han de ocupar los espacios rehabilitados, entiéndase entre ellos tanto las personas mayores, con sus especiales necesidades edificatorias como las personas con alguna diversidad funcional o discapacidad que exige la integración de la normativa sobres supresión de barreras arquitectónicas en las obras de adaptación y rehabilitación del edificio. No en vano, han sido diversas las intervenciones públicas que con frecuencia emanadas de órganos administrativos diferentes propician una actividad de rehabilitación que debe ser adecuadamente coordinada so pena de redundar en la ineficacia derivada de la utilización escasamente sostenible de recursos públicos. Nos encontramos pues con un reto complejos pues una vez examinadas las exigencias constitucionales, hay que buscar y gestar si no existen, desde las propuestas normativas que presentamos los adecuados mecanismos de coordinación interadministrativa que permitan hacer la igualdad real y efectiva tanto en el acceso a la vivienda como en el acceso a las actuaciones de rehabilitación de vivienda que deban ponerse en marcha en aras del interés general.

a) Propiedad privada y rehabilitación de vivienda

La Constitución incorpora la referencia a la propiedad privada en el artículo 33[53], en el epígrafe destinado a los principios rectores de la política social y económica. La definición contenida en el artículo descrito incorpora una especial atención a la función social de la propiedad que debe modular su contenido esencial. El Tribunal Constitucional ha tenido ocasión de pronunciarse en reiteradas ocasiones sobre el alcance de dicho contenido esencial que debe respetarse en la acción pública y salvaguardarse en las normativa urbanística, e inmobiliaria.

No en vano, la Ley 8/90, de Valoraciones del Suelo incorporó una lectura del principio de propiedad urbana, en la definición del régimen estatutario de la propiedad como una propiedad desagregada que conformaban en el ejercicio de las facultades urbanísticas de urbanización, ordenación, gestión. Resulta de interés la consulta entre otras de la Sentencia del Tribunal Constitucional 141/2014, de 11 de septiembre que declara inconstitucional y nulo el inciso «hasta un máximo del doble» del art. 22.1 a). párrafo tercero de la Ley 8/2007, de 28 de mayo, de Suelo y el art. 23.1 a), párrafo tercero, del Texto Refundido de la Ley del Suelo, aprobado por Real Decreto legislativo 2/2008, de 20 de junio. La Sentencia que ha sido objeto de valoraciones doctrinales[54] en concordancia con la interpretación que hace del artículo 149.1.1. de la Constitución, refleja un aspecto de interés en la reserva de suelo destinado a vivienda protegida, y se pronuncia en el fundamento Jurídico 2 de la misma, sobre la constitucionalidad de preceptos contenidos en la Ley del Suelo a la luz de las reformas operada en la misma por la ley 8/2013, de Regeneración, Renovación y Rehabilitación Inmobiliaria. Así, siendo que dicha norma había modificado el contenido de preceptos impugnados en la Sentencia Constitucional, procedía el examen de hasta que punto se ha producido una pérdida del objeto: «La reforma afecta a un buen número de preceptos impugnados

[53] «1. Se reconoce el Derecho a la propiedad privada y a la herencia. 2. La función social de estos derechos delimitará su contenido de acuerdo con las leyes. 3. Nadie podrá ser privado de sus bienes y derechos sino por causa justificada de utilidad pública e interés social, mediante la correspondiente indemnización y de conformidad con lo dispuesto en las leyes»

[54] Entre otros, Publico Quecedo, en El Derecho, (online)
http://www.elderecho.com/tribuna/administrativo/Suelo-TC-Apuntes-STC-Septiembre_11_767305004.html

—arts. 2, 6, 8. 1, 9, 10, 14,15,16,17.5, 39, disposición transitoria segunda y disposición final primera—, siendo preciso analizar la incidencia de las modificaciones introducidas en la controversia y la eventual pérdida de objeto de algunas de las impugnaciones. Así si bien el artículo 2 de la ley del Suelo en su reforma operada por la Ley 8/2013, no podía entenderse que modifique el contenido de dicho precepto quedando subsistente el argumento que motivó la impugnación, el recurso ante el Tribunal Constitucional. En el caso del artículo 6 de la Ley del Suelo, en la redacción dada por la ley 8/2013, de Regeneración, Rehabilitación y Renovación Urbana, éste precepto se orientaba a reconocer la iniciativa privada en la urbanización y en la construcción o edificación. Téngase en cuenta que la Ley del Suelo ha sido objeto por lo demás de refundición a través del Real Decreto Legislativo 7/2015, de 30 de octubre[55], y que dicho texto, ha pasado a regular en el Título I, Capítulo II el estatuto básico de la iniciativa y participación en la actividad urbanística. El precepto había sido impugnado al entender la Comunidad de Madrid y el Gobierno Canario que su contenido vulneraba las competencias de las susodichas comunidades autónomas al «imponer un determinado modelo de ejecución urbanística». Sucede sin embargo que dicho precepto fue afectado por la Ley 8/2013, modificándose su redacción en el sentido de introducir tanto la iniciativa pública como la iniciativa privada la Ley 8/2013, había venido a señalar que ésta «podrá ejercerse en las condiciones dispuestas en la legislación aplicable». Cuestión que en el Texto Refundido de la Ley del Suelo y Rehabilitación Urbana de 30 de octubre de 2015, queda plenamente integrada en la atribución a los particulares —sean o no propietarios— de contribuir a la acción urbanística de los entes públicos, ex artículo 8.2 de la norma. Dado que la legislación aplicable en este caso es la legislación autonómica urbanística no hay lugar para el pronunciamiento del constitucional, careciendo de objeto en este argumento el recurso planteado.

Sucede sin embargo que el Tribunal Constitucional viene a apreciar entonces la subsistencia de la controversial planteada en otros términos. A saber, la supuesta vulneración del artículo 149.1.1 de la Constitución en relación con el artículo 33 de la Constitución y el artículo 9.3 de la Constitución, en torno a la seguridad jurídica. Y ello en la medida en que la remisión a la legislación autonómica aplicable puede resultar en una heterogeneidad legislativa.

Por otro lado el artículo 8.1 de la Ley del suelo de 1997, había sido objeto de impugnación, al referir el contenido del derecho de propiedad del suelo, al permitir a las Comunidades Autónomas la regulación de manera heterogénea, respecto del derecho de los propietarios a promover la iniciativa reguladora. A este argumento se sumó el de la Comunidad de Madrid que vendría a alegar que el apartado b) del precepto al señalar: «en ningún caso podrán entenderse adquiridas por silencio administrativo facultades o derechos que contra-

---

[55] BOE de 31 de octubre de 2015

vengan la ordenación territorial y urbanística», debía reputarse ultra vires, pues se estimaba que incluía una regla que tenía su origen en el art. 242.6 del Texto Refundido de la Ley del suelo de 1992, cuya vigencia resultaba más que dudosa a la luz del art. 43.2 de la Ley 30/1992, de 26 de noviembre.

Destaca además el Constitucional que la configuración del Derecho de Propiedad Urbana cambió también en la medida en que la Ley 8/2013, introducía[56] «el derecho a elaborar y presentar el instrumento de ordenación que corresponda cuando la Administración no se haya reservado la iniciativa pública de la ordenación, y ejecución».

Controvertido por lo demás, ha venido a resultar la configuración de que deba entenderse dentro de la función social de la propiedad, y ello por cuanto si se recuerda el contenido del Auto del TC de 8 de abril de 2014, 115/2014, que declara mantener la suspensión del artículo 1 de la Ley 4/2013, de 1 dc octubre[57], de la Comunidad Autónoma de Andalucía de medidas para asegurar el cumplimiento de la función social de la vivienda, por el que se da nueva redacción al art. 1.3 de la Ley 1/2010, de 8 de marzo[58], reguladora del derecho a la vivienda en Andalucía y se introducen en ella los arts. 25 y 53.1 a), y de la disposición adicional primera de la mencionada Ley 4/2013. Los razonamientos del TC se orientan hacia la configuración de dicha función social modulada por los intereses económicos que se derivan de compromisos adquiridos a nivel internacional y que habían sido alegados ya por el abogado del Estado, en el recurso de inconstitucionalidad presentado contra la Ley 4/2013, de 1 de octubre[59]. No obstante lo cual, resulta relevante la lectura de los votos particulares que el auto integra y que se firman por la Magistrada doña Adela Asua Batarrita, el Magistrado don Luis Ignacio Ortega Álvarez, la Magistrada doña Encarnación Roca Trías y los Magistrados don Fernando Valdés Dal-Ré y don Juan Antonio Xiol Ríos.

En dicho voto particular conjunto se hace constar que no hay lugar a mantener la suspensión de los artículos impugnados en aras a la falta de alcance para producir los perjuicios que se alegan su entrada en vigor produciría. En este sentido, se abunda en el voto particular en una lectura diferenciada de que se quiere decir al modular el contenido esencial de la propiedad, y señala: que «La nueva redacción del art. 1.3 de la Ley 1/2010 se refiere al

---

[56] Recuérdese que la Ley 8/2013, de 26 de junio ha sido derogada en virtud de la disposición derogatoria única el Texto Refundido de la Ley del Suelo y Rehabilitación urbana.

[57] LAN 2013, 292.

[58] LAN 2010, 122.

[59] En suma, procede reiterar la misma conclusión que extrajimos en el ATC 69/2014 (RTC 2014, 69 AUTO), FJ 10, en el cual afirmamos que «[l]os razonamientos expuestos permiten concluir que en la ponderación de los intereses en presencia, y subrayando la especial relevancia de la medida de política económica general de estabilidad del sistema financiero, que tiene un indudable interés público prevalente, y la proyección de esta materia en el contexto internacional, apreciemos que debe mantenerse la suspensión de los preceptos impugnados, sin que la medida adoptada implique, en este caso concreto, un relevante menoscabo del resto de los intereses en presencia».

«contenido esencial del derecho de propiedad» e incluye en *él el deber de destinar el bien al uso habitacional previsto en el ordenamiento jurídico.* Y el nuevo art. 25 de la Ley 1/2010 contiene una definición de vivienda desocupada.

Ni la definición del contenido esencial del derecho de propiedad ni la del concepto de vivienda desocupada son susceptibles, por sí solas, de ocasionar ningún perjuicio de imposible o difícil reparación, por lo que no debería haberse mantenido la suspensión respecto del mismo. **Tales previsiones legales no son en sí mismas susceptibles de provocar una grave perturbación al sistema financiero, antes bien son la expresión de principios y fines generales a los que las Administraciones pueden y deben atender por diferentes caminos.**

Coincidimos con la expresión de los magistrados en el Voto particular, dado que se trata de la configuración misma del derecho de propiedad, que ahora analizamos matizada por las razones de interés social, de permitir al legislador el uso de las herramientas normativas precisas que hagan efectivo el derecho a la vivienda digna y adecuada. No obstante y ante la vigencia del Auto del Tribunal Constitucional, es preciso abordar la elaboración de una propuesta normativa con todas las cautelas precisas que permitan en todo momento salvaguardar los compromisos adquiridos por España a nivel internacional, que en el presente caso no estaban siendo afectado pero que hay que expresar que no lo estarán en el futuro.

b) Medio ambiente y rehabilitación de vivienda

La Constitución reconoce la competencia exclusiva del Estado sobre las Bases de la protección del medio ambiente (ex artículo 149.1.23 de la Constitución). Además de configurar la protección del medio ambiente como principio rector de la política social y económica a través del enunciado del artículo 45 de la Constitución. Ello ha motivado que la propia configuración jurídica de la noción de vivienda no pueda entenderse, sin integrar la proyección de la noción de medio ambiente en un concepto amplio de vivienda al que hiciéramos referencia en otro lugar y que nos ha recordado respecto de la configuración jurídica del deber de rehabilitación, la profesora García.[60] Al definir la rehabilitación de vivienda por un elemento finalista, cual sea el de garantizar la vivienda digna y adecuada que la constitución demanda. De tal suerte que la rehabilitación se define como «el conjunto de operaciones materiales ordenadas al mantenimiento del patrimonio preexistente, verificadas previa intervención directa o indirecta de las administraciones públicas, que son el resultado y la concreción de una opción política previamente definida para dotar de efectividad al principio rector de la política social y económica que postula el derecho a una vivienda digna y adecuada».[61]

---

[60] García García, «El régimen jurídico de la Rehabilitación Urbana», en Instituto Alfons, op. Cít, pág. 61. Madrid.

[61] Op. Cit, pag. 61.

En el contexto de la definición de las operaciones de rehabilitación debe añadirse desde la proyección de las competencias en materia de medio ambiente la incorporación de la noción de sostenibilidad o sostenible[62].

El termino sostenibilidad ha hecho fortuna, de tal suerte que no puede hablarse sino de vivienda sostenible o en su caso de rehabilitación sostenible. No obstante, la expresión sostenible debe referenciarse en parámetros concretos y no en meras configuraciones abstractas. Dicho de otra forma la sostenibilidad implica la comparación de diversos escenarios que suponen el consumo de recursos, siendo más sostenible el que puede hacerse efectivo de manera eficiente y con el menor coste de recursos posibles. Es por ello que puede hablarse de la sostenibilidad ambiental como de la económica y ambas sean interdependientes en mayor o menor medida. Así, la reforma Constitucional que ha permitido la incorporación de medidas de austeridad en el gasto público, ha avalado su existencia desde la introducción del principio de estabilidad presupuestaria, en la noción de sostenibilidad económica y financiera y por ende también ambiental. Pues bien la sostenibilidad está presente en el Texto Refundido de la Ley del Suelo y Rehabilitación Urbana de 30 de octubre de 2015, de tal suerte que la norma incorpora el principio de desarrollo territorial y urbano sostenible (artículo 3). Así también en la normativa sobre Ordenación del Territorio en Andalucía, en los denominados planes con incidencia en la Ordenación del Territorio. La sostenibilidad pues entendida como parámetro estándar transversal debe estar presente en los proyectos de rehabilitación urbana, como lo está el principio de equilibrio presupuestario, en base al cual han tenido lugar las últimas reformas en el mercado inmobiliario. Además el artículo 37.20, del Estatuto de Autonomía para Andalucía viene a reconocer como principio rector, «el respecto a medio ambiente incluyendo el paisaje y los recursos naturales, garantizando la calidad del agua y del aire» y añade además en el apartado 22 como principio rector: «el uso racional del suelo, adoptando cuantas medidas sean necesarias para evitar la especulación y promoviendo el acceso a colectivos necesitados a viviendas protegidas».

Se señala además que dichos principios rectores debe informar, según el artículo 40 del propio Estatuto de Autonomía, las normas legales y reglamentarias andaluzas. Razón por la cual deberán ser alegados en primer término en cualquiera regulación autonómica que deba aplicarse orientada a la regulación de los procesos de vivienda sostenible.

c) *Planeamiento urbano y rehabilitación de vivienda*

La relación de los títulos competenciales que permitan deslindar planificación urbanística y rehabilitación inmobiliaria remiten de nuevo a la dicotomía

---

[62] No es este el lugar de detener al lector en las referencias sobre el concepto de desarrollo sostenible y sí sobre la noción de sostenibilidad, por más que en sus orígenes no pueda sino enmarcarse en referentes de hondo calado internacional como el informe Brundtland o el protocolo de Kyoto.

entre regulación urbanística y regulación inmobiliaria. La confusión está servida en la legislación estatal y autonómica pero no ha sido sino hasta la Sentencia del Tribunal Constitucional 61/97, de 20 de marzo cuando se ha hecho necesario un análisis detallado de la distribución de los títulos competenciales relativos al urbanismo y la ordenación del territorio desde la diferenciación entre lo que podía ser regulado por el Estado y qué debía se regulado por las Comunidades Autónomas. La más reciente Sentencia del Tribunal Constitucional sobre la Ley del Suelo de 2014, que ha confirmado la constitucionalidad de la noma que analizaba ha vuelto a la conformación de títulos competenciales que han informado el nacimiento de la normativa autonómica en España desde final de los años 90 en adelante. Pero dado que según veíamos ut supra, respecto del artículo 56 del Estatuto de Autonomía para Andalucía, tanto en materia urbanística como de vivienda la competencia exclusiva la sigue teniendo la Comunidad Autónoma, cabe afirmar que se trataría del examen detallado de qué regulación existente está delimitando el marco de intervención de la Comunidad Autónoma respecto de los instrumentos urbanísticos a través de los cuales se puedan llevar a cabo operaciones de regeneración urbana. Y en este sentido diferenciar dentro de las operaciones de regeneración urbana las que integran cuestiones urbanísticas en relación con las que sólo operan la previsión de construcción de unidades de vivienda ex plan de vivienda autonómico o puede llegar a prever medidas de fomento a la accesibilidad del bien, a las que nos hemos referido en otro lugar.

En este contexto, la Ley 8/2013, introdujo importantes medidas de reforma de la planificación y gestión urbanística en relación a la renovación urbana. Una noción significativa debe ser tenida en cuenta en los desarrollos autonómicos actuales en cuanto su aplicación resulta de carácter básico[63], a saber: —la noción de «edificio de tipología residencial de vivienda colectiva», ex artículo 2.6 del Texto Refundido de la ley del Suelo y Rehabilitación 7/2015 de 30 de octubre. Pues bien, la calificación de un tipo de vivienda, la vivienda colectiva, por primera vez en nuestro ordenamiento jurídico a nivel estatal permite delimitar una noción básica que deba tenerse en consideración en **la modificación oportuna de la Ley de Ordenación urbanística de Andalucía 7/2002, y en su caso en la futura regulación sobre renovación urbana de Andalucía.**

Así se viene a entender por vivienda colectiva: «el compuesto por más de una vivienda, sin perjuicio de que pueda contener, de manera simultánea, otros usos distintos del residencial. Con carácter asimilado se entiende incluida en esta tipología, el edificio destinado a ser ocupado o habitado por un grupo de personas que, sin constituir núcleo familiar, compartan servicios y se sometan a un régimen común, tales como hoteles o residencias».

---

[63] En virtud de los dispuesto en la Disposición Final Segunda del Texto Refundido Real Decreto Legislativo 7/2015, de 30 de octubre que aprueba la Ley del Suelo y Rehabilitación Urbana.

Esto permitirá la introducción de líneas de financiación de carácter colectivo y no sólo individual, al mismo tiempo que ha permitido definir la vivienda colectiva como el espacio para la constatación del cumplimiento del deber de conservación del edificio.

BIBLIOGRAFÍA

AMADOR ORTÍZ: «Las Políticas Autonómicas de Rehabilitación. El caso de Aragón». Banco Hipotecario. Revista Española de la Financiación de la Vivienda. núm. 2. 2.ª Trimestre de 1987. (Monográfico sobre la rehabilitación de viviendas.

AYUCAR, P.: «El tratamiento fiscal de la rehabilitación de viviendas» en Revista Española de Financiación a la Vivienda. Núm. 2, 2.ª Trimestre de 1987.

APGAR, WILL, «Rethinking Rental Housing: Expanding the Ability of Rental Housing to serve as a Pathway to Economy and Social Opportunity, Joint Center for Housing Studies, Harvard University, 2004.USA.

GÓMEZ JIMÉNEZ, M.L., «Diversity and the Law: everybody is equal before the law?», en *Diversity and the process of marginalization, giving the voice to the hidden ones. Social Critical Studies. Bournemouth, 2014.*

GÓMEZ JIMÉNEZ, MARÍA LUISA; «Una Breve mirada a las inversiones inmobiliarias transfronterizas en un contexto de crisis económica a la luz de la Sentencia del Tribunal Europeo de Justicia C-567/07 Wonningsting sint servatius de octubre de 2009», en Revista de Derecho Urbanístico y el Medio Ambiente, núm. 287. Enero-Febrero 2014. Págs. 91-102.

GÓMEZ JIMÉNEZ, MARÍA LUISA, *La Intervención Administrativa en España*, 1938-2005. Madrid 2006.

JIMÉNEZ GARCÍA, F. «Tomarse en serio, el Derecho Internacional de los Derechos Humanos. Especial referencia a los derechos sociales, el derecho a la vivienda, y la prohibición de desalojos forzosos», en Revista Española de Derecho Constitucional. Centro de Estudios Políticos y Constitucionales. Madrid. Núm. 101, 2014.

PISSARELLO, GERARDO: «El Derecho a la Vivienda como derecho Social: implicaciones constitucionales».

Informe del Defensor del Pueblo Español: *Estudio sobre las viviendas Protegidas Vacía,* Madrid, 2013.

GARCÍA MORENO, FERNANDO y GONZÁLEZ GARCÍA; *Reflexiones sobre la Vivienda en España,* Aranzadi. Madrid. 2013.

NILS MUIŽNIEKS, Report of the National Commissioner for Human Rights of the Council of Europe, following his visit to Spain». June 2013.

PONCE SOLÉ, JULI; *El Derecho a la irreversibilidad limitada de los derechos sociales de los ciudadanos. Las líneas rojas constitucionales a los recortes y la sostenibilidad social.*, en Instituto Nacional de Administración Pública Madrid. 2013.

VALE, LAURENCE; *Reclaiming Public Housing,* Harvard University Press. Cambridge, 2002.

COSTA P.: «Algunas consideraciones sobre la financiación a la rehabilitación». en Revista Española de Financiación a la Vivienda. Núm. 2.2.ª cuatrimestre. Madrid. 1987.

MUÑAGORRI, R: El Plan Cuatrienal de Viviendas y la Rehabilitación» en Revista Española de Financiacición a la Vivienda. Banco Hipotecario. Madrid. 2.º Trimestre num. 2 de 1987, págs. 35-40

RAFORLS ESTEVE, J.: «La Rehabilitación de Viviendas en Cataluña» en Revista Española de Financiación a la Vivienda núm. 3 de 1987. Págs. 139-144.

ALCAIDE, C: «La rehabilitación en España Hoy y perspectivas de futuro». en Situación núm. 2. 1988. Banco Bilbao-Vizcaya. Págs. 124-139.

MATEOS P: «Dos respuestas específicas a la necesidad de suelo urbano; rehabilitación y parques de oficinas.» en Revista Española de Financiación a la Vivienda. Madrid. Otoño 1989 núm. 10. Págs. 93-98.

ROCA CALDERA, J: *Rehabilitación Urbana; Análisis comparado de algunos países de la Unión Europea (Alemania, Bélgica, Dinamarca, Francia, Italia, y Portugal)* En Serie de Monografías del Ministerio de Obras Públicas, Transportes y Medio Ambiente. Dirección General para la Vivienda, el Urbanismo y la Arquitectura. Bajo la Dirección Técnica de Marta García Nart. Madrid.1995.

BENSUSAN MARTÍN, M. P.: «Las Sociedades Urbanísticas constituidas por Entes Públicos Locales, especial referencia a la Sociedades de Promoción, Construcción y Rehabilitación de Viviendas» en Actualidad Administrativa núm. 43 de 24 al 30 de noviembre de 1997. Págs. 935-947.

GONZÁLEZ-VARAS IBÁÑEZ, S.:.—*La Rehabilitación Urbanística*. Aranzadi. Madrid. 1998, del mismo autor; «La rehabilitación urbanística. Legislación, problemas, líneas de futuro» en Revista de Derecho Urbanístico, núm. 172. septiembre-octubre 1999 Madrid y «Urbanismo y estado de cultura; un programa práctico y alternativo de rehabilitación». en Ciudad y Territorio Estudios Territoriales. XXXI(121) 1999. Págs. 557-568.

HERRÁEZ RODRÍGUEZ, S.: «Experiencias de rehabilitación en la ciudad de Madrid. revitalización de los centros históricos» ponencia presentada en el seminario «Conservación y Rehabilitación del Centro Histórico de las ciudades». Aguadulce. Almería del 31 de julio de 1998. Organizado en el seno de la Fundación General de la Universidad Complutense de Madrid (Texto inédito).

ABAD LICERAS, J. M.: «El marco jurídico e la rehabilitación del Patrimonio Arquitectónico Cultural y de España» en Revista de Derecho Urbanístico núm.172. septiembre-octubre 1999 Madrid.

CASTILLO BLANCO, F. A: «La Actividad de Edificación, rehabilitación urbana y equipamiento comunitario como competencia de las Sociedades Urbanísticas Locales» en Revista de Derecho Urbanístico, núm. 169. Abril-Mayo de 1999.

GARCÍA GARCÍA, M. J: *El Régimen Jurídico de la Rehabilitación Urbana*. Instituto Alfons El Magnanim. Diputación de Valencia. 1999.

BASSOLS COMA, M: «Conjuntos Históricos y Rehabilitación Urbana: recomendaciones internacionales y normativa autonómica, especial consideración de la Ley de la Comunidad de Madrid sobre Rehabilitación de Espacios Urbanos Degradados y de Inmuebles a Preservar». Asamblea. Revista Parlamentaria de la Asamblea de Madrid. Núm. 4. Diciembre de 2000. Págs. 21-52.

CAPÍTULO II

REFLEXIONES JURÍDICAS SOBRE VIVIENDA Y SOSTENIBILIDAD

DR. FERNANDO GARCÍA RUBIO
PROFESOR TITULAR DE DERECHO ADMINISTRATIVO
UNIVERSIDAD REY JUAN CARLOS

I. INTRODUCCIÓN. LA VIVIENDA COMO PROBLEMA JURÍDICO Y SU SOSTENIBILIDAD

Debemos destacar que uno de los principales problemas sociales ante los que nos encontramos es la cumplimentación del mandato constitucional plasmado en el art 47 de la Carta Magna sobre acceso a una vivienda digna, lo que en buena medida exige de un adecuado tratamiento jurídico que permita esos objetivos constitucionales. Así para la consecución del citado objetivo tanto las políticas públicas en la materia, como las propias edificaciones destinadas a vivienda deben ser sostenibles.

La sostenibilidad es, tal y como lo hemos calificado en otros trabajos[1], hoy en día uno de los «mantras» que agrupan, condicionan, y encaminan toda la actividad administrativa, al menos, en las sociedades occidentales, entre las cuales, se encuentra obviamente la Española.

Ese concepto de sostenibilidad[2] que en buena medida tiene un origen ya con cierto abolengo, se plasmó fundamentalmente a partir de los trabajos de

---

[1] Fernando García Rubio «Planeamiento, movilidad y sostenibilidad urbana.Un análisis desde las Smart cities» Práctica Urbanística, N.º 131, Sección Estudios,, Editorial LA LEY.

[2] La sostenibilidad con origen jurídico en el documento de la conferencia de Rio ha sido estudiada por numerosos autores y así entre otros Enrique Sánchez Goyanes «El «desarrollo territorial sostenible»: concepto y exigencias para el derecho público y la práctica de las administraciones» revista Práctica Urbanística, N.º 100, Sección Estudios, Enero 2011, pág. 9, Editorial LA LEY, Michel Prieur «Droit de l´envoirement «Dalloz, Paris, 6.ª edición, 2011.. pag 9 y la obra colectiva dirigida por Roberto O Bustillo Bolado y Maria

la cumbre de la tierra de Río de 1992, partiendo de documentos internacionales que fue implantándose en las diversas regulaciones nacionales y de organizaciones internacionales[3],como especialmente, en lo que respecta a España, en la Unión Europea, produciendo inicialmente normas del denominado Soft Law, y diversas disposiciones de todo tipo, que han formado un entramado que da lugar a una aplicación del concepto de sostenibilidad a los diversos aspectos de la actividad y competencia administrativa, que impregnan la totalidad de las competencias y actividades de las diferentes AAPP, y singularmente, en lo que nos afecta, de las entidades locales.

Ese prisma respecto a la sostenibilidad tiene una amplia concreción, y aunque fundamentalmente proviene de un ámbito ambiental, se ha plasmado especialmente de igual forma en tres subconceptos que son: la ya citada ambiental, la sostenibilidad económica[4], buen ejemplo de la cual es la que posteriormente citaremos ley 27/2013, de Racionalización y Sostenibilidad de la Administración Local, de 27 de diciembre, y por otra parte, la sostenibilidad social, esto es la evitación de exclusiones y creación de grupos o categorías marginales dentro de la población.

Debemos recordar que, por sostenible se entiende algo que puede mantenerse en el tiempo, y por tanto, la sostenibilidad en su conjunto indica el mantenimiento desde el ya señalado prisma o visión social, de una sociedad homogénea, en la medida de lo posible que evite exclusiones que generen riesgo o conflicto social. Igualmente el mantenimiento con los ingresos correspondientes de prestaciones y situaciones que eviten colapsos financieros y finalmente la permanencia del entorno en condiciones de uso y habitabilidad sin distorsiones que eviten su degradación e imposibilidad de mantenimiento de la vida en las condiciones actuales.

De estos tres aspectos, obviamente el más importante, si hubiera alguno que destacar, es el ambiental[5], por la irreversibilidad de las situaciones que buena parte de las actuaciones contra el medio natural supone.

Así la sostenibilidad se ha ido incorporando progresivamente en nuestro ordenamiento jurídico siendo la plasmación más externalizada, la ley 3/2011, de 4 de marzo, de Economía Sostenible, que supuso «un cajón de sastre», en

---

Fuensanta Gómez Manresa «Desarrollo sostenible:análisis jurisprudencial y de políticas públicas» Thomson-Reuters, Aranzadi, 2014.

[3] Sobre esto vid «Sustainable cities diversity, economic growth and social cohesión» editado por Maddy Janssens, Dino Pinelli, Dafne c. Reymen, Sandra wallmal, Fundación Eny, Enrico Mattey 2009 y «The Future of sustaninable cities.Critical reflections», editado por John Flint y Mike Rako, Universidad de Bristol 2012.

[4] En relación con el ámbito económico, el libro colectivo, «Economía, medio ambiente y desarrollo sostenible», coordinado por Antonio Elías Rey y Ramón Villares, editado por la Diputación Provincial de la Coruña, la Universidad de la Coruña y la Universidad Menéndez Pelayo en 2003.

[5] Al respecto vid el apartado sobre Desarrollo sostenible de José Francisco Alenza García, dentro de la obrea colectiva «Los principios jurídicos del derecho administrativo» / Juan Alfonso Santamaría Pastor (dir.), 2010, págs. 1387-1426.

las que se incorporaron disposiciones en buena parte de nuestro ordenamiento jurídico positivo, a los efectos de introducir el citado concepto de sostenibilidad en todos sus ámbitos[6].

La sostenibilidad ambiental además de ser un principio general de la actuación ambiental se ha incorporado al ordenamiento jurídico por la suscripción, por parte del Reino de España y de la Unión Europea de diversos tratados internacionales ya sea la cumbre de Rio, o Rio + 20, o el compromiso de Aalborg, habiendo sido incorporados, esos contenidos, a la directivas de la Unión Europea y las diferentes legislaciones Nacionales[7], especialmente, como es obvio, a la legislación básica estatal, y a las legislaciones de las Comunidades Autónomas, en materia ambiental que han trasladado el concepto desde el principio, a la legislación positiva.

Como hemos indicado anteriormente, ese elemento cardinal que supone la sostenibilidad para actuación de las diversas administraciones públicas, no puede dejar al margen la administración más cercana al entorno y a la ciudadanía,que es la administración local, y fundamentalmente los municipios, que conforme a lo dispuesto en el artículo 25 de la ley 7/1985, de 2 de abril, Reguladora de Bases de Régimen Local, en la redacción aportada por la ley 27/2013, de 27 de diciembre, de Racionalización y Sostenibilidad de la Administración Local, anteriormente descrita, tienen competencias en materia de medio ambiente urbano,con un carácter genérico en los términos especificados por la legislación básica estatal en la materia, conforme al artículo 149.1 23.ª de la Constitución, y a las legislaciones que en base a los respectivos títulos competenciales estatutarios hayan dictado en materia de desarrollo de dicha legislación básica, o de las medidas adicionales de protección del medio ambiente, las diferentes comunidades autónomas.

La aprobación de la reforma de la ley 7/1985, de 2 de abril, Reguladora de Bases de Régimen Local, mediante la indicada ley 27/2013, de 27 de diciembre, sobre Racionalización y Sostenibilidad de la Administración Local, ha supuesto un nuevo prisma en la determinación de las competencias municipales[8], lo que en el aspecto concreto del medio ambiente, unido igual-

---

[6] Incorporado a otros aspectos y así vid Edurne Pradillos Hormaetxea, «La regulación del factor de sostenibilidad y del índice de revalorización del sistema de pensiones de la Seguridad Social, a la luz de la entrada en vigor del protocolo facultativo del pacto internacional de derechos económicos, sociales y culturales», revista general del derecho del trabajo y de la Seguridad Social, Iustel nº 36 febrero de 2014.

[7] Sobre esta inclusión puede verse Susana Galera Rodrigo y Bernardo Hernández Bataller «CRONICA EUROPEA VI. Desarrollo sostenible, participativo, inteligente e inclusivo»Revista de derecho urbanístico y medio ambiente» n.º 286 pags 109 a 144, 2013.

[8] Al respecto debemos indicar que la ley ha sido objeto de diversos estudios y asi por orden cronológico «La reforma de 2013 del régimen local español», Fundación Democracia y Gobierno Local, 2014, obra colectiva coordinada por Juan Alfonso Santa María Pastor, «La reforma del régimen jurídico de la administración local.el nuevo marco regulatorio a la luz de la ley de racionalización y sostenibilidad de la administración local» obra colectiva coordinada por Juan Antonio Carrillo Donaire y Pilar Navarro Rodriguez,

mente a la polémica Sentencia del Tribunal Supremo de fecha 10 de junio de 2014, sobre competencias en relación con la limpieza de cauces (en este caso concreto del río Tormes, en Salamanca), en el momento del paso de los ríos por las poblaciones, nos hace propiciar unas breves reflexiones previas sobre el ámbito competencial de los municipios, en relación con el medio ambiente urbano, el contenido de esta determinación y sus influencias sobre la ordenación urbana en su conjunto. Cuestión previa a cualquier marco de vivienda sostenible.

Así en primer lugar, la propia atribución competencial del artículo 25 LRBRL, implica necesariamente, con respecto al medio ambiente urbano[9] supone una clara limitación de las funciones municipales al casco de las poblaciones, en tanto, en cuanto, el medio ambiente en suelo no urbanizable no quedaría expresamente atribuido, al menos a la legislación básica estatal, a las competencias municipales, lo cual lógicamente debe incidir sobre las normas de protección que se establezcan en los planes generales de ordenación urbana, que recuérdese, deben de incluir las medidas para garantizar la exclusión del proceso urbanizador y la conservación de esos suelos no urbanizables, cuya competencia administrativa desde el punto de vista ambiental ya no estaría atribuida a los municipios, al menos en apariencia.

Esta circunstancia supone que las competencias sobre medio ambiente sean ya, no solo concurrentes, sino, incluso confusas, entre las diversas administraciones, especialmente la que ejerza la gestión, entre las comunidades autónomas y las entidades locales, no habiéndose introducido en la LRSAL, un sistema de transición, como sí ha ocurrido con las competencias educativas, o de servicios sociales[10] y sanitarias para la perdida de estas competencias por las entidades locales y su gestión con carácter general por las comunidades autónomas, titulares del titulo competencial estatutario que prevalece sobre el básico municipal.

La ley-El Consultor, 2014, igualmente colectiva y dirigida por Tomás Quintana López «La reforma del régimen local. Comentario a la ley 27/2013, de 27 de diciembre, de racionalización y sostenibilidad de la administración local, Tirant lo Blanch, 2014. Igualmente Lorenzo Mellado Ruiz «Génesis y realidad de la ley 27/2013, de 27 de diciembre, de racionalización y Sostenibilidad de la administración local:¿una nueva reforma local?» CEMCI 2014, Manuel Medina Guerrero «La reforma del régimen local «Tirant lo Blanch, 2014, Campos Daroca, José María «La reforma de la Ley de bases de régimen local: Ley 27/2013, de 27 de diciembre»Bosch, 2014 y Cebrián Abellán, Manuel» El régimen local tras la reforma de la Ley de racionalización y sostenibilidad», Bosch -Wolters Kluwer, 2014.

[9] Al respecto vid Iñigo Sanz Rubiales «Medio ambiente y Administración local: competencias limitadas y sostenibilidad económica «Revista Democracia y gobierno local, n.º25, segundo trimestre 2014 pags 4 a 12.

[10] Sobre estas vid Marcos Almeida Cerreda «El incierto futuro de los servicios sociales municipales»pags 93-144 de la revista Anuario de derecho municipal, n.º 7 UAM-IDL.

No obstante y en esos traslados competenciales debemos destacar, tal y como indica Rivero Ortega[11], que la labor legislativa de las diferentes CCAA ha desnaturalizado el sistema diseñado por la LRSAL.

Partiendo de dicho concepto y plasmación jurídica de la sostenibilidad debemos destacar que en el marco del régimen jurídico de la vivienda. esta se enmarca bajo los conceptos de conservación y rehabilitación urbana, eficiencia energética y planificación de la movilidad sostenible, pilares sobre los que en nuestra opinión se sustenta en esta materia la sostenibilidad.

II. EL DEBER DE CONSERVACIÓN DE LAS EDIFICACIONES

1. Antecedentes históricos. configuración legal en las leyes sobre régimen del suelo y ordenación urbana

Debe recordarse que ya desde antaño los propietarios no ejercitaban un derecho ilimitado sobre los inmuebles. Este, al contrario viene siendo atemperado, tal y como señala Gallego Anabitarte[12], ya desde la Edad Media por las exigencias del bien común, en este sentido las Siete Partidas[13] prevén ya determinadas actuaciones conservacionistas sobre la propiedad privada. Así la Ley 10, título 32, Partida III, refleja la situación de un edificio que amenazado de ruina pone en peligro bienes y personas, y el Juez, que a la vez era Alcalde, obligaba al dueño a reparar los deterioros o, si eran graves, a derribar la casa. Informaban los maestros y según dictaminasen, la autoridad acordada que la casa se reparaba o fuera derribada[14].

Esta constatación histórica del deber de conservación es señalada por Sánchez Goyanes[15] en relación a las «Ordenanzas de Madrid y otras diferentes que se practican en Toledo y Sevilla, con algunas advertencias a los alarifes, y particulares y otros capítulos añadidos a la perfecta inteligencia de la materia, que todo se cifra en el Gobierno político de las fábricas» obra de 1754 de Teodoro Ardemans, y que como señala se refiere a un Tratado anterior a Juan de Torija del año 1661, «Sobre las Ordenanzas de Madrid y policía de ellas»[16].

---

[11] Ricardo Rivero Ortega» Oportunidades, riesgos y resultados reales de la Ley de racionalización y sostenibilidad de la Administración Local», REALA, N.º extraordinario, enero de 2015.

[12] A. Gallego Anabitarte. «Régimen urbanístico de la propiedad.» Revista de Derecho Urbanístico, n.º 134, 1993.

[13] Tal y como cita M.ª del Pilar Bensussan, en «La Protección Urbanística de los bienes inmuebles históricos». Ed. Comares, 1996, Págs. 1-2.

[14] A. Agúndez Fernández en «La declaración administrativa de edificio en estado de ruina.» Ed. Comares, 2001.

[15] Enrique Sánchez Goyanes. «El deber de conservación, las ordenes de ejecución y la declaración de ruina.» CUNAL, Junio 1999.

[16] Al respecto véase «Arquitectura y Urbanismo de las Ordenanzas de Teodoro Ardemans para Madrid» de Beatriz Blasco Esquivias. Gerencia Municipal de Urbanismo del Ayuntamiento de Madrid, 1992.

Mayor incidencia normativa, desde el punto de vista histórico, ha tenido la conservación del Patrimonio Histórico, ya en el Renacimiento se regula la protección de bienes inmuebles, museos y excavaciones, y a partir del Siglo XVIII, consecuencia de las ideas ilustradas, se extiende la idea de conservar los bienes inmuebles de interés histórico o artístico y su importancia para la educación, si bien la Novísima Recopilación recoge disposiciones en la línea de la arriba indicada al respecto de la conservación y ruina de edificaciones. La consolidación de una verdadera ordenación jurídica del Patrimonio histórico-artístico y con ello de sus bienes inmuebles, con una línea verdaderamente proteccionista no se alcanza hasta la aparición del Estado liberal, desarrollándose con estas características Comisiones Provinciales así como inventarios. Sin embargo, como destaca Pilar Bensusan[17], la realidad mostraría una escena de de conservación mucho más moderada, donde la transformación de las ciudades pasa por la destrucción de murallas y fortificaciones, y por el uso de técnicas de ensanche y reforma interior con lo que ello conllevó de destrucción de gran parte del Patrimonio inmobiliario.

Llegados ya al Siglo XX nos encontramos con el Estatuto Municipal de 8 de marzo de 1924, cuyo artículo 150 número 29 encomienda a los Ayuntamientos el saneamiento de habitaciones insalubres, y en general cuanto se relaciones con el problema de la vivienda, lo que de forma imprecisa viene a incluir la conservación de las mismas.

Ya en nuestros día el deber de conservación tiene expresa regulación las Leyes sobre régimen del Suelo y ordenación urbana, así el artículo 168 de la Ley del Suelo de 1956 establecía: «*los propietarios de terrenos, urbanizaciones particulares, edificaciones y carteles deberán mantenerlos en condiciones de seguridad, salubridad, y ornato públicos.*

2. Los Ayuntamientos, y en su caso los demás Organismos competentes ordenarán, de oficio o a instancia de cualquier interesado, la ejecución de obras necesarias para conservar aquellas condiciones.»

Extendiendo el artículo 169: «*Los Ayuntamientos y en su caso las Diputaciones Provinciales y las Comisiones Provinciales de Urbanismo, también podrán ordenar por motivos de interés turístico o estético, la ejecución de obras de conservación y de reforma en fachadas o espacios visibles desde la vía pública*».

Por lo que se refiere al texto de 1976, el artículo 181 establece: «*Los propietarios de terrenos, urbanizaciones de iniciativa particular, edificaciones y carteles, deberán mantenerlos en condiciones de seguridad, salubridad y ornato públicos.*

2. Los Ayuntamientos, y en su caso los demás organismos competentes, ordenarán de oficio o a instancia de cualquier interesado, la ejecución de las obras necesarias para conservar aquellas condiciones.»

---

[17] M.ª Pilar Bensusan, «La protección urbanística de los inmuebles históricos». Comares 1996, págs. 5 y 6.

Como vemos reproduce exactamente el contenido del artículo 168 de la Ley del suelo de 1956, que también extiende a las órdenes de conservación por motivos del interés turístico o estético.

La innovación legislativa se produce a tenor de la Ley del Suelo de 1992, cuyo artículo 21 establece: «*Los propietarios de toda clase de terrenos y construcciones deberán destinarlos efectivamente al uso en cada caso establecido por el planeamiento urbanístico y mantenerlos en condiciones de seguridad, salubridad y ornato público. Quedarán sujetos igualmente al cumplimiento de las normas sobre protección del medio ambiente y de los patrimonios arquitectónicos y arqueológicos, y sobre rehabilitación urbana.*»

Este artículo se pone en relación con el artículo 245, del derogado TRLSOU/1992, que determinaba: «*Los propietarios de terrenos, urbanizaciones de iniciativa particular y edificaciones deberán mantenerlos en las condiciones y con sujeción a las normas señaladas en el art. 21,1.*» Y recogiendo el artículo 246 las órdenes de ejecución por motivos turísticos o culturales: «*Los Ayuntamientos y los organismos competentes podrán también ordenar, por motivos de interés turístico o estético, la ejecución de obras de conservación y de reforma en fachadas o espacios visibles desde la vía pública, sin que estén previamente incluidas en plan alguno de ordenación.*»

Nos encontramos ante lo que Julio Castelao y Ricardo Santos[18] han calificado como la imposición de una concepción proteccionista, conservacionista, que trata no solo de garantizar la seguridad, salubridad y ornato de los edificios, tal y como se venía desarrollando en la legislación anterior, sino que da paso a nuevas ideas a las que se ha hecho sensible la sociedad. En un claro avance a la legislación anterior centrada en la reconstrucción y sustitución de unas edificaciones por otras, ahora se da paso a la protección de nuevos intereses, como el medio ambiente y los patrimonios arquitectónicos.

La legislación inmediatamente anterior a la estatal vigente (antes de las refundiciones) viene determinada por el artículo 19 de la Ley sobre Régimen del Suelo y Valoraciones, de 13 de abril de 1998, que establecía: «*1. Los propietarios de toda clase de terrenos y construcciones deberán destinarlos a usos que no resulten incompatibles con el planeamiento urbanístico y mantenerlos en condiciones de seguridad, salubridad y ornato público. Quedarán sujetos igualmente al cumplimiento de las normas sobre protección del medio ambiente y de los patrimonios arquitectónicos y arqueológicos y sobre rehabilitación urbana.*

2. El coste de las obras necesarias en virtud de lo dispuesto en el número anterior se sufragará por los propietarios o por la Administración, en los términos que establezca la legislación aplicable.»

Artículo que debemos poner en relación con el ya señalado artículo 245.1 del Texto Refundido de 1992, vigente hasta 2008 a tenor de la Disposición Derogatoria de la Ley sobre régimen del Suelo y Valoraciones, así como el apartado 2

---

[18] Véase Julio Castelao y Ricardo Santos, «Derecho Urbanístico. Manual para juristas y técnicos.» El Consultor-Abella, 1990.

del artículo 246 que recordemos tenía por rúbrica «ordenes de ejecución por motivos turísticos o culturales». Los tres preceptos conforman el marco normativo, en el que se concretaba y regulaba el deber de los propietarios de edificios y construcciones, por un lado de conservarlos en debidas condiciones, y por otro de sujetarse en su uso al destino previsto por el planeamiento y a la normativa protectora de medio ambiente, patrimonio arquitectónico y rehabilitación urbana. Deberes que se configuran como propios del contenido normal del derecho de propiedad inmobiliaria, y que analizamos en el siguiente apartado.

Ya fuera de la normativa sobre ordenación del suelo, encontramos en la Ley de Ordenación de la Edificación, de 5 de noviembre de 1999, el artículo 3, relativo a los requisitos básicos de la edificación, que afectan no solo a la construcción, sino también a su mantenimiento y conservación, así como el artículo 16 que establece las obligaciones de los propietarios y usuarios de los edificios: *«1. Son obligaciones de los propietarios conservar en buen estado la edificación mediante un adecuado uso y mantenimiento, así como recibir, conservar y transmitir la documentación de la obra ejecutada y los seguros y garantías con que ésta cuente.*

2. Son obligaciones de los usuarios, sean o no propietarios, la utilización adecuada de los edificios o de parte de los mismos de conformidad con las instrucciones de uso y mantenimiento, contenidas en la documentación de la obra ejecutada.»

Posteriormente la ley 8/2007 de 28 de mayo el texto refundido de la ley de suelo 2/2008, de 20 de junio, la ley 8/2013, de 26 de junio, de rehabilitación, regeneración y renovación urbana y el vigente texto refundido de la ley de suelo y rehabilitación urbana aprobado por Real Decreto legislativo 7/2015, de 30 de octubre.

2. El deber de conservación como parte del estatuto de la propiedad inmobiliaria en la legislación estatal

El artículo 33 de la Constitución Española reconoce el derecho a la propiedad privada, matizando en su apartado 2.º que *«la función social de estos derechos delimitará su contenido de acuerdo con las Leyes»*, lo que ha justificado su interpretación Constitucional tanto desde la vertiente individual, como desde la supraindividual. Derivada de las exigencias del interés general, siendo la primera un derecho subjetivo que cede para convertirse en un equivalente económico (STC 111/1983).

Como ha señalado Sánchez Goyanes[19] no se recoge en la Constitución de 1978 el concepto decimonónico de propiedad, recogido por el Código Civil, sino el conformado como *un haz de facultades sobre las cosas, pero también al*

[19] Enrique Sánchez Goyanes. «La función social y configuración estatutaria de la propiedad del suelo» en Derecho Urbanístico de la Comunidad de Madrid, VV.AA. Comunidad de Madrid, 2000.

mismo tiempo, como un conjunto de deberes y obligaciones establecidos, de acuerdo con las Leyes, en atención a valores o intereses de la colectividad, es decir, a la finalidad o utilidad social que cada categoría de bienes de objeto de dominio esté llamado a cumplir (STC 37/1987).

Es decir, la ley pude delimitar, configurar el contenido del derecho de propiedad y precisar que facultades concretas lo componen y cuales quedan fuera de él, siempre que deje a salvo el contenido esencial del derecho, que la Constitución protege directamente, de forma que este siga siendo identificable como tal. Tal y como indica Tomás Ramón Fernández[20] el artículo 33 de la Constitución establece un límite máximo al derecho de propiedad, el obligado respecto al contenido esencial del mismo.

Así, el contenido del derecho de propiedad, en su regulación urbanística viene definido en una doble dimensión, por un lado la referida al proceso de urbanización y edificación (dinámica), donde las facultades del propietario a ejercitar la transformación del suelo se unen las obligaciones que se le imponen, tales como el deber de urbanizar conforme al planeamiento, cesión de terrenos a la administración, edificación en los plazos determinados..., por otro lado la segunda visión de la delimitación del contenido de propiedad en virtud de su función social referida a los inmuebles ya construidos (estática), donde el propietario junto al derecho de usar y disponer de la edificación tiene el deber de mantenerla en condiciones de seguridad, salubridad y ornato público.

Como veíamos en el epígrafe anterior, los antecedentes legislativos indican que la imposición de la legislación urbanística a los propietarios el deber de conservar los edificios es una constante con escasas variaciones, y como indicábamos es indudable que estamos ante un deber, establecido normativamente, que se integra en el contenido normal del derecho de propiedad, como también se ha encargado de reiterar la jurisprudencia, así por ejemplo la STS de 15 de octubre de 1992: «*resulta así claro que dentro del contenido normal del derecho de propiedad inmobiliaria se integre un deber legal, un deber urbanístico —con independencia de lo que se derive del Código Civil y de la Ley de Arrendamientos Urbanos— del propietario cuyo contenido es el ya mencionado (mantener los edificios en condiciones de seguridad, salubridad y ornato público).*»

La finalidad de dicho deber es triple, y en correlación con los intereses públicos que legitiman su imposición: la seguridad, es decir la estabilidad y acabado de las construcciones en condiciones que no supongan riesgo para las personas o cosas: la salubridad o mantenimiento de los bienes de forma que no atenten contra la higiene; y finalmente el ornato, la conservación de los bienes de forma que no afecten a la «imagen urbana.»

Ahora bien, un elemento esencial, y máxime a raíz de la Sentencia del Tribunal Constitucional 61/1997, de 20de marzo, es la del legislador competente a los efectos de la regulación del deber de conservación de los inmue-

---

[20] Tomás Ramón Fernández. «Manual de Derecho Urbanístico.» El Consultor, 2001, Pág. 31.

bles, así a tenor de lo establecido por la referida Sentencia en su Fundamento Jurídico 34: *El tenor literal del precepto impugnado y su misma ubicación sistemática, sin embargo, ponen de relieve que se trata de regular el «deber de conservación», como inherente a la propiedad urbana, esto es, un deber que constituye una expresión de la función social de esta forma de propiedad. Sobre ese deber de conservación genérico, el precepto en cuestión añade e incorpora la perspectiva del patrimonio histórico, íntimamente unida con frecuencia a la de la propiedad urbana. El art. 246.2 TRLS regula el deber genérico de la propiedad urbana monumental de soportar el coste económico de las obras de conservación y reforma siempre que no supere el límite del indicado deber de conservación que le corresponda, a partir del cual la ejecución de las obras correrá a cargo de la Entidad que lo ordene. En otras palabras, el objeto del precepto es fijar las condiciones básicas del ejercicio del derecho de propiedad urbana y monumental obligando a su titular a soportar el coste económico de la conservación, siempre que no se retase el límite razonablemente exigible por virtud de la función social (art. 33.2 y 53.1 CE).*

A efectos del orden constitucional de distribución de competencias, este tema se reconduce, pues, a la regulación del derecho de propiedad privada (art. 149.1.1 CE) y no a la genérica función urbanística (art. 148.3 CE). En realidad, el art. 246.2 TRLS conecta inmediatamente con el art. 21 TRLS que establece los deberes básicos de uso, conservación y rehabilitación. Sobre el propietario de toda clase de terrenos y construcciones pesa el deber básico de mantenerlos en condiciones de seguridad, salubridad y ornato público y quedarán sujetos igualmente a las normas sobre protección del medio ambiente y de los patrimonios arquitectónicos y arqueológicos, y sobre rehabilitación urbana (art. 21.1 TRLS). Finalmente, dispone que el coste de las obras necesarias para hacer efectivos tales deberes será sufragado por los propietarios o la Administración, en los términos que establezca la legislación aplicable (art. 21.2 TRLS). ***Salta a la vista que se limita a formular unos deberes genéricos y mínimos que habrán de ser colmados por la legislación sectorial aplicable dictada en el marco del sistema.competencial en materias como patrimonio histórico o medio ambiente, entre otras. Es evidente, pues, que el art. 21 TRLS —ubicado en la Sec. 1.ª del Cap. III, sobre régimen del suelo urbano y urbanizable— y, con conexión con éste, el art. 246.2 TRLS aquí impugnado, quedan a cubierto por las condiciones básicas a las que se refiere el art. 149.1.1 CE.***

Por otra parte, el art. 246.2 TRLS en cuanto establece la existencia de un límite o frontera entre aquellos deberes de conservación que son manifestación de la función social (art. 33.2 CE) y aquellos otros que desbordan las exigencias de aquélla y, por consiguiente, están sujetos a indemnización (art. 33.3 CE), entronca también con la competencia estatal en materia de expropiación forzosa en punto a la indemnización (art. 149.1.18 CE), al apuntar la divisoria entre las obras no indemnizables (por estar contenidas dentro del deber de conservación que les corresponda en virtud de la función social), de aquellas otras que, excediendo de lo que le es exigible al

propietario, sirven directamente al interés general, como afirma el precepto, y tienen, en consecuencia, impacto materialmente expropiatorio. *En efecto, la distinción a la que implícitamente el art. 246.2 en conexión con el art. 21.2 TRLS hace referencia entre intervención delimitadora del contenido del derecho (art. 33.2 CE) e injerencia expropiatoria (art. 33.3 CE) supone el reconocimiento de que el legislador, al delimitar en el presente caso los deberes inherentes a la propiedad urbana en aras de la función social (art. 33.2 CE), puede establecer, en virtud del interés general (aquí, por motivos turísticos o culturales; art. 246.1 TRLS), obligaciones y cargas con efectos materialmente expropiatorios por ser susceptibles de privar de toda rentabilidad económica o utilidad privada al derecho de propiedad, desbordando, en consecuencia, el contenido esencial del dominio y surgiendo entonces el deber de indemnizar (SSTC 227/1988, f. j. 11; 170/1989, f. j. 8; etc.). Ciertamente, no quiere ello decir que sea el legislador estatal el único obligado o competente para fijar los supuestos indemnizatorios o la divisoria entre la delimitación del contenido y la ablación del mismo, pues ello es una obligación (art. 33.3 CE) que pesa sobre cualquier legislador (como se infiere, entre otras, de las SSTC 37/1987 ó 170/1989), pero es evidente que en el caso del art. 246.2 TRLS no hace sino reconocer un deber básico, (art. 149.1.1 CE) y apuntar cuándo su cumplimiento da derecho a indemnización (art. 149.1.18).»*

La sentencia viene a determinar la competencia estatal, al menos en lo básico, y lo fundamenta en dos razones:

1.º Porque el deber de conservación, como definición del contenido básico del derecho de propiedad, exige una formulación que garantice un mínimo igualitario en el conjunto del territorio español, formulación que corresponde al legislador estatal en virtud del artículo 149.1.1.ª de la Constitución.

2.º Porque la regulación tradicional del deber de conservación se extiende no solo a la de los supuestos en que su imposición resulta de las exigencia de la función social de la propiedad, conforme el artículo 33.2 de la Constitución, ya examinado, sino también de otros supuestos que amplían esas exigencia, como los expuestos motivos de motivaciones turísticas o culturales, que traen a efecto la apertura del mecanismo expropiatorio, y con ello el derecho al propietario a ser indemnizado en base al apartado 3 del artículo 33 de la Constitución, por lo que conforme al artículo 149.1.18.ª de nuevo entra la competencia del legislador estatal en materia expropiatoria[21].

No obstante, debemos indiciar que dentro de este marco básico definido por el legislador estatal, el legislador autonómico puede, y de hecho lo hace como veremos más adelante, regular al respecto del régimen jurídico del derecho de propiedad, tal y como establece la indicada Sentencia del Tribunal Constitucional 61/1997, de 20 de marzo, en su Fundamento Jurídico 7.º.— «*(Delimitación negativa y positiva de la competencia del artículo 149.1.1.º CE).*

---

[21] A este respecto véase Enrique Sánchez Goyanes en Op. Cit. «Deber de conservación...»

Al objeto de situar el art. 149.1.1.ª CE en su debido contexto, deben hacerse algunas precisiones acerca de la naturaleza y alcance de la competencia estatal que aquí se considera para mejor determinar, desde una interpretación sistemática, cómo ha de articularse con la competencia autonómica sobre urbanismo.

a) En primer lugar, importa delimitar por vía negativa el título competencial residenciado en el art. 149.1.1 CE. De una parte, no se puede identificar con el contenido derivado de otros preceptos constitucionales, tales como el art. 138.2 y 139.1, que son presupuestos o límites, pero no títulos competenciales; o el art. 139.2, en cuanto expresión de la unidad de mercado y del derecho a la libre circulación. De otra, el art. 149.1.1 CE no viene a ser un trasunto, en el plano competencias, del art. 14 CE, que, por lo demás, vincula a todos los poderes públicos. Este título estatal no representa, pues, una suerte de prohibición para el legislador autonómico de un trato divergente y desproporcionado respecto de la legislación estatal.

Ha de añadirse que «condiciones básicas» no es sinónimo de «legislación básica», «bases» o «normas básicas». El art. 149.1.1 CE, en efecto, no ha atribuido al Estado la fijación de las condiciones básicas para garantizar la igualdad en el ejercicio de los derechos y libertades constitucionales, sino sólo el establecimiento —eso sí, entero— de aquellas condiciones básicas que tiendan a garantizar la igualdad. Y si bien es cierto que su regulación no puede suponer una normación completa y acabada del derecho y deber de que se trate y, en consecuencia, es claro que las Comunidades Autónomas, en la medida en que tengan competencias sobre la materia, podrán siempre aprobar normas atinentes al régimen jurídico de ese derecho —como en el caso de la propiedad del suelo—, no lo es menos, sin embargo, que la competencia ex art. 149.1.1 CE no se mueve en la lógica de las bases estatales-legislación autonómica de desarrollo. En otras palabras, el Estado tiene la competencia exclusiva para incidir sobre los derechos y deberes constitucionales desde una concreta perspectiva, la de la garantía de la igualdad en las posiciones jurídicas fundamentales, dimensión que no es, en rigor, susceptible de desarrollo como si de unas bases se tratara; será luego el legislador competente, estatal y autonómico, el que respetando tales condiciones básicas establezca su régimen jurídico, de acuerdo con el orden constitucional de competencias.

Finalmente, las condiciones básicas no equivalen ni se identifican tampoco con el contenido esencial de los derechos (art. 53.1 CE), técnica cuyo objeto, como hemos reiterado desde la STC 11/1981, consiste en garantizar el derecho frente a los eventuales abusos o extralimitaciones de los poderes públicos, en particular y en primer término, del legislador, cualquiera que éste sea, en su tarea reguladora. El contenido esencial constituye, pues, una garantía constitucional en favor del individuo, algo a respetar por el legislador en cada caso competente, no para regular; no es, en definitiva, una técnica que permita determinar lo que al Estado o a las Comunidades Autónomas les corresponde. En términos positivos, pues, tanto el legislador estatal de las condiciones básicas, como el autonómico deben respetar el contenido esencial del derecho de propiedad (art. 53.1 CE).

b) En segundo lugar, conviene recordar algunas notas que delimitan positivamente la competencia estatal ex art. 149.1.1 CE. Así, en lo que hace a su ámbito material o alcance horizontal, es de advertir que la «materia» sobre la que recae o proyecta son los derechos constitucionales en sentido estricto, así como los deberes básicos. Ahora bien, las condiciones básicas que garanticen la igualdad se predican de los derechos y deberes constitucionales en si mismos considerados, no de los sectores materiales en los que éstos se insertan y, en consecuencia, el art. 149.1.1 CE sólo presta cobertura a aquellas condiciones que guarden una estrecha relación, directa e inmediata, con los derechos que la Constitución reconoce. De lo contrario, dada la fuerza expansiva de los derechos y la función fundamentadora de todo el ordenamiento jurídico que éstos tienen atribuida (art. 10.1 CE), quedaría desbordado el ámbito y sentido del art. 149.1.1 CE, que no puede operar como una especie de titulo horizontal, capaz de introducirse en cualquier materia o sector del ordenamiento por el mero hecho de que pudieran ser reconducibles, siquiera sea remotamente, hacia un derecho o deber constitucional.

Por otra parte, tal como se ha indicado, constituye un titulo competencias autónomo, positivo o habilitante, constreñido al ámbito normativo, lo que permite al Estado una «regulación», aunque limitada a las condiciones básicas que garanticen la igualdad, que no el diseño completo y acabado de su régimen jurídico.

En definitiva, y para recapitular, el art. 149.1.1 CE no debe ser entendido como una prohibición de divergencia autonómica, ni tampoco como un título residual, aunque la normación del derecho por virtud de esta competencia sea limitada, no ya sólo porque no se inscriba en la dinámica de las bases-desarrollo, en la que siempre ha de restar un espacio normativo para las Comunidades Autónomas, sino, más exactamente, como ha quedado razonado, porque las condiciones básicas que garanticen la igualdad, por definición, no pueden consistir en un régimen jurídico acabado y completo de los derechos y deberes constitucionales afectados. La regulación de esas condiciones básicas si corresponde por entero y en exclusiva al Estado, pero con tal normación, como es evidente, no se determina ni se agota su entero régimen jurídico. En tal contexto, no debe olvidarse que la «igualdad de todos los españoles" representa el elemento teleológico o finalista del titulo competencial que aquí se considera, el único que justifica y ampara el ejercicio de la competencia estatal. En el ámbito urbanístico, es la intervención del legislador estatal ex art. 149.1.1 CE la que garantiza esa igualdad, máxime si se tiene en cuenta la inexcusable remisión al planeamiento y la disparidad de usos y contenidos susceptibles de apropiación que de ahí resulta.»

Competencia autonómica reiterada por las STC 164/2001 y que se traduce en potestades concretas tales como el planeamiento, gestión e intervención en las facultades dominicales, por lo que a materia de conservación se refiere, y para las que las respectivas legislaciones autonómica podrán arbitrar técnicas jurídicas específicas, como veremos que así hacen.

3. El deber de conservación en la legislación autonómica

Como hemos venido adelantando en el epígrafe anterior, cada una de las diferentes Comunidades Autónomas, tiene capacidad normativa en materia de conservación de las edificaciones, habida cuenta del respecto al contenido mínimo estatal, actualmente configurado como ya vimos por el artículo 9 del Texto refundido de la Ley de Suelo Especialmente interesante a la hora de establecer una clasificación de la diversa normativa existente en el ámbito autonómico es la realizada por Sánchez Goyanes[22], que se concretó durante un tiempo en cuatro grandes modelos:

1.º El de las Comunidades Autónomas que careciendo de la normativa propia al respecto, se siguen rigiendo, supletoriamente, por el sistema determinado por el Texto de 1976, modelo al que el citado autor asimilaba el régimen de la Comunidad Autónoma Catalana, ya que el TRUC de 1990 se apoyó básicamente en el esquema estatal hasta entonces vigente.

2.º El modelo de las Comunidades Autónomas que se rigieron por el sistema del Texto Refundido de la Ley del Suelo de 1992, habida cuenta de su asunción mediante leyes puentes tras el fallo del Tribunal Constitucional ya comentado de 1997, pero solo de forma temporal y hasta la aprobación de su propia Ley del Suelo. A este modelo se asemejaron los sistemas navarro y gallego, que se basaban en el régimen estatal vigente en el momento de su elaboración, el referido Texto Refundido de 1992. Igualmente fueran asimilables, por lo que a la materia de deber de conservación se refiere los regímenes de la Comunidad Autónoma de La Rioja y la Comunidad Autónoma de Aragón, ya que ambos tienen como referente en este asunto la referida norma estatal.

3.º Modelo de las Comunidades Autónomas que han realizado una reelaboración de la materia, en el sentido de ensanchar el contenido material del deber de conservación determinado por la legislación estatal, a través de la articulación de nuevas técnicas administrativas para asegurar su cumplimiento, mediante una redefinición del concepto de ruina, estableciendo nuevas técnicas de fomento de dicha función pública..., este es el modelo sobradamente citado por la doctrina científica de la Ley Valenciana de 2005, la Ley de la Comunidad de Madrid de 2001, y la Ley Andaluza de 2002.

4.º El cuarto y último modelo de clasificación, según el modelo establecido por el citado autor, sería el representado por la Ley de Castilla y León de 1999, que viene a recoger lo más interesante de la legislación anterior, reformulando, que no asumiendo las innovaciones aportadas por el comentadísimo modelo valenciano.

---

[22] Enrique Sánchez Goyanes en «La potestad normativa de las Entidades Locales.», El Consultor, 2001.Obviamente anterior a la ley 8/2007 t al ulterior TRLS 2/2008.

En la actualidad todas las CCAA disponen de una ley urbanística integral y así, nos encontramos con la regulaciones autonómica del deber de conservación en Andalucía previsto por la LOUA.

4. Competencias administrativas en materias de protección de la edificación

Como toda actividad administrativa en el moderno derecho público español estructurado en diversas entidades productoras de normas y formas de actividad en cada una de las materias derivadas del principio de competencia territorial consagrado en el artículo 137 de la Constitución, para abordar la concreta atribución de competencias a cada una de las diversas entidades que integran el entramado administrativo español deberemos, en primer lugar, abordar el concepto de competencia.

Podemos definir competencia siguiendo las palabras del Profesor Cosculluela Montaner, como la capacidad administrativa para conocer un determinado asunto, diferenciándolo de la simple atribución que estarán referida a los diferentes órganos integrantes de cada Administración.

Una vez sentada esa premisa previa y continuando con la materia de protección de la edificación deberemos de estratificar las diferentes capacidades para conocer sobre la materia de protección de la edificación en tres ámbitos territoriales (Estado, Comunidades Autónomas y entidades integrantes de la Administración Local, fundamentalmente los municipios) y por otra parte en base a las tres actividades clásicas establecida por Jordana de Pozas en cuanto a las capacidades para el fomento, el servicio público y la intervención administrativa en virtud de la potestad de policía.

A) *COMPETENCIAS ESTATALES*

Al Estado, entendiendo por este como Administración General del Estado, le corresponderá, tal y como hemos señalado anteriormente en virtud de la doctrina del Tribunal Constitucional emanada de la STC 61/1997, de 20 de marzo, la competencia en materia de legislación básica del Estatuto de la propiedad inmobiliaria y concretamente, tal y como se desprende en lo especificado por el artículo 15.1.b) de la Ley de suelo y rehabilitación urbana TRLSRU 7/2015, de 30 de octubre, la regulación del deber de conservación como parte de la relación estatutaria del derecho de Propiedad en todo el Estado conforme los principios de los artículos 33 y 149.1.18.ª de la Constitución.

Dicha legislación básica se configura la citada Ley de suelo y rehabilitación urbana y en la Ley de la Ordenación de la edificación por lo que respecta a las formulas genéricas de conservación de las edificaciones, derivándose de dichas habilitaciones legales toda una serie de normas técnicas hoy vigentes pero pendientes de actualización mediante el futuro código de la edificación que por lógica uniformidad deben reglamentarse a nivel Nacional y así las NBE, NBC, CPI, etc.

Por otra parte, desde el punto de vista legislativo y ya con carácter supletorio conforme la interpretación operada por la reiteradamente citada STC 61/1997 en virtud de la cláusula del artículo 149.3 de la Constitución, nos encontraremos con las disposiciones establecidas en los artículos 181 y siguientes del Texto Refundido de la Ley sobre Régimen del Suelo y Ordenación Urbana aprobado por Real Decreto Legislativo 1346/1976, de 9 de abril, así como la regulación supletoria de desarrollo de la legislación estatal anteriormente citada establecida por el Reglamento de Disciplina Urbanística (artículos 17 a 24) aprobado por Real Decreto 3187/1978. Junto a esta legislación en materia de Derecho de Propiedad Edificación y Urbanismo he de señalar la existencia de competencias estatales en materia de legislación sectorial referida a títulos competenciales con incidencia en la protección de las edificaciones, siendo específicamente destacable la regulación del patrimonio histórico español operada por la Ley Estatal 16/1985, de 25 de junio, en cuyos artículos 24 a 37 establecen unos sistemas de protección frente a las posibles agresiones contra bienes inmuebles de carácter histórico sobre todo en los aspectos de obras a realizar y singularidades de las ruinas de dichos inmuebles.

Por último, desde el punto de vista de la actividad estatal y señalando brevemente la carencia de competencias directas de ejecución en la materia debemos de recordar que el Estado en virtud de sus disponibilidades financieras y de sus competencias de fomento puede bien directamente, bien a través de formulas cooperativas de otras Administraciones (Comunidades Autónomas y Entidades Locales) habilitar subvenciones y otras medidas de fomento para la recuperación y protección de las edificaciones. Por ejemplo, las Áreas de Rehabilitación Integral delimitadas en la Comunidad de Madrid y las demás figuras de renovación, rehabilitación y regeneración urbanas previstas por la derogada ley 8/2013 y por el vigente TRLSRU 7/2015, de 30 de octubre.

B) *COMPETENCIAS AUTONÓMICAS*

Las Comunidades Autónomas en virtud de sus títulos competenciales en materia de urbanismo y vivienda atribuidos por cada uno de los diferentes Estatutos de Autonomía en virtud de la capacidad reseñada en el artículo 148.3.ª de la Constitución Española, gozan de competencia exclusiva en la materia urbanística referida a la protección de la edificación y de competencias en materia de desarrollo del Estatuto de la propiedad inmobiliaria fijado en la legislación estatal.

Dichas competencias se pueden concretar en sus legislaciones urbanísticas, reguladoras de las viviendas y referidas al patrimonio histórico de las diferentes Comunidades Autónomas, especialmente tras la clara configuración como competencias exclusivas que la Sentencia del Tribunal Constitucional 61/997 ha determinado y que hemos apuntado anteriormente.

Por lo que respecta a la legislación autonómica debemos destacar especialmente las características y procedimientos para la declaración de ruina destacándose las regulaciones de Aragón (artículo 192.2), Baleares (artículos 42 y 96), Canarias (artículos 155 y 156), Castilla-La Mancha artículos 139 y 142, Castilla y León artículos 107 y 109, Galicia artículo 171, Valencia artículos 91 y 93, etc...

Junto a las clásicas obligaciones urbanísticas de origen e impronta estatal que establecen las diferentes legislaciones de las Comunidades Autónomas, debemos señalar por su carácter novedoso las diferentes competencias que se atribuyen en virtud de la legislación en materia de bienes destacándose la Ley de Madrid 2/1999 de 17 de marzo, de Medidas de calidad de la edificación que establece la necesidad de la creación de un libro del edificio donde se consignen todas las circunstancias de dicha edificación, especialmente referidas a su conservación.

Por otro lado debemos destacar las legislaciones sectoriales con incidencia en la protección de las edificaciones entre las cuales debemos destacar las normas sobre vivienda de protección oficial y las de supresión de barreras arquitectónicas (Ley 3/1993 de la Comunidad de Madrid).

Finalmente cabe hacer una referencia a la legislación autonómica en materia de protección de las edificaciones de carácter histórico y así en los artículos 37 de la Ley de Castilla y León; 10, 29, 31, 33, 34 y 40 a 43 de la Ley 2/99 de Extremadura; 6, 9 y 31 a 39 de la Ley 9/93 de Cataluña; 29 a 34, 55, 58 y 59 de la Ley 4/99 de Canarias; 23, 24 y 36 a 42 de la Ley 12/98 de Baleares, etc...., establecen con carácter general normas de protección sobre los cascos históricos y edificios singulares, incluso a nivel de planeamiento especial, y a su vez proceden a la necesaria consecución y procedimiento con la intervención autonómica para la concesión de licencias de obras que afecten a los citados bienes de interés cultural, configurando un procedimiento singular y diferenciado para la declaración de ruina de estos.

La intervención administrativa en materia de protección de la edificación por parte de las diversas Comunidades Autónomas implica, con carácter general, una asunción de potestades directas, con las lógicas diferencias de la situación en un Estado plural, que posibilita tanto la intervención a raíz de requerimientos a las entidades locales como los supuestos previstos en las diversas legislaciones autonómicas en especial en materia de edificaciones para la intervención, o bien directa de la administración autonómica, o bien a través de comisiones de patrimonio local con la presencia o de las autoridades y representantes municipales; siendo un ejemplo de esta dicha regulación de la intervención autonómico lo establecido por la derogada Ley 10/1998 de Madrid hoy ley 3/2013, de 18 de junio, de patrimonio histórico.

Finalmente las Comunidades pueden, previa consignación en sus presupuestos y a través de los correspondientes procedimientos concurrenciales establecer líneas de crédito subvencionado, subvenciones totales o parciales y otras medidas de fomento complementarias, para posibilitar la conservación de las edificaciones y la recuperación de los cascos históricos de las ciudades.

C) *COMPETENCIAS LOCALES*

Los municipios son, desde las leyes de 1935 de Régimen Local y Monumentos Históricos, los guardianes de la conservación de las diversas edificaciones; eso si, con una menor incidencia en el ámbito de los edificios calificados de bien cultural o BIC, por las competencias autonómicas.

Debemos destacar la potestad reglamentaria sobre la materia en virtud de las competencias atribuidas por los artículos 4.º.1 y 25 de la LRBRL, pudiéndose configurar dicha potestad de ordenanzas singulares (así, por ejemplo, la Ordenanza de Madrid, aprobada por Acuerdo plenario de 30 de noviembre de 2011, sobre conservación, rehabilitación y estado ruinosos de las edificaciones) o a través de la configuración y medidas de protección en el articulado de las normas urbanísticas del planeamiento general (artículo 4.º, Capítulo 6.7 y Capítulos 8.1 y 8.2 de las normas urbanísticas de Plan General de Madrid, aprobado por el Consejo de Gobierno de dicha Comunidad, el 17 de abril de 1997 (BOCM, n.º 92, de 19 de abril de 1997).

Junto a esta protección reglamentaria debemos añadir por su carácter complementario la protección a través de catalogo de edificios protegidos compuesto por Listados de Edificios Catalogados, Planos de Catálogo, Planes de Análisis de la Edificación, Fichas de Catálogo, e igualmente mediante la incorporación en el planeamiento general de niveles de protección de dichas edificaciones (artículo 4.3.4 de PGOU de Madrid).

En su carácter de administración prestacional de servicios y más cercana al ciudadano, los Ayuntamientos asumen, bien directamente, o bien a través de la incorporación de la ayuda de profesionales privados (la ITE) la verificación e inspección de las condiciones de las diversas edificaciones, y en caso de incumplimiento del citado deber por parte de los propietarios de la adopción mediante orden de ejecución, y ejecución forzosa en su caso, o bien mediante actuación directa en caso de ruina inmediata, de las medidas necesarias en materia de adopción de medidas de seguridad sobre las edificaciones que no cumplan los mínimos necesarios.

A estas medidas de protección de la edificación de carácter municipal se las complementa con toda la amalgama de potestades administrativas previstas por los artículos 94 y siguientes de la LRJAPC (por ahora vigente por la «vacatio legis» de un año de la ley 39/2015, de 1 de octubre de procedimiento administrativo común pero que corresponderá a los arts. 98 y ss. de esta), esto es, multas coercitivas, ejercicio en caso necesario de compulsión sobre las personas, utilización de la vía de apremio y ejecución subsidiaria.

Finalmente también las entidades locales pueden hacer uso de políticas de fomento en relación con la conservación de las edificaciones, mediante la concesión, previo procedimiento de oferta pública en términos de igualdad, de subvenciones para la conservación de edificios y también el establecimiento de bonificaciones (la exención no es posible más que por normas con rango de ley) en los diversos tributos municipales como el IAE, IBI e ICIO, fundamentalmente a través de las correspondientes ordenanzas fiscales municipales.

5. La policía administrativa sobre las edificaciones. ordenes de ejecución, ejecución subsidiarias y multas

Como hemos venido desarrollando, el propietario de las edificaciones debe cumplir con el deber de mantener el inmueble en las condiciones de seguridad, salubridad y ornato público, conjuntamente a este deber del propietario la Administración ostenta, como veíamos en los epígrafes anteriores, una potestad de policía encaminada a garantizar la realización efectiva del deber de conservación del propietario. Así los Ayuntamientos y los demás organismos competentes, pueden ordenar, de oficio o a instancia de cualquier interesado, la ejecución de las obras que sean necesarias para la conservación de las edificaciones, terrenos y construcciones en las ya referidas condiciones de seguridad, salubridad y ornato público. En este sentido, debemos indicar que nos encontramos no solo ante una potestad de la Administración, sino ante un deber de la misma, en el sentido de vigilar el debido cumplimiento de la obligación del propietario, deber de vigilancia de la Administración.

En este sentido, tal y como indica la doctrina científica[23], existe una verdadera responsabilidad compartida entre la Administración y el propietario en la conservación de los inmuebles, responsabilidad reafirmada por la jurisprudencia.

Así, ante esta potestad de policía, y las diferentes técnicas al servicio de la misma reguladas como veíamos no solo a través de la normativa autonómica, sino también la ya afirmada competencial por medio de las respectivas Ordenanzas locales, como la Ordenanza de Conservación, Rehabilitación y Estado ruinoso de las Edificaciones del Ayuntamiento de Madrid de 2011, cuyo contenido examinaremos más adelante.

En este sentido el artículo 15.2 del TRLSRU 7/2015 permite a la Administración competente a imponer la realización de obras (con inscripción en el registro) y en su caso a la realización subsidiaria que los Ayuntamientos ordenarán de oficio o a instancia de cualquier interesado la ejecución de las obras necesarias para conservar aquellas condiciones de seguridad, salubridad y ornato público.

Las características de estas órdenes de ejecución son:

1. Sirven a un fin público; evitar que del estado físico de las construcciones y edificaciones puedan resultar riesgos para las personas y las cosas o peligros para la higiene o el sostenimiento de la imagen urba-

[23] Véase E. Sánchez Goyanes en Op. Cit. «El deber de conservación ...»

na, tal y como se establece en la Jurisprudencia, STS de 10 de junio de 1991, STS de 17 de junio de 1991 y STS de 12 de septiembre de 1997).

2. La orden de ejecución ha de ser proporcionada con el fin que se pretenda, así como congruente con los motivos que la justifiquen, a los efectos de elegir al menos restrictivo a la voluntad individual, tal y como establece el artículo 6 del Reglamento de Servicios de las Corporaciones Locales.
3. El Ayuntamiento solo puede ordenar las obras estrictamente necesarias para el fin perseguido. Así se debe requerir formalmente al interesado al interesado su realización, detallando y concretando las obras que se han de realizar para mantener el edificio en condiciones de seguridad, salubridad y ornato público. Este requisito es un presupuesto necesario para la valide y eficacia de la orden de ejecución, cuya omisión conlleva la nulidad de la misma, tal y como determina la jurisprudencia del Tribunal Supremo (STS de 9 de febrero de 1998 y STS de 23 de junio de 1998).

   A su vez las ordenes de ejecución no pueden ser genéricas, antes bien requieren como presupuesto para su validez la concreción de las obras que deben realizarse por el propietario lo que conlleva aportar la solución a las deficiencias advertidas, así lo determina la jurisprudencia en Sentencias como la STS de 12 de septiembre de 1997.
4. La orden de ejecución debe contener la cuantificación económica de lo ordenado, un presupuesto previsible, dato esencial no solo a los efectos de que se llegue al supuesto de ejecución subsidiaria, sino también a los efectos de determinar si la orden de ejecución se encuentra dentro del normal deber de conservación o si lo sobrepasa entrando en el supuesto ruina.
5. La imposición de ordenes de ejecución para garantizar la conservación de las edificaciones no tiene naturaleza sancionadora, únicamente deben seguirse las normas generales del procedimiento administrativo, antes bien, el incumplimiento de las mismas que si viene a constituir un supuesto para iniciar el expediente sancionador en materia de urbanismo.

Como veíamos más arriba, la legislación autonómica recoge la regulación estatal al respecto de las órdenes de conservación, en este sentido la Ley 9/2001,del Suelo de la Comunidad de Madrid, establece en su artículo 170, lo relativo a las órdenes de ejecución de obras de conservación o rehabilitación, en el que como más adelante veremos la Comunidad Autónoma será también competente para su dictado en materia de patrimonio histórico-artístico, en la misma línea introducida por la Ley de la Comunidad Valenciana.

La regulación de la Ley del Suelo de la Comunidad de Madrid va más allá del tradicional contenido de las órdenes de ejecución, extendiéndose incluso a obras de mejora en toda clase de edificaciones para su adaptación al ambiente, obras que deberán referirse a elementos ornamentales y secundarias del inmueble, pretender la restitución de su aspecto originario o coadyuvar a su mejor conservación.

Su incumplimiento habilitará a la Administración a adoptar medidas como la ejecución subsidiaria, imposición de sanciones, declaración del inmueble en situación de ejecución por sustitución o la expropiación por incumplimiento de la función social de la propiedad.

Por lo que se refiere al procedimiento es evidente que la potestad de dictar órdenes de ejecución debe subsumirse dentro de la tramitación de un expediente administrativo, tramitado con las debidas garantías en el que se compruebe la necesidad de las obras, y teniendo en cuenta los principios fundamentales de todo acto administrativo limitador de derechos, por lo que será esencial el trámite de audiencia bajo sanción de nulidad de la orden de ejecución, en caso de su omisión (excepto obviamente en los supuestos de ruina inminente).

La orden de ejecución se debe notificar al propietario, y la misma deberá contener inexcusablemente como veíamos, una relación detallada de las obras, pues en caso contrario estaríamos ante una imposibilidad de ejecución que determinaría la nulidad de pleno derecho de la resolución, tal y como establece el Tribunal Supremo en Sentencias como la de 3 de marzo de 1989 o la de 12 de septiembre de 1997.

Además, la orden de ejecución debe contener la determinación de un plazo para la realización voluntaria de las obras, transcurrido el cual la Administración podrá proceder a la utilización de los medios de ejecución forzosa, y en concreto la ejecución subsidiaria, sin perjuicio de la imposición de la correspondiente sanción administrativa.

En este orden de cosas debemos analizar una serie de precisiones de carácter jurisprudencial, tal como:

1. Son los propietarios de las edificaciones y no los administradores de las mismas, los obligados a realizar las obras (STS de 18 de julio de 1994).
2. La actuación de las Administración municipal utilizando el medio de ejecución subsidiaria o sustitutoria, no puede llevar a efecto obras distintas o de mayor amplitud que las inicialmente requeridas al propietario, de manera que no es posible hacer recaer sobre su patrimonio el pago de las obras realizadas en exceso (STS de 27 de diciembre de 1994).
3. El coste de las obras realizadas por la Administración cuando las ejecutase por sustitución, está vinculado al presupuestado inicialmente, debiendo, en su caso, poner en conocimiento del interesado requerido las variaciones que estime que vayan a producirse en la ejecución de las obras (STS de 27 de diciembre de 1994).
4. El coste de las obras que la Administración haya ejecutado subsidiariamente y que repercuta en el interesado no puede incluir el IVA, ya

que no se trata de una obra de equipamiento primario (STS de 16 de junio de 1997).

Llegados a este punto debemos indiciar que cada una de las Comunidades Autónomas han desarrollado su propia legislación al respecto, tal y como podemos estudiar en el apartado referente a la legislación autonómica, pero a los efectos prácticos del presente trabajo no podemos dejar de desarrollar el artículo 170 de la Ley 9/2001, del Suelo de la Comunidad de Madrid, cuyo tenor literal es: «***1.*** *Los Ayuntamientos deberán dictar órdenes de ejecución de obras de reparación o conservación y rehabilitación de edificios y construcciones deterioradas o en condiciones deficientes para su uso efectivo legítimo. En los supuestos de edificios o construcciones catalogados o declarados de interés histórico-artístico, el órgano de la Comunidad de Madrid competente en materia de patrimonio histórico-artístico también deberá dictar órdenes de ejecución de obras de reparación, conservación o rehabilitación de estas edificaciones o construcciones.*

Los Ayuntamientos estarán habilitados, además, para dictar órdenes de ejecución de obras de mejora en toda clase de edificios para su adaptación al ambiente. Los trabajos y las obras ordenados deberán referirse a elementos ornamentales y secundarios del inmueble de que se trate, pretender la restitución de su aspecto originario o coadyuvar a su mejor conservación.

Si la orden de ejecución afecta a bienes regulados en la legislación de patrimonio histórico-artístico, deberán ser autorizadas las obras por la Consejería competente en esta materia.

2. *El incumplimiento injustificado de las órdenes de ejecución habilitará a la Administración actuante para adoptar cualquiera de estas medidas:*

a) Ejecución subsidiaria a costa del obligado y hasta el límite del deber normal de conservación.

b) Imposición de las sanciones previstas en la presente Ley.

c) Subsidiariamente, la Administración actuante podrá declarar en situación de ejecución por sustitución el inmueble correspondiente, sin necesidad de su inclusión en área delimitada al efecto, para la aplicación del régimen previsto en los artículos 162 y siguientes de la presente Ley.

d) Expropiación por incumplimiento de la función social de la propiedad.»

Otro aspecto de especial relevancia a efectos prácticos es la distinción entre las órdenes de ejecución de obras de conservación y las de ejecución de obras de seguridad y salubridad[24], así las obras de seguridad y salubridad se insertarán dentro del deber, también de carácter civil, de no causar daños a terceros y de las potestades que el propio Código Civil otorga a la autoridad a derribar las edificaciones que presenten peligro para terceros.

Esta desvinculación entre las obras de conservación, inherentes al deber de conservación, que tienen como veremos como límite la declaración de rui-

[24] Véase Doménech Sibina Tomás en «La conservación de las fachadas en condiciones de seguridad» Editorial Marcial Pons, 1998, Págs. 70 y siguientes.

na, y las obras para asegurar y garantizar no causar daños a las personas y las cosas es importante en el sentido de la perspectiva de la potestad de ordenar la ejecución de unas y otras.

Así la jurisprudencia afirma que incluso en situaciones de ruina resulta viable la imposible de reparaciones de reconocida urgencia y de carácter provisional y excepcional. Tales medidas tienen como finalidad el atender la seguridad e incluso la salubridad del edificio mientras esté habitado o se mantiene en pie y tienen como límite la ilegalidad de imponer reparaciones que tengan la finalidad de consolidar y prolongar la vida de un edificio en estado ruinoso[25].

Ello nos lleva a valorar la fundamentación de la potestad municipal. Donde de hecho existe una doble fundamentación, por un lado la que deriva de las medidas provisionales que se pueden adoptar en un procedimiento de declaración de ruina, y por otro el que deriva directamente de la obligación de hacer cumplir el deber de conservación, en aquella parte que obliga a mantener las edificaciones en condiciones de seguridad para impedir daños a terceros.

En el primer caso la habilitación a favor de la Administración tiene su fundamento en la normativa estatal, y en general como hemos visto reproducida por la legislación autonómica en el sentido de que, a pesar de la declaración del estado de ruina de la edificación, el Ayuntamiento o el Alcalde-Presidente, bajo su responsabilidad, por motivos de seguridad, dispondrá lo que sea necesario respecto a la habitabilidad del inmueble y el desalojo de sus habitantes, lo que no debe hacer olvidar la capacidad del Ayuntamiento de ordenar obras de seguridad dentro de la más genérica de ordenar obras de reparación y conservación.

Esta diferencia ha sido matizada por la jurisprudencia desde el punto de vista procedimental:

Así, en cuanto a las órdenes de ejecución de obras de conservación, aplica el régimen jurídico general de las órdenes de ejecución y la doctrina relativa a que las atribuciones de policía en esta materia deben ejercerse de manera que se concreten las obras en el acto administrativo inicial, ya que solo así se conocen las características y el alcance de las mismas a los efectos de valorar su legalidad, como ya hemos insistido anteriormente.

En cuanto a las ordenes de ejecución de obras de seguridad, se matiza la radicalidad de la doctrina jurisprudencial relativa a la necesaria precisión y concreción de la orden de ejecución y a que las obras ordenadas no precisan de licencia[26].

Desde la doctrina jurisprudencial y a efectos prácticos procedimentales es claro el tratamiento diferenciado en cuanto a la ejecución subsidiaria de las obras de reparación o de conservación y la de las obras de seguridad.

---

[25] STS de 1 de abril de 1996, entre otras.

[26] STS de 11 de junio de 1989.

En este sentido, el Tribunal Supremo indica que en el primer supuesto la ejecución subsidiaria exige la previa tramitación de un procedimiento sancionador, la imposición de una sanción y un nuevo requerimiento, como ya indicábamos anteriormente[27]. Esta exigencia no se aplica en el caso de medidas dictadas para garantizar las condiciones de seguridad de las personas y las cosas, y en su caso, las de salubridad de las edificaciones habitadas. Así la STS de 1 de abril de 1996, después de reconocer la posibilidad de ordenar siempre y en todo caso reparaciones de reconocida urgencia, carácter provisional y excepcional con el fin de atender la seguridad, e incluso la salubridad, reconoce implícitamente la posibilidad e ejecutar de forma subsidiaria la orden de ejecución sin necesidad de ningún tipo de procedimiento previo específico, lo que se admite de forma expresa en otras resoluciones jurisdiccionales[28].

Por lo que al incumplimiento de las órdenes de ejecución se refiere veíamos como el mismo habilita a la Administración a adoptar una serie de medidas que van desde la ejecución sustitutoria, a costa del obligado a la expropiación por incumplimiento de la función social de la propiedad, con la posibilidad de iniciar un expediente sancionador.

Una de las técnicas de intervención de la Administración en el deber de conservación más interesantes, debido a su innovación en el tema, es la Inspección Técnica de Edificios, introducida en la legislación autonómica por la Ley Valenciana, la actividad urbanística reguladora de 1994, y dentro de la regulación de carácter municipal por la citada Ordenanza del Ayuntamiento de Madrid de 1999, manteniéndose en las legislaciones posteriores y tras el Real Decreto Ley 8/2011, generalizadas en todo el Estado.

Se trata de una intervención administrativa en la materia de carácter principalmente preventivo, que de realizarse convenientemente evitará el acudir a técnicas de carácter reparador como las órdenes de ejecución.

Así la Ordenanza de Conservación, Rehabilitación y estado ruinoso de las edificaciones del Ayuntamiento de Madrid, somete a una primera Inspección Técnica a todos los edificios que superen los veinte años desde su construcción u otra obra de rehabilitación de carácter equivalente y posteriores inspecciones cada diez años.

Por lo que se refiere al contenido de las inspecciones, como mínimo indicarán: (artículo 30 de la Ordenanza)

— Estado general de la estructura y cimentación.
— Estado general de fachadas interiores y exteriores, medianeras, de los elementos que pueden suponer un peligro para la vía pública y de patologías que pueden afectar a la integración del edificio.

---

[27] STS de 14 de noviembre de 1996, STS de 11 de mayo de 1995 y STS de 7 de abril de 1992, entre otras.

[28] STS de 14 de julio de 1992.

— Estado general de conservación de cubiertas y azoteas.
— Estado general de fontanería y red de saneamiento del edificio.

Y finalmente expresará un dictamen favorable o desfavorable, procediéndose por el Ayuntamiento a girar visita de inspección en este caso a los efectos de ordenar lo procedente dado el estado de la edificación.

A su vez la Ley 9/2001 del Suelo de la Comunidad de Madrid introduce la Inspección periódica de edificios y construcciones (artículo 169), esta se impone a los propietarios de construcciones y edificios de antigüedad superior a 30 años, y la periodicidad de las mismas será, como en el Ayuntamiento de Madrid, cada 10 años, el objeto es determinar el estado de conservación de los mismos y determinar las obras de conservación o rehabilitación que fueran necesarias, de hecho la propia Ley establece que los informes técnicos realizados tras la inspección técnica, podrán servir de base para el dictado de órdenes de ejecución de obras.

Debemos destacar que existe una discordancia entre la regulación de las Inspecciones Técnicas de Edificios realizada por la originaria Ordenanza de Conservación, Rehabilitación y Estado Ruinosa de las Edificaciones del Ayuntamiento de Madrid y la regulación otorgada por la Ley 9/2001, del Suelo de la Comunidad de Madrid, al menos en dos aspectos de relevancia:

Por un lado la antigüedad de los edificios, 30 conforme la Ley del Suelo de la Comunidad de Madrid y 20 según la Ordenanza del Ayuntamiento de Madrid.

Por otro lado en cuanto a que la Ley del Suelo de la Comunidad de Madrid no establece ningún tipo de excepción a la obligatoriedad de realizar la correspondiente Inspección y el artículo 26 de la ordenanza que excepcionaba de la obligación a los edificios cuyos titulares sean personas jurídico-públicas, representaciones diplomáticas y organismos internacionales.

Ante esta discordancia normativa, y teniendo en cuenta el carácter superior de la Ley y reglamentario de la Ordenanza entendemos que prima la regulación establecida por la Ley 9/2001, frente a la Ordenanza del Ayuntamiento de Madrid, lo que viene a plantear la situación de hecho de numerosos edificios públicos que deberán someterse a la Inspección Técnica de Edificios, y consecuencias que se deriven de las mismas. La cual se subsanó en teoría con la ordenanza de 2011.

Un elemento importante en lo referente al deber de conservación y los medios de intervención de las Administraciones es el concerniente al pago de los costes del mismo, así la Ley 7/2015, de Suelo y rehabilitación urbana remite su determinación y reparto concreto entre los propietarios y la Administración a lo previsto por la legislación de las CCAA, con un máximo del 75% del coste de reposición o construcción (art. 15.2) y así en Madrid el art. 168.2 limita el deber de los propietarios hasta el importe de los trabajos y obras que no rebasen el contenido normal de aquel, contenido que será el de la mitad del valor de un edificio o construcción **de nueva planta** de similares características y superficie útil. Así en los casos en que el Ayuntamiento ordene obras de conservación o rehabilitación superiores a ese límite el propietario podrá solicitar a esta que sufrague el exceso.

Pero además, establece la posibilidad en todo caso de que el Ayuntamiento conceda ayudas públicas y bonificaciones sobre las tasas por expedición de licencias, referencia en cualquier caso innecesarias habida cuenta la potestad de las entidades locales para poder desarrollar este tipo de técnicas de fomento.

6. La ruina como límite al deber de conservación

La situación de ruina constituye el límite del deber legal de conservación de todo edificio o construcción, es la situación de un edificio que por los defectos de sus elementos constructivos, amenace peligro de derrumbamiento para la seguridad pública, sea presentando agotamiento generalizado de la estructura o fundamentación, sea porque la realización de las necesarias obras reparatorias suponga costo superior al cincuenta por ciento del valor del edificio, por no poderse autorizar las obras de reparación por encontrarse fuera de ordenación urbana o porque la amenaza de peligro sea inminente[29].

Estos son los cuatro supuestos de ruina recogidos por la legislación urbanística desde la Ley de 1956 hasta el Texto Refundido de 1992, supuestos recogidos con más o menos coincidencias por las legislaciones autonómicas.

Esta interpretación de la situación de ruina como límite al deber de conservación es reiterada constantemente por la jurisprudencia, así la STS de 20 de junio de 1995: «*La ruina aparece o emerge en la Ley no solo de una cuestión de policía de seguridad, sino que constituye también un límite al deber de conservación.*»

La STS de 16 de junio de 1992: «*La situación de ruina..., hace cesar toda obligación, no ya de conservar, sino de reconstruir, por constituir la misma un límite a estos deberes...*»

La STS de 6 de octubre de 1978: «*Declarando en estado de ruina la casa por sentencia firme, resulta absolutamente incompatible la imposición a la propiedad de cualquier obligación, en cuanto a realización de horas, que puede presentar una prolongación de su permanencia, ni aún siquiera su conservación.*»

En idéntico sentido las STS de 12 de mayo de 1988, 28 de noviembre de 1988, 19 de febrero y 13 de marzo de 1990, 17 de junio y 23 de julio de 1991: «*cuando resulta procedente la demolición del edificio se extingue, por incompatibilidad, el deber de conservación.*»

Ahora bien, ha de tenerse en cuenta, también la doctrina que se expresa por la jurisprudencia, como la STS de 5 de febrero de 1992: «*En efecto, aunque en el momento de dictarse el acuerdo de adopción de medidas urgentes,*

[29] Concepto enunciado por A. Agundez Fernández en «La declaración administrativa de edificio en estado de ruina» Ed. Comares, 2001. Pág. 45.

tendentes a evitar daños graves, hubiera en trámite un expediente de ruina, ella no es óbice a la adopción de tales medias, cuando estas consisten, exclusivamente, en las imprescindibles para evitar el desplome de la escalera y del propio piso superior, evitando así males mucho mayores a las personas y las cosas, que están demostrando un interés público que posee autonomía y preeminencia sobre el propio expediente de ruina». Es decir, hay que diferenciar entre las reparaciones urgentes de las obras encaminadas a conservar los bienes inmuebles en condiciones de seguridad, salubridad y ornato públicos. Criterio que también asumen las STS de 12 de febrero y 22 de abril de 1988, 11 de febrero de 1988, 11 de febrero de 1992, 1 de abril de 1996 que a su vez citan anterior jurisprudencia en la misma línea de argumentación.

Como ya hemos visto en el epígrafe destinado a la legislación autonómica, las diferentes leyes autonómicas han configurado una normativa propia en la materia, bien asumiendo los criterios tradicionales y supuestos de la legislación estatal precedente, realizando algún tipo de innovación, como La Rioja, Aragón o Navarra, bien procediendo a dar nueva redacción al concepto, incluso alterando los supuestos que pueden dar lugar a la declaración de ruina, como es el caso de Valencia, Castilla-La Mancha o Madrid.

En cualquier caso, tal y como destaca Ferrando Corell[30] dentro del concepto del estado ruinoso en la edificación hay tres aspectos fundamentales que mantienen su vigencia conceptual sea cual sea la legislación sobre la ruina:

— carácter circunstancial.
— irrelevancia de las causas a efectos del procedimiento administrativo.
— concepto de unidad predial.

Por lo que se refiere a los supuestos, determinados como decíamos por la legislación, por los que llega a conformase la declaración del estado ruinoso, son:

6.1. Ruina económica

Cuando el coste de las obras de reparación supera el 50% del valor actual del edificio que se somete a estudio, teniendo en cuenta que el suelo no interviene en el cálculo de los valores.

Por lo que se refiere al valor actual del edificio, tanto la doctrina como la jurisprudencia establecen que es el que posee una edificación de similares características físicas y funcionales a las del edificio en estudio, con la depreciación propia de la edad del edificio y del uso que se le ha dado, así las STS de 8 de junio de 1983, o de 30 de noviembre.

[30] José Vicente Ferrando Corell, "Ordenes de ejecución y ruina en la legislación urbanística de las CCAA" dentro de la obra colectiva Derecho Urbanístico editada por el INAP 2001.

Por lo que se refiere a las obras que deben contemplarse, la STS de 28 de enero de 1999, establece: «*La jurisprudencia de este Tribunal Supremo tiene declarado que "en concepto de costes de reparación hay que incluir todas las partidas que presumible y legítimamente han de tener que abonarse para restablecer y mantener el edificio en condiciones de seguridad, por ejemplo, honorarios del Arquitecto, tasas municipales por las necesarias licencias, beneficio industrial, Impuesto sobre el Valor Añadido ...".*»

6.2. Ruina técnica

Nos encontramos ante el daño no reparable técnicamente por los medios normales, este concepto ha sido matizado por la doctrina y jurisprudencia en el sentido de interpretarse como un estado de agotamiento generalizado de los elementos estructurales o fundamentales, así la STS de 28 de enero de 1971, la STS de 18 de abril de 1975, de las que se deduce como elemento estructural todo aquel que en la construcción tenga por misión transmitir o formar parte de la transmisión de las cargas al terreno, como la cimentación, estructuras, cubierta...

Ahora bien, estos deben presentarse no solo simples daños, así las STS de 19 de noviembre de 1996, dice: «*ruina técnica como aquella en la que el edificio ofrezca un verdadero agotamiento de sus estructuras y elementos básicos que imponga demoliciones generalizados e importantes para luego reconstruir partes principales, y no deterioros perfectamente remediables con técnicas normales, incluso acudiendo a los modernos medios constructivos que han hecho que lo que antes era anormal ahora no lo sea.*»

6.3. Ruina urbanística

Este supuesto requiere el concurso de varios factores; existencia de un daño físico sobre el inmueble que superen las de la simple reparación, que el edificio se halle fuera de ordenación y sea necesario resolver el planeamiento, que no puedan autorizarse las obras que se pretenden realizar. En este sentido es importante recordar la jurisprudencia, STS de 25 de marzo de 1982, STS de 3 de octubre de 1996: «*La finca de autos estaba fuera de ordenación... estaba destinada a la demolición... Y lo que dice la sentenica de instancia es que concurriendo esa circunstancia urbanística y precisando además el inmueble obras de reparación que afectan nada menos que al 21 por 100 de los elementos estructurales es aplicable la doctrina jurisprudencial, según la cual si bien la pura circunstancia de hallarse un edificio fuera de ordenación no es suficiente para declarar su ruina urbanística, sí lo es que el mismo precise, además, obras de reparación que excedan de las obras que puedan ser realizadas en los edificios fuera de ordenación.*»

Y en igual sentido la Ordenanza sobre Conservación, Rehabilitación y Estado Ruinoso de las Edificaciones del Ayuntamiento de Madrid (artículo 50) donde se determina que el edificio además de estar en situación de fuera de ordenación, debe estar afectado por daños cuya reparación requiera la ejecución de obras no autorizables.

En este tipo de edificios sólo se permiten las pequeñas reparaciones que exigen la higiene, ornato y conservación del inmueble, pero no las que incrementen su valor a efectos expropiatorios.

Como ya apuntábamos la legislación autonómica recoge de manera generalizada esta clasificación de los supuestos de ruina, no obstante debemos destacar que en la Ley de Valencia, la de Castilla-La Mancha, así como la de Madrid replantean los supuestos de ruina; así la Ley 9/2001, del Suelo de la Comunidad de Madrid, recogiendo dos supuestos: el de ruina legal y el de ruina física. Subsumiendo ambos supuestos la clasificación tradicional, supuestos que la doctrina[31] ha venido a clasificar una ruina estática y ruina dinámica.

Atendiendo a las características anteriormente apuntadas, el supuesto de ruina no afecta al procedimiento para declarar la ruina del edificio, cuyos principios son:

Iniciación de oficio o a instancia de parte, en el primer caso se informará por los técnicos municipales sobre la situación a los efectos de justificar el inicio de expediente, y en el supuesto de que se inicie a instancia de parte, se deberá aportar informe técnico que justifique el inicio del expediente.

Durante la instrucción del expediente se debe dar audiencia a los interesados (propietario de la finca, inquilinos, moradores, y en general todo aquel que tenga algún derecho real sobre el inmueble), a los efectos de que formulen las alegaciones y documentos oportunos, así como realizar un dictamen técnico, sobre lo que se realizará la propuesta de resolución.

Por lo que a la resolución se refiere la conclusión del expediente contendrá alguno de los siguientes pronunciamientos: declarar el estado de ruina, declarar la ruina parcial, ordenar la ejecución de obras de reparación.

Por lo que al procedimiento de urgencia se refiere, debemos tener en cuenta que se trata de una potestad excepcional para los supuestos de peligro inminente, pudiendo ser ejercitada para salvaguardar la seguridad de las personas al margen de la normal tramitación del expediente contradictorio, y en especial del trámite de urgencia, con la característica de que la resolución deberá dictarse en el plazo de 24 horas desde la recepción de los informes, pronunciándose sobre la habitabilidad del inmueble, y si procede adoptar medidas de seguridad tales como el desalojo de los ocupantes o el apuntalamiento.

La constatación legal de la situación de ruina trae consigo una serie de efectos administrativos y civiles.

Por lo que a los efectos civiles, tal y como apuntábamos al inicio, tiene un efecto liberatorio del deber de conservación, efecto de carácter autonómico, pero también puede conllevar la demolición, total o parcial del inmueble, la

---

[31] Véase Enrique Sánchez Goyanes en Op. Cit. «El deber de conservación…».

orden de demolición o derribo ha de ser notificado no solo al propietario, sino también a los inquilinos, y ha de concretar el plazo perceptivo para proceder a su ejecución, pasado el cual la Administración podrá acudir, previo requerimiento a la ejecución subsidiaria, así lo reafirma la jurisprudencia en Sentencias como la STS de 8 de febrero de 1994, o la de 23 de noviembre de 1994); adopción de medidas de seguridad, que procederán en los casos en que se declare la ruina parcial, afectando a las partes del edificio que no se incluyan en la declaración de ruina, pero que no obstante, requieren determinadas obras de consolidación. Procederán igualmente cuando, aún declarada la ruina no se decrete la demolición del edificio y deban ser inevitables para la seguridad y salubridad a fin de garantizar que no se produzcan daños a personas y cosas.

Otro de los efectos administrativos será la inscripción de la finca afectada en el Registro de Edificación forzosa, cuando exista, lo que puede conllevar medidas de seguridad, el desahucio administrativo previa indemnización a los inquilinos y la venta forzosa del mismo.

Por lo que a los efectos civiles se refiere, estos son la extinción de los contratos de arrendamiento y la indemnización de daños y perjuicios cuando existan actos por parte del propietario o persona que de lugar a la misma que sena motivo del estado ruinoso, indemnización que deriva de la responsabilidad contractual del arrendador por incumplimiento de su deber de realizar las reparaciones necesarias para conservar el inmueble en estado de servir al uso a que se destina.

III. LA REHABILITACIÓN DE LAS EDIFICACIONES

Unido al deber de conservación de los propietarios de las edificaciones y construcciones y construcciones nos encontramos con el deber de rehabilitación de los mismos, que cobra mayor importancia en un modelo de ciudad sostenible.

Si bien el concepto de rehabilitación se extiende tanto sobre los elementos individuales, como sobre lo que podemos denominar los espacios urbanos, analizaremos solo las líneas generales de los primeros[32].

Así la rehabilitación de elementos individuales, que incluirá tanto viviendas como edificios, pretender devolverlos a las condiciones de utilidad que los mismos son susceptibles de satisfacer, por lo que nos encontramos ante la presupuesto de una pérdida de funcionalidad de los mismos que generalmente irá acompañada de un deterioro físico. Así su nota característica es su funcionalidad, es decir recuperar su utilidad originaria.

---

[32] Para un estudio profundo sobre el régimen jurídico de ambos ver M.ª Jesús García García en «El régimen jurídico de la rehabilitación urbana» Ed. Institució Alfons el Magnanim. 1999.

Por lo que a la rehabilitación de las viviendas se refiere, la doctrina ha destacado la incidencia del artículo 47 de la Constitución sobre la rehabilitación de las viviendas, en este sentido la rehabilitación de las mismas se une al de la habilitabilidad de las mismas.

En cuanto a los requisitos de las mismas deben reunir para realizar sobre ellas técnicas de rehabilitación, los mismos varían en función de la legislación estatal o autonómica, pero presentan unos elementos comunes: por un lado temporales que hacen referencia a la necesidad de que la vivienda tenga una edad superior a la determinada por la norma de aplicación (10 años en caso de las normas estatales); por otro lado, requisitos urbanísticos, que la vivienda no se encuentre sujeta a limitaciones que impidan el uso previsto o la obtención de licencias de obras, en definitiva que no se encuentre en situación de fuera de ordenación.

Las acciones de rehabilitación pueden consistir en obras que pretender conseguir la adecuación estructural y constructiva o buscar una adecuación funcional (condiciones mínimas respecto a su superficie útil o supresión de barreras arquitectónicas, entre otras).

En cuanto a la rehabilitación sobre edificios debemos tener en cuenta que los requisitos temporales y urbanísticos son los mismos que para las viviendas, pero con la necesidad también de que las obras proyectadas excluyan la demolición del edificio o su vaciado total.

Las intervenciones de rehabilitación de edificios pueden consistir en la remodelación del mismo para modificar la superficie útil de las viviendas, la adecuación estructural para dotar al edificio de mayores condiciones de seguridad constructiva, la adecuación funcional, relativa a aspectos como accesos, aislamiento, saneamiento...

Es importante destacar como las actuaciones rehabilitadoras pueden llevarse a cabo tanto en ausencia de determinaciones del planeamiento al respecto, de modo voluntario y actuando el planeamiento en estos casos como límite negativo, impidiendo las actuaciones que puedan alterar las condiciones de uso y edificación de la ordenación prevista; no obstante el planeamiento urbanístico puede, y de hecho así sucede, ser usado como instrumento de rehabilitación, de modo que al margen de la citada actividad voluntaria de rehabilitación que pueda llevarse a cabo, los sujetos de la rehabilitación estarán vinculados por las determinaciones del planeamiento, cuya flexibilidad permiten orientar las actividades rehabilitadoras en función de las circunstancias o intereses del momento. Un supuesto paradigmático es el de los Planes Especiales de Reforma Interior usados tanto para la rehabilitación de los núcleos urbanos como para promover su demolición. Así la rehabilitación es de las opciones posibles que el planeamiento puede adoptar en su configuración de la ordenación urbana, como indica M.ª Jesús García[33] la rehabilita-

---

[33] Véase Op. Cit. «El régimen jurídico...» Pág. 348.

ción constituye una opción política, entre otras, que pueden asumir los poderes públicos para dotar de efectividad al artículo 47 de la Constitución.

IV. LA CONSERVACIÓN DE LAS URBANIZACIONES

El deber de conservación que establece el artículo 15 de la Ley de suelo TRLSRU 7/2015, no solo se limita a las edificaciones, sino que se extiende a las urbanizaciones privadas, en lo concerniente a las parcelas de uso lucrativo y el resto de los terrenos y sistemas dotacionales de las mismas.

Por su parte la Ley 7/1985, de 2 de abril, Reguladora de las Bases de Régimen Local, establece en su artículo 25.2 entre las competencias del municipio, el apartado a) planeamiento, gestión, ejecución y disciplina urbanística, promoción y gestión de la vivienda de protección pública con criterios de sostenibilidad financiera conservación y rehabilitación de la edificación. Otorgándose esta redacción, en la que se incorpora expresamente la rehabilitación por la LRSAL.

El ejercicio de estas competencias, corresponde en principio al Ayuntamiento, no obstante la legislación urbanística ha desarrollado la posibilidad de su ejercicio mediante entidades colaboradoras, las denominadas Entidades de Conservación, entes dotados de personalidad jurídica propia y sometidos a las determinaciones que establezca la entidad local.

En este sentido, recordemos que el artículo 46 del Reglamento de Planeamiento, establece que será el planeamiento general o parcial el que determine si la conservación de la urbanización correrá a cargo del promotor o de los propietarios de las parcelas, hasta su recepción por parte del Ayuntamiento, y en similar sentido se expresa el artículo 68 del Reglamento de Gestión Urbanística.

De lo anterior se deduce la finalidad de las Entidades de Conservación, como entes encaminados a la conservación y mantenimiento de las obras de urbanización, dotaciones e instalaciones de los servicios públicos, y en este sentido se expresa la jurisprudencia, así la STS de 14 de abril de 1992: «*...las Entidades de Conservación implican la previa realización de la urbanización y su objeto es precisamente la conservación y mantenimiento de una urbanización ya realizada. No resulta, así viable constituir una Entidad de Conservación que tenía por objeto, entre otros, urbanizar, con alteración del régimen jurídico propio de la urbanización.*»

Al respecto de la constitución de Entidades de Conservación para los fines propios de las mismas, ya vistos, la Legislación Autonómica ha venido recogiendo, con algunas diferencias esta previsión, y en este sentido debemos indicar que las más recientes Leyes Autonómicas vienen a sentar la regla general de que la conservación incumbe a la Administración, así el artículo 136 de la Ley 9/2001, de 17 de julio, del Suelo de la Comunidad de Madrid, que establece: «*La conservación de la urbanización es competencia del Ayunta-*

miento», siguiendo la línea iniciada por la Ley Valenciana y la Castellano-Manchega.

No obstante *«el planeamiento urbanístico, y en defecto de este, las condiciones en las que se defina el sistema de ejecución elegido podrán prever la obligación de los propietarios de los solares resultantes de dicha ejecución de constituirse en Entidad Urbanística de conservación, en cuyo caso la conservación corresponderá a esta.»*

Para establecer una novedad importante al respecto en su apartado 3: *«La atribución de la conservación a los propietarios agrupados en entidad urbanística de conservación en los términos del número anterior comportará para el Ayuntamiento la obligación legal de subvencionar dicha entidad»*.

Se plantea el problema, a partir de la entrada en vigor de la Ley del Suelo de la Comunidad de Madrid, en el sentido del apartado referido su indefinición al respecto de esa obligación por parte del Ayuntamiento a subvencionar las Entidades Urbanísticas de Conservación que se establezcan a partir de ese momento, cuya motivación responde, a nuestro entender, a esa excepcionalidad en la conservación de la urbanización a cargo del Ayuntamiento. El asunto, no esta exento de problema, pues de algún modo deberá determinarse los criterios para la obtención de la referida subvención. En este sentido no determinarse los criterios para la obtención de la subvención. En este sentido no parece descabellado que los Ayuntamientos regulen esta nueva situación genera por la Ley del Suelo de la Comunidad de Madrid, mediante una Ordenanza Municipal, en la que se establezcan los criterios subvencionables y cuantías correspondientes, así como el régimen de las referidas subvenciones, entre el que se incluya las oportunas justificaciones de los gastos subvencionables, plazos de de aportaciones, plazos para el pago por parte del Ayuntamiento, régimen sancionador, etc. Y en los casos en que no se haya procedido a la aprobación de la oportuna Ordenanza Reguladora, sería aconsejable que estos criterios se regulen mediante un Convenio, o en el mismo documento en que se realice la previsión de la constitución de la entidad de conservación. No obstante, aventuramos futura jurisprudencia al respecto en base a la total indeterminación de la Ley del Suelo.

Un aspecto práctico al respecto, que no suele ser inusual, es el referente a la recepción por parte del Ayuntamiento de las obras de urbanización, en este sentido, la misma es preceptiva para la posibilidad de la constitución de la Entidad de Conservación, no obstante, y hasta que la recepción se produzca, entendemos que será el promotor el obligado a la conservación de la conservación, y por derivación de los gastos producidos por la misma, en este sentido se expresa el Tribunal Supremo en Sentencia de 6 de febrero de 1991.

Otro asunto con trascendencia en la jurisprudencia es el relativo a lo que debemos entender por conservación y mantenimiento, así la STS de 3 de abril de 1999, en aplicación de reiterada jurisprudencia, como las STS de 22 de octubre de 1975, 12 de abril de 1985, 14 de marzo de 1989, y 13 de marzo de 1990 viene a determinar la extensión de dichos conceptos que alcanza *los gastos derivados de la conservación de las obras e instalaciones de servicios públicos y lo que deriven de la prestación de esos servicios, ya que en el mantenimiento se incluye lo que se refiere a la conservación de las instalaciones como el coste de su funcionamiento.*

La prestación como obligatorio de un servicio implica que se dote del mismo a los núcleos urbanos y urbanizaciones, sea cual sea el origen de los mismos, actividad de ejecución directa de la Administración, o a través de la iniciativa privada, en cuyo supuesto la Administración puede condicionar el establecimiento de un núcleo urbano a que por los promotores y propietarios se atienda a estos servicios sin perjuicio de la titularidad municipal como viene a indicar la sentencia citada.

VIII. LOS INTENTOS DE LIMITAR LOS PRECIOS DE LAS VIVIENDAS

1. Antecedentes estatales

En general la sociedad no percibe los problemas jurídico-urbanísticos más que a través de la relación directa con las cuestiones cotidianas, siendo la más recurrente el exponencial aumento de los precios de la vivienda hasta 2007 en todo el país y especialmente en algunas Comunidades Autónomas, singularmente la de Madrid.

La lucha contra dicho fenómeno ha sido uno de los principales justificantes de la profusa legislación urbanística de las Comunidades Autónoma y en concreto de la Comunidad de Madrid. Debemos afirmar que el objetivo, en su conjunto, del derecho urbanístico debe ser no sólo facilitar el proceso transformador del suelo, sino especialmente articular las medidas necesarias para establecer una contención en el mercado inmobiliario, para lo cual debemos de realizar un previo estudio de las circunstancias que estructuralmente generan el problema.

Así a la hora de abordar un estudio de la problemática urbanística sobre la sostenibilidad de la vivienda debemos, con carácter previo, realizar un breve excurso histórico sobre la situación general en nuestro país con el fin de comprender la situación jurídica y real del problema de la vivienda[34].

---

[34] Sobre la Política de Vivienda puede verse por todos: Gómez Jiménez, María Luisa: *La Intervención Administrativa de la Vivienda en España*. Edit. Montecorvo, Madrid. 2006., y más recientemente el diagnóstico que contempla la autora en: «Informe sobre la Regeneración Urbana en España», en Revista de Derecho Urbanístico y Medio Ambienta, núm. 285, 2013.(Ejemplar dedicado a la Ley de Rehabilitación, Renovación y Regeneración Urbana). Madrid.

En primer lugar y partiendo de nuestra Carta Magna debemos recordar que el artículo 47 de la Constitución marca el derecho de acceso a una vivienda digna de todos los españoles como principio rector de la política social y económica y línea de actuación de todas las Administraciones públicas, en esta línea.

Ese mandato constitucional es complementado en la Carta Magna con una disposición jurídica vinculante «*La Comunidad participará en las plusvalías que genere la acción urbanística de los entes públicos que fomentará la lucha contra la especulación*».

Este supuesto es el que ha orientado todas las legislaciones desde la primera Ley Sobre Régimen de Suelo y ordenación Urbana de 12 de mayo de 1956, un fuerte prisma intervensionista en el que la regulación del urbanismo y crecimiento de las poblaciones se hace mediante la remisión al plan, el planeamiento urbanístico en cascada (plan territorial, plan general, plan parcial, etc.).

Este modelo del planeamiento fuertemente vinculado en su momento —(año 1956)— al fenómeno del Welfare State por influencia del laborismo británico (Town and country planning act de 1947) y de la planificación francesa de los años 50[35] del siglo XX, ha triunfado claramente en el pensamiento urbanístico español y de la Europa occidental, por lo que es fuertemente criticado cualquier modelo alternativo, e incluso la legislación más liberalizadora de los gobiernos del PP (Reales Decretos Leyes 5/1996 y 4/2000), mantuvo una remisión al planeamiento.

Dentro de ese modelo de crecimiento urbano controlado, a través de planes (esto es previsiones de futuro) se han establecido los diversos supuestos de las opciones que han surgido de las urnas.

Así, el mandato de participación de la comunidad en las plusvalías que generase la acción urbanística de los Entes públicos, se cumplimentó incluso con anterioridad a la Constitución en la Ley del Suelo de 1976 con la obligación de ceder por parte de los propietarios de los suelos reclasificados como urbanizables, además del suelo necesario para viales, parques públicos, etc. de un 10% del aprovechamiento resultante.

La ley del Gobierno Socialista 8/1990 y el TR 1/1992, ahondaron en el intervencionismo, aumentando las cesiones al 15%, e incluso estableciendo ese deber para los suelos urbanos consolidados (solares) que teóricamente habrían cedido ya cuando ese suelo se transformó.

Esa innovación de la Ley 8/1990 (mucho más extensa y con medidas más intervencionistas) abrió la caja de Pandora de las Comunidades Autónomas, puesto que fue la primera ley urbanística estatal tras la asunción de competencias exclusivas por los estatutos de las Comunidades Autónomas, lo cual

---

[35] Sobre el planeamiento comparado en dicho ámbito geográfico véase «Derecho de la planificación territorial en la Europa occidental» Compilación dirigida por J.F.Garnez, IEAL, 1976.

produjo su impugnación ante el Tribunal Constitucional y la STC 61/1997, de 20 de marzo, que anuló más de 200 artículos del TRLSOU 1/1992 de la Ley del Suelo.

Partiendo de dicha situación en junio de 1996 y de diversos informes del Tribunal de defensa de la competencia que propiciaron un caldo de cultivo favorable al cambio, se aprobó el Real Decreto Ley 5/1996 sobre medidas liberalizadoras en materia de suelo y colegios profesionales, (luego Ley 7/1997), dicho RD Ley atribuyó las competencias en materia de aprobación inicial de instrumentos de planeamiento de desarrollo (planes parciales, especiales, estudio de detalle) a la Alcaldía, con la lógica agilización y modificó la Ley estatal del 92, suprimiendo las cesiones obligatorias a la administración en suelo urbano consolidado y sobre todo estableciendo una nueva clasificación de los tipos de suelo al suprimir la distinción entre urbanizable programado y no programado y estableciendo una inversión en el tratamiento del suelo no urbanizable (rústico), puesto que se considera que sólo aquel que se considere a proteger quedaría excluido del proceso urbanizador, siendo el resto de los suelos no urbanos de carácter urbanizable.

Tras la sentencia del constitucional de 1997 el Estado adaptó su legislación a dicha doctrina y a la política liberalizadora instaurada desde 1996, pero con escasa capacidad de innovación, dada la situación parlamentaria del período 1996/2000.

Producto de dicha situación se aprobó la Ley 6/1998, sobre el Régimen del Suelo y Valoraciones, que fue modificada por el RD Ley 4/2000, que acentuó la liberalización al considerar como no urbanizable aquel suelo que estuviera expresamente protegido por normas de carácter tasado (medioambiental, arqueológico, paisajístico, etc.) y posteriormente por la Ley 10/2003, que volvieron a posibilitar la existencia de suelo no urbanizable *«común»*, cuyas determinaciones no han sido traspoladas por la legislación madrileña del año 2001. Dicha Ley y Decreto Ley, pese a ser recurridos al Tribunal Constitucional, superarán en su mayor parte dicho proceso sin prácticas dificultades, a excepción de las precisiones de la STC 164/2001.

Tras el cambio de gobierno de 2004 se aprobó la ley de suelo 8/2007 y el posterior TRLS 2/2008 siendo el marco actual del urbanismo estatal se reduce conforme a la STC 61/1997 a la regulación del Estatuto de la Propiedad Inmobiliaria (clases de suelo y deberes de los propietarios con carácter básico en cada una de ellas sin perjuicio de que se aumenten por la legislación autonómica), régimen jurídico de las Administraciones Urbanísticas (relaciones con Registro de la Propiedad, Órganos competentes en vía municipal para aprobación de actos, responsabilidad patrimonial, etc.), y expropiación forzosa con sus respectivas valoraciones, referidas al procedimiento expropiatorio, pero pudiendo las Comunidades Autónomas establecer *«causas expropiando»* propias y pudiendo igualmente constituir órganos específicos para la revisión de precios, como ha hecho la Comunidad de Madrid en el caso del Jurado Territorial de Expropiación Forzosa.

La legislación urbanística en su conjunto queda en manos de las Comunidades Autónomas, siendo éstas las que fijen los procedimientos de transformación del suelo, los requisitos, etc. No obstante el estado en base a sus competencias sobre estatuto de la propiedad y política económica aprobó la ley 8/2013, sobre rehabilitación, renovación y regeneración urbana, que tras la autorización otorgada por la 20/2014, de 29 de octubre, sobre delegación en el gobierno de nuevos textos refundidos supuso conforme a su art. uno h) la aprobación del vigente texto refundido de la ley de suelo y rehabilitación urbana 7/2015, de 30 de octubre.

2. Evolución legislativa de la Comunidad de Madrid

La Comunidad de Madrid con anterioridad a la referida Sentencia del Tribunal Constitucional, aprobó (por unanimidad de los grupos) la Ley 9/1995, de 28 de marzo, sobre Medidas de Política Territorial, Suelo y Urbanismo, que en 118 artículos, establecía modulaciones propias al sistema entonces vigente estatal (Texto Refundido de 1992), conforme dicha legislación se introdujeron algunas medidas interesantes (la figura de los convenios, el silencio positivo en las licencias, etc.), pero con carácter general se reprodujeron modelos burocráticos e intervensionistas (patrimonios públicos de suelo, cesiones, etc.).

La principal característica de dicha legislación fue la reivindicación de la vivienda protegida, puesto que se dispuso una obligación de reserva para el 50% de los nuevos terrenos urbanizables de cada municipio con dicho destino. Mayor aunque lo vigente en el TRLSRH 7/2015 estatal y que la ley de 2001 dejo en una orquilla 45-55%.

Tras la Sentencia del T.C. de 1997, y ya con el Gobierno del Sr. Ruiz Gallardón en la Comunidad se promulgó la Ley 20/1997, que adaptó la legislación de Madrid al ámbito de ésta y al RD Ley 5/1996, pero asumiendo la filosofía estatal de 1992, (cesiones obligatorias, etc.) y con respecto a las medidas liberalizadoras simplemente considerando la cesión obligatoria establecida en 1996 en el 10% frente al 15% de la Ley de 1992, como terrenos ya urbanizados, con lo cual el promotor corría con dichos gastos de urbanización quedando la reducción en «*lo comido por lo servido*», por las presiones municipales recurrentes al efecto.

Una vez sentado un nuevo marco estatal con la Ley 6/1998 y sus modificaciones, se produce la aprobación de la Ley 9/2001, de 17 de julio del Suelo de la Comunidad de Madrid, que pretendió, respetando el marco estatal, establecer el modelo urbanístico de la legislación sobre suelo y urbanismo en la Comunidad de Madrid. Dicha Ley criticada fuertemente por la izquierda, que pese al cambio considerable del proyecto de ley original en la tramitación parlamentaria para alcanzar el consenso, fue votada en contra por IU y PSOE, pretendió ser una ley omnicompresiva del urbanismo madrileño.

Sus objetivos eran el agilizar los procedimientos, fomentar la vivienda social y protegida, luchar contra la especulación, coordinar las actuaciones urbanísticas con las medioambientales, establecer una función urbanística propia de la Comunidad de Madrid, etc. Pese a los objetivos loables de la Ley, la norma fue contestada fuertemente, tanto desde posiciones liberales y empresariales (Asprima), doctrinales y por parte de las fuerzas políticas de oposición y los Ayuntamientos.

Las principales novedades de la Ley fueron: El fomento de la vivienda protegida al establecer la obligatoriedad de dedicar como mínimo en cada unidad de ejecución (y no como antes, en la totalidad del Municipio, lo cual podía generar diferencias entre diversos ámbitos), un 45% de la superficie a vivienda protegida, pudiendo los Ayuntamientos aumentar ese porcentaje hasta el 55%.

Por otra parte se suprimió el mecanismo de la subasta como formula de enajenación de los suelos públicos, pretendiendo reducir la espiral de precios, pero debemos recordar que el concurso, como formula de contratación administrativa, puede tener como uno de sus elementos definidores, el factor precio.

Otra novedad principal, fue la constitución de cesiones obligatorias por parte de los promotores hacia la Comunidad de Madrid con carácter libre y gratuito, añadiéndose éstas a las ya previstas a los Ayuntamientos. Dichas cesiones de terrenos de dominio público son las destinadas a funciones autonómicas (residenciales mayores, hospitales, etc.), aunque se incluyen con carácter novedoso y consideración de bienes de dominio público las viviendas de integración social; esto es las del I.R.I.S. para los realojos, denominándose cesiones supramunicipales.

Por lo que respecta a la pretendida agilización de los trámites de transformación del suelo, debemos afirmar, que pese al intento de esta Ley, se mantiene un procedimiento bastante largo al cual se añaden informes ambientales en todo momento ya desde la fase de avance, cuya complejidad y determinación, a la hora de aprobar el planeamiento se ha aumentado, por el procedimiento establecido en el artículo 21 de la Ley 2/2002 de evaluación ambiental de la Comunidad de Madrid.

Se pretendió establecer en la línea del planeamiento tradicional un sistema universal de planes generales en todos los municipios, sin distinción de habitantes, suprimiendo las normas subsidiarias.

Igualmente se reguló una división del suelo urbanizable entre suelo sectorizado y no sectorizado (equiparable al no urbanizable) esta situación, si bien genera un crecimiento controlado, establece una limitación evidente de la oferta de suelo, a través de los planes de sectorización que aprueba la Comunidad de Madrid, por lo que la Administración Autonómica aprueba, ya no sólo los PGOU, sino los citados planes de sectorización y los planes parciales para los municipios de menos de 15.000 habitantes, con los lógicos retrasos y burocracia del procedimiento.

Por otra parte son destacables por lo que respecta a la sostenibilidad la concreción de procedimientos para el desarrollo de la rehabilitación urbana y el control de las edificaciones antiguas mediante la generalización de la inspección técnica de edificios, lo cual complementa la Ley de Rehabilitación de espacios urbanos degradados[36] del año anterior.

Como valoración general de la Ley, deberemos de señalar las siguientes características:

1. Obsesión medioambiental, que si bien es loable, otorga un excesivo poder a la Consejería competente en materia de Medio Ambiente sin normas que limiten su discrecionalidad para evitar clasificaciones de suelo (por ejemplo, una zona de meseta cuya altura mínima son 660 metros, se establece como criterio sin norma alguna el clasificar como suelo no urbanizable los terrenos situados a más de 1.000 metros de altura sin norma alguna, etc.).
2. Mantenimiento pese al intento agilizador de la burocracia procedimental. En el mejor de los casos un antiguo suelo rústico tarda 5 años en convertirse en vivienda, puesto que debe aprobarse el PGOU, un año y medio, el plan de sectorización, un año, los planes parciales, el proyecto de compensación, la licencia provisional y la licencia definitiva. Además, si es una vivienda protegida, debe de obtener la calificación provisional y la calificación definitiva. Todo ello sin perjuicio de otras autorizaciones sectoriales, (medio ambiente, patrimonio, etc.).
3. Produce un fuerte intervencionismo de la Comunidad sobre los ayuntamientos, (aprobaciones de planes), instrucciones del Consejero en el artículo 31, subrogación en actuación de disciplina urbanística, cesiones obligatorias y directas, y en general una capacidad de intervención en sustitución de los Ayuntamientos como Administración actuante.
4. Es una norma extensa y demasiado reglamentista, siguiendo en eso modelos como el de Castilla La Mancha o Canarias, frente a normas más flexibles y concisas como las leyes de Castilla y León y Cantabria.
5. Pretendió flexibilizar el mercado y disminuir la especulación, pero necesitará un período medio de tiempo para conseguirlo.Sin que por el momento lo haya conseguido.

---

[36] Acerca de la citada Ley véase Martín Bassols Coma véase «Conjuntos históricos y rehabilitación urbana: recomendaciones internacionales y normativa autonómica, especial consideración de la Ley de la Comunidad de Madrid sobre Rehabilitación de Espacios Urbanos Degradados y de Inmuebles a Preservar.» En Asamblea, Revista Parlamentaria de la Asamblea de Madrid, Número 4, Diciembre 2000. Págs. 21 a 52.

3. Los intentos de limitación del precio de la vivienda a través de la actuación legislativa de la Comunidad madrileña: La Comisión de Expertos

Una vez determinado el marco actual sobre el suelo y urbanismo en la Comunidad de Madrid, deberemos de concretar la problemática de la vivienda como consecuencia del régimen jurídico anteriormente citado y de la situación social y del mercado en la Comunidad de Madrid.

1. Falta de suficiente oferta de suelo urbano, por la lentitud y burocracia de los procedimientos, así como la racanería de los Ayuntamientos que clasifican el suelo con cuentagotas, tanto para conseguir una financiación, como para lograr un crecimiento controlado de las ciudades.
2. Falta de flexibilidad en la normativa que establece procedimientos únicos y rigurosos, controlados por varias Administraciones y con un poder importante de los funcionarios.
3. Existencia de una situación irreal en los módulos para vivienda protegida establecidos por el Ministerio de Fomento y por la Comunidad de Madrid, lo que hace existir un mercado subterráneo, a base de plazas de garaje, trasteros, etc.
4. Inexistencia de otros valores alternativos para la inversión que produzcan una rentabilidad similar, especialmente hasta el año 2004, que el repunte bursátil dulcificó.
5. Excesivo coste en el proceso edificatorio por la repercusión del suelo (falta de oferta y valor de inversión), así como de los procedimientos y trámites y por los seguros decenales establecidos por la Ley de Ordenación de la edificación, 38/1999.
6. El gran peso de la fiscalidad sobre los bienes inmuebles y su transmisión (plusvalía, impuesto de construcciones, transmisiones patrimoniales, IVA, etc.) que gravan en buena parte las operaciones de edificación con el correspondiente encarecimiento.

Frente a estas causas y otras señaladas por muy diferentes autores, pero que redundan claramente en un perjuicio para los ciudadanos en cuanto al encarecimiento exponencial del precio de la vivienda que hace muy difícil el acceso a dicho bien de primera necesidad a numerosas capas de la sociedad, se pretende realizar una nueva reforma legal que pretenda variar la situación.

La ley 9/2001 no ha estado exenta de polémica desde su aprobación, puesto que contó, como ya es sabido, con el voto en contra de toda la izquierda parlamentaria y fue sometida a demasiadas críticas desde diversos aspectos doctrinales e incluso con alguna reserva desde el partido político que sustentó la elaboración y aprobación de dicha ley.

De hecho, tras las elecciones autonómicas del año 2003, la Presidenta de la Comunidad, Esperanza Aguirre, se comprometió, en su discurso de investidura, a reformar dicha ley del suelo bajo los principios de transparencia en la gestión y agilidad en los procedimientos, para intentar conseguir el deseado Shangri-la de la bajada de los precios de la vivienda o, al menos, su contención, para facilitar el acceso al mayor número de ciudadanos posibles a dicho bien indispensable.

Con dicho fin se constituyó una comisión de expertos[37] para estudiar la reforma de la ley del suelo. Dicha comisión de expertos se constituyó bajo la presidencia de D. Eduardo García de Enterría, compuesta de diversos especialistas en materias económicas y urbanísticas, tanto arquitectos como catedráticos de derecho administrativo. Desde febrero de 2004 se produjeron toda una serie de deliberaciones y estudio de dicha comisión que dio como resultado, no un dictamen o estudio, sino un anteproyecto de ley del suelo de la Comunidad de Madrid; por tanto no se produce una reforma de la ley 9/2001 sino una sustitución de esta ley por un nuevo texto legal. Dicho anteproyecto fue asumido con matices por el Gobierno de la Comunidad de Madrid y nunca fue sometido a la tramitación legislativa correspondiente.

El texto partía de tres convicciones: la necesidad de respetar el bloque de constitucionalidad y en este caso título competencial del estado, regulado en ese momento por la ley 6/1998, de 13 de abril, sobre régimen del suelo y valoraciones; en segundo lugar la posibilidad de que, respetando dichas bases estatales, se pueda realizar una política urbanística propia de cada comunidad autónoma, capaz de hacer frente con eficacia a los problemas de los ciudadanos; y en tercer lugar, la necesidad de reducir en lo posible la complejidad del ordenamiento urbanístico, suprimiendo las múltiples intervenciones administrativas que retrasan los procesos de desarrollo y que tienen una repercusión en el precio final de las viviendas.

Por tanto, el texto pretendio simplificar y agilizar los procedimientos administrativos que no sólo se debe traducir en los aspectos técnicos procedimentales de los procesos urbanísticos, sino que también el propio preámbulo y exposición de motivos de la ley, traslada al plano de la redacción de los preceptos legales cuya extensión en la ley 9/2001, recuérdese que en algunos artículos podía llegar a dos folios, traduciéndolo a un lenguaje más sencillo y sucinto entendible por las personas ajenas a la técnica urbanística.

La norma parte de las clases de suelo establecidas por la legislación estatal, estableciendo como subclases en el suelo urbano los clásicos consolidado, no consolidado, denominando el suelo urbanizable como apto para la urbanización y utilizando las determinaciones expresas de la ley 6/1998, en el artículo

---

[37] Mediante Decreto 17/2004, de 5 de febrero, del Consejo de Gobierno, por el que se crea la Comisión de Expertos de Urbanismo para la modificación de la Ley 9/2001, de 17 de julio, del Suelo de la Comunidad de Madrid (BOCM n.º 36, de 12 de febrero de 2004, Págs. 32 y Marginal 452).

16.2 como delimitado o no delimitado y, partiendo de la doctrina del Tribunal Constitucional, de la Sentencia 164/2001, divide el suelo no urbanizable entre especial y general, modificando la clasificación establecida por la ley 9/2001.

Es de señalar la implantación de una consulta previa a la presentación de cualquier propuesta de delimitación de un nuevo sector, lo que serían en la actualidad los planes de sectorización promovidos por particulares, debiéndose por escrito formular esta ante el Ayuntamiento y cada una de las consejerías competentes de la Comunidad de Madrid, procediendo estas administraciones a responder a dicha consulta de forma motivada en el plazo de un mes, vinculando dicha respuesta a la administración.

El planeamiento aplicable a la Comunidad de Madrid se dividía en dicha propuesta legal, entre planeamiento territorial y planeamiento urbanístico, siendo el planeamiento territorial el Plan Regional de estrategia Territorial, por lo tanto eliminándose otras figuras de planificación territorial existentes en la actualmente vigente de forma parcial ley 9/1995, de 28 de marzo, de medidas de política territorial, suelo y urbanismo.

Por su parte el planeamiento urbanístico se dividía en forma clásica, entre planeamiento urbanístico general y planeamiento urbanístico de desarrollo. El planeamiento urbanístico general no sufre modificaciones porque se mantiene el Plan General y los ahora denominados Planes de Sector, y, en cuanto a planeamiento de desarrollo, nos encontramos con los planes parciales, los planes especiales el estudio de detalle y los catálogos de bienes y espacios protegidos, sin variarse la enumeración de la actual ley 9/2001.

Por lo que respecta a la documentación, el artículo 16 del anteproyecto intentó reducir en cuanto a los planes generales el contenido de los documentos necesarios, circunscribiéndose a una memoria, un estudio de viabilidad, un estudio de incidencia de valoración ambiental (que habrá de comprender el informe reglamentario exigido por la Directiva 2001/42/CE, de la Comunidad Europea y la posterior 2011/92/UE, de 13 de diciembre), las normas urbanísticas de ordenación general pormenorizada, los planos de clasificación y categorización del suelo, de ordenación y de gestión, y los catálogos de bienes y espacios protegidos cuando procediera.

Los planes de sector deberán incluir idéntica documentación, así como la documentación exigida por la ley para los planes parciales y un documento que recoja los compromisos que asuman los particulares en relación con la ejecución de las obras del sector.

Por su parte, la documentación de los planes parciales se compone de memoria de valoración ambiental en los casos que procediera, los planos de ordenación pormenorizada, organización de etapas y gestión de la ejecución, con posible delimitación de las unidades de ejecución, la valoración económico-financiera, las normas urbanísticas y el catálogo de bienes y espacios protegidos cuando proceda.

De los estudios de detalle, la nueva regulación pretendió mantener la definición clásica en relación con la concreción y ubicación en relación formal de volúmenes y edificabilidades, señalamiento de alineaciones y rasantes o reajustamiento de las existentes, variándose las determinaciones de la ley 9/2001, en relación con la obligación de que tengan una manzana completa y que están expresamente previstos por el planeamiento.

En cuanto a los procedimientos de aprobación, no se destaca ninguna modificación sustancial del plan general; se señala que en los planes de sector se puede solicitar la subrogación para aprobación inicial por parte de la Comunidad en caso de que tras dos meses desde la presentación en Registro Municipal no haya resuelto nada el Ayuntamiento, y los planes parciales, especiales, estudios de detalle y catálogos se señala la necesidad de informes preceptivos establecidos por la ley de la legislación sectorial aplicable, tras la aprobación inicial correspondiente por la alcaldía, manteniéndose la cifra de 15.000 habitantes para la aprobación definitiva por parte de la Comunidad Autónoma en los municipios de menos de dicha población, de dichos planeamientos.

En cuanto a la aprobación definitiva, volvía a la seguridad jurídica y a los términos establecidos por la Jurisprudencia del Tribunal Supremo sobre las condiciones de dichas aprobaciones o denegaciones, esto es, cuestión de legalidad o de interés supramunicipal.

Se establecía un plazo máximo de tramitación y aprobación municipal de los planes generales de 24 meses, contados desde la aprobación inicial, manteniéndose los cuatro meses para la resolución por parte de la Comunidad Autónoma.

En la gestión y ejecución del planeamiento se intentan introducir instrumentos de agilización como la subrogación para la aprobación de las reparcelaciones, prevista en el artículo 41, por parte de la Comunidad Autónoma, tras los dos meses desde la presentación ante el Ayuntamiento.

Por otra parte, la reparcelación se recogía como procedimiento para la realización de la equidistribución de beneficios y cargas previstos por el planeamiento, tanto los sistemas de compensación, como el agente urbanizador, que, junto al de expropiación forzosa, suponen los tres sistemas de actuación sistemática para la ejecución de la urbanización, suprimiéndose, por tanto, los sistemas de cooperación y ejecución forzosa implantados desde el año 1995, con diversas modalidades tras la modificación del 2001, en la Comunidad Autónoma.

El sistema de agente urbanizador se podría realizar, siempre y cuando no se haya presentado una iniciativa de compensación por parte del 50% de los propietarios del ámbito de la unidad de ejecución correspondiente. Es este sistema el más novedoso en el conjunto de la legislación de la Comunidad de Madrid, aunque tenía un antecedente con el denominado adjudicatario en concurso, pero aquí se implanta con mucha mayor medida el sistema establecido por la ley valenciana; con mayores cualidades dada la transparencia en la contratación administrativa y garantías de los propietarios originales del suelo. Se posibilitaba igualmente la existencia de un agente urbanizador de naturaleza pública. Por lo que respecta a la intervención sobre el uso del suelo, es destacable en el suelo no urbanizable, los plazos de un mes, tanto para la emisión de informe por el Ayuntamiento, como por parte de la Comunidad de Madrid, respectivamente, en las calificaciones urbanísticas para actuaciones en dicho tipo de suelo. En cualquier caso la LSCM fue modificada para suprimirlo.

En materia de licencias, la principal novedad, junto a la simplificación y agilización, era la introducción de las denominadas entidades certificantes para aquellos municipios que carezcan de funcionarios a los efectos de informar las licencias. Estas entidades, que deberán de tener una homologación ante la Comunidad Autónoma, informarán la adecuación al ordenamiento jurídico y urbanístico de los proyectos de obras sometidos a licencias, sirviendo dicha certificación como informe favorable.

En los patrimonios públicos del suelo, debemos destacar la concreción específica de los fines de destino de los ingresos derivados del patrimonio público y así, taxativamente, la construcción de viviendas sujetas a algún régimen de protección pública, de ejecución de redes públicas y la ejecución de áreas de rehabilitación concertada, eliminándose las ambigüedades establecidas por la ley 9/2001 y todas las referencias a aspectos ambientales genéricos, que deberán de incorporarse dentro de las redes públicas.

En materia de convenios urbanísticos, debemos destacar el límite de una imposición para las cesiones obligatorias, que en caso de convenio ya no lo son, de un máximo del 10%, con lo cual no será posible la utilización de la técnica convencional para exigir mayores cesiones a los propietarios de suelo, lo cual, lógicamente, repercute finalmente sobre el precio de la vivienda. Cuestión esta que de una u otra forma se recogió en la ley 8/2007 estatal.

Ahora bien, el referido dictamen fue objeto de dos votos particulares, uno de D. Javier García de Diego y otro de D. Jesús González González. Especialmente crítico es el del primero de ellos que, en su opinión, influye en dos tipos de cuestiones: una la propia delimitación de los objetivos estratégicos de la política del suelo de la ley, que es, a su juicio, un problema de base, y el otro es el enfoque de la propuesta en dos conceptos básicos con origen en el encargo a la propia comisión: transparencia y agilidad, y por la actual ley concursal.

El referido Dictamen que circuló entre los medios profesionales, fue publicado en la página Web de la Consejería de Ordenación del Territorio y Medio Ambiente, Dirección General de Urbanismo y Planificación Regional, siendo entregado a la Presidenta de la Comunidad de Madrid pero no incorporándose a la voluntad del ejecutivo de forma literal como proyecto de ley.

4. El anteproyecto de Ley de 2006

El proyecto de ley de nueva legislación urbanística de la Comunidad de Madrid fue aprobado finalmente tras un proceso de maduración interna en la administración autonómica en el Consejo de Gobierno de la Comunidad celebrado el 20 de octubre de 2005, optándose en líneas generales por el modelo anticipado por la Comisión de Expertos, pero incorporando otras cuestiones como la existencia de obligación de incorporar al planeamiento general un 50 % del territorio urbanizable residencial como vivienda protegida para los municipios de más de 15.000 habitantes[38].

El referido anteproyecto ha sido remitido al CES regional a los efectos de su dictamen.

El proyecto gozaba de una exposición de motivos de catorce puntos, de 106 artículos, 10 Disposiciones Transitorias, 1 Disposición Derogatoria y 8 Disposiciones Finales. Deroga la Ley 9/2001 salvo el Título V sobre disciplina urbanística al cual le otorga carácter reglamentario de la nueva Ley y establece en su conjunto un nuevo marco para el régimen jurídico de urbanismo en Madrid con las siguientes características principales:

En primer lugar, como característica de la propuesta de ley del suelo autonómica debemos señalar el cambio de denominación y características de las clases de suelo y sus categorías, distinguiéndose entre: suelo urbano (que se divide entre consolidado y no consolidado), suelo rústico (subdividido en especial, preservado y transformable) y suelo urbanizable (a su vez divisible en ordenado y no ordenado pormenorizadamente).

Dentro de estas nuevas clases y categorías tiene especial trascendencia por su potencialidad el suelo rústico transformable que es susceptible de ser incorporado al proceso urbanístico mediante el correspondiente plan de sector.

En segundo lugar debemos destacar las novedades en materia de planeamiento al establecerse un solo instrumento de planeamiento territorial, regulado en los artículos de 11 a 14, que es el Plan Regional de Estrategia Territorial.

Por lo que respecta al planeamiento general se mantiene con figuras de éste los planes generales y los planes de sector, incorporándose con figuras de planeamiento de desarrollo los planes parciales, planes especiales, estudios de detalle y catálogos municipales de bienes y espacios protegidos.

Por lo que se refiere a las determinaciones incorporadas por los planeamientos hay que señalar las denominadas redes públicas que se componen por las de: infraestructuras (comunicaciones, urbanización y energética) equipamientos (zonas verdes y espacios libres, sociales, viviendas públicas, que además de las de integración social recogen otras poblaciones desfavorecidas) y servicios (suministros de agua, electricidad, gas y alcantarillado, así como aparcamientos).

En las redes supramunicipales se contempló una superficie mínima de cesión a la Comunidad de Madrid de 10 m_2 de suelo por cada 100 m_2 de uso

---

[38] Al respecto véase los periódicos de fecha 21 de octubre de 2005: El Mundo (Págs. 2 y 3 del Suplemento M2), ABC Pág. 38 (Sección Madrid), La Razón Pág. 54 (Mucho Madrid) y El País Pág. 1 de la Sección Madrid,.

lucrativo, y para la red general de espacios libres y zonas verdes de 20 por cada 100.

Por lo que se refiere a la documentación necesaria para la aprobación del plan, de carácter formal debemos destacar la recuperación, con sustantividad propia y diferenciada de estudio de viabilidad, de un estudio económico y financiero pormenorizado de las expropiaciones, obras e infraestructuras cuya ejecución corra a cargo de las administraciones públicas y estén programadas o con los proyectos aprobados. E igualmente y con independencia de la evaluación ambiental prevista por las directivas europeas 2001/42/CE y 2011/92/UE, de un documento relativo a la gestión de infraestructuras de saneamiento y de aguas residuales, otro de protección contra la contaminación acústica y otro de suelos contaminados. Documentación esta actualmente exigible en virtud de la ley 2/2002 de Evaluación ambiental y de la ley del ruido, pero que se incorpora con carácter específico en la legislación del suelo.

En relación con la documentación de los planes parciales es especialmente reseñable al incorporación de un estudio de movilidad específico a los efectos del tráfico, con respecto a la legislación anterior.

El procedimiento de aprobación de los planes supone junto al reconocimiento de la capacidad de subrogación por parte de la comunidad autónoma el mantenimiento de la evaluación ambiental previa del documento que pasa a denominarse en vez de avance, anteproyecto, manteniéndose su necesariedad para los planes generales y de sector. Tras el periodo de información pública (que para todos los supuestos se establece como mínimo en un mes y máximo dos) se debe proceder a la elaboración del plan aprovechando alegaciones e informe ambiental.

Redactado el plan se aprueba inicialmente sometiéndose a nueva información pública provisionalmente por el Ayuntamiento nuevamente, correspondiendo la aprobación definitiva ala Comunidad.

En el resto de los planes, debemos destacar como de especial importancia la novedad de la existencia de una entidad urbanística de certificación o una entidad certificante, lo cual supone en caso de silencio o inactividad municipal en la aprobación de cualquiera de estos planes de iniciativa particular, de efecto favorable y subrogación hacia la comunidad autónoma, siempre que vayan avalados por esa entidad certificante, debidamente homologada.

Por otra parte se establece un plazo máximo de tramitación en los planeamientos de 24 meses para el plan general y 6 meses para el resto de los planes a excepción de los catálogos que simplemente podrán tardar 3 meses, correspondiendo en caso de retraso la caducidad del procedimiento.

Se incorporan, partiendo y clarificando de las instrucciones técnicas del Consejero recogidas en el artículo 31 de la LSCM la existencia de reglamentos técnicos aplicables en toda o parte de la comunidad con requisitos mínimos de calidad, estándares mínimos de suelo, etc., y por otras parte las propias instrucciones técnicas de planeamiento que corresponde al Consejero así como la aprobación mediante orden de éste de ordenanzas tipo con carácter subsidiario de las municipales.

Como novedad importante a los efectos de significación administrativa se unifica el registro de planes, existente en la consejería con el de entidades urbanísticas colaboradoras y certificantes, incorporándose las tecnologías de la información y la comunicación a su gestión.

La gestión urbanística se mantenía a través de la clásica dualidad entre actuaciones integradas con unidad de ejecución y actuaciones aisladas, siendo tan solo posibles estas últimas para la obtención de suelo construcción y puesta en servicio de infraestructuras, equipamientos y servicios públicos de las AAPP, para la edificación en suelo urbano consolidado incluso cuando se requieran obras accesorias de urbanización para convertir el solar y para la ejecución de obras públicas ordinarias en los municipios de menos de 5000 habitantes.

La gestión a través de unidades de ejecución se producirá a través de los sistemas de expropiación, compensación y concurso, eliminándose la cooperación y la ejecución forzosa.

En la tramitación de los instrumentos de gestión para la equidistribución de los beneficios y cargas, fundamentalmente la reparcelación, se recoge un acortamiento de plazos (3 meses) y unos efectos favorables del silencio.

El sistema de concurso viene a ser una adaptación del sistema de agente urbanizador iniciado en Valencia, con las modulaciones señaladas por la doctrina, en cuanto a la adecuación a la legislación de contratos de las administraciones públicas entonces, hoy del sector público.

El sistema de expropiación por su parte se establece tan solo con carácter subsidiario en la inexistencia de iniciativas o incumplimiento los casos de compensación o concurso, exigiéndose previa autorización del consejo de Gobierno de la comunidad autónoma, el supuesto de que se pretende adoptar por razones de interés público.

En materia de licencias, debemos destacar, junto al mantenimiento de las calificaciones en suelo rústico, la incorporación en todo momento de la posibilidad de acompañar a los proyectos informes de la entidad certificante, que en caso de ser favorable y de inactividad municipal supondrán silencio positivo.

De los cuatro procedimientos previstos por la ley 9/2001, se pasa a tres, obras «mayores», obras «menores» y el resto de los supuestos, siendo los plazos de resolución de tres meses, dos meses y quince días, respectivamente.

Por lo que se refiere a la ruina de las edificaciones, debemos señalar la existencia de el mantenimiento de la prima económica en el porcentaje del 50%, la ruina técnica y la incorporación de ésta para la realización de obras que no puedan acometerse por encontrarse construcciones fuera de ordenación. Por otra parte se mantiene la regulación de la ruina inminente en circunstancias excepcionales.

Al respecto de los instrumentos con incidencia en el sector inmobiliario, debemos señalar la obligación de los municipios con más de 15000 habitantes, tanto de tener su propio patrimonio público del suelo, como la de recoger un 50% de las viviendas de cada ámbito con sometimiento a algún régimen de protección.

El régimen de los patrimonios se limitaba, en cuanto al destino de éstos con respecto a la ley 9/2001, distinguiéndose tan solo, como fines de interés social la construcción de viviendas sometidas a algún régimen de protección pública, de ejecución de redes públicas y la ejecución de áreas a rehabilitar.

Por otra parte se mantiene la existencia del derecho de tanteo retracto que podrá realizarse en las áreas a rehabilitar, espacios naturales protegidos, suelo rústico especial y terrenos destinados a viviendas protegidas. La duración de estos derechos será de 10 años a excepción de los espacios naturales protegidos que subsistirá mientras tengan dicha condición.

La disciplina urbanística queda en la ley remitida a la tipificación de las infracciones y sanciones, manteniéndose con rango reglamentario las disposiciones de la ley 9/2001 sobre protección de la legalidad urbanística.

La última novedad de la que pudo ser ley autonómica es la de la limitación a los convenios de cesiones del aprovechamiento de los particulares a la administración en un máximo del 10%.

Por lo que se refiere al régimen transitorio, destacar que las determinaciones contenidas en la ley serán de aplicación a todos los planeamientos, que en el momento de su entrada en vigor, no tengan realizada la aprobación provisional en los términos de la legislación anterior.

Pese al tiempo transcurrido desde esas iniciativas y pese a las numerosas reformas puntuales casi de carácter anual de la LSCM, no se ha aprobado una nueva ley, y a fecha de hoy (septiembre de 2015) se habla de la creación de una nueva comisión de expertos para la reforma de la ley del suelo.

IX. LA EFICIENCIA ENERGETICA COMO FACTOR DE LA SOSTENIBILIDAD EN LAS VIVIENDAS

1. La eficiencia energética como factor de sostenibilidad

La eficiencia energética[39], se regula con carácter general por la directiva 2012/27/UE, del Parlamento Europeo y del Consejo, de 25 de octubre de 2012,relativa a la eficiencia energética, por la que se modifican las directivas 2009/125/CE y 2010/30/UE, y por la que se derogan las directivas 2004/8/CE y 2006/32/CE.

---

[39] Sobre esta materia es imprescindible el libro colectivo «Eficiencia energética y derecho» de Fernando García Rubio y Lorenzo Mellado Ruiz (directores) Dykinson 2013.

La citada directiva, que fue publicada en el diario oficial de la Unión Europea el 14 de noviembre de 2012, debió de ser transpuesta mediante las disposiciones legales reglamentarias u administrativas necesarias, antes del 5 de junio de 2014, por lo tanto, en el momento de la realización de las presentes líneas ya ha finalizado el plazo otorgado por la propia directiva en su artículo 28.1.

En ese sentido debemos destacar, que es la última e integral norma de la Unión Europea, que se ocupa de esta materia, puesto que como ya hemos señalado en el propio texto del nombre de la directiva se modifican dos, y se derogan otras dos, normas de este tipo y rango.

En dicha línea, una primera reflexión sobre la materia, debe incidir en que si bien la Unión Europea lo regula fundamentalmente en esta directiva, el Estado Español no hace lo mismo, puesto que la disposiciones sobre eficiencia energética se encuentran dispersas, ya sea en los dos desarrollos reglamentarios por los cuales se establecen las certificaciones energéticas aprobadas con posterioridad a la propia directiva, o en las determinaciones recogidas en la ley 19/2009, 23 de noviembre, de Medidas de Fomento y Agilización Procesal del Alquiler y de la Eficiencia Energética de los Edificios, o las determinaciones sobre eficiencia energética recogidas en la ley de economía sostenible 3/2011, incluso en la ley 8/2013, sobre rehabilitación, regeneración y renovación urbanas, ahora incorporadas al TRLSRU 7/2015, de 30 de octubre.

En primer lugar, esta directiva se enmarca dentro de la estrategia 20/20/20, que determinada en el Consejo Europeo de los días 8 y 9 de marzo de 2007, entre otros aspectos, insistía en la necesidad de incrementar la eficiencia energética de la Unión para alcanzar en 2020 un objetivo de ahorro del 20% de consumo de energía en la Unión.

Igualmente las conclusiones del Consejo Europeo de 4 de febrero de 2011, se indicaba para aumentar un 20 % de eficiencia energética para ese 2020, aunque la propia directiva en su considerando segundo señala de forma expresa «*de momento, no lleva camino de cumplirse*».

Además de la normativa que posteriormente analizaremos debemos destacar en la línea de la potenciación de estas políticas que de manera adicional, el Ministerio de Fomento tiene, tal y como destaca Rosado Pacheco[40] líneas de subvenciones destinadas a la rehabilitación de edificios y viviendas y a favorecer la promoción de obra nueva con alta eficiencia energética en promociones de vivienda protegida.

De hecho la ley 8/2013, de rehabilitación, regeneración y renovación urbana[41], establecía, como hemos apuntado una serie de determinaciones que vin-

---

[40] Santiago Rosado Pacheco «El procedimiento de certificación de la eficiencia energética de los edificios (Referencia a la Comunidad Autónoma de Andalucía)»dentro de la obra colectiva «Eficiencia energética y derecho» de Fernando García Rubio y Lorenzo Mellado Ruiz (directores) Dykinson 2013.

[41] Sobre esta ley vid «Comentarios a la Ley de rehabilitación, regeneración y renovación urbanas obra colectiva dirigida por Julio Carstelao Rodríguez. El consultor de los ayuntamientos y de los juzgados-Walters Kluwers España, 2013.

culan la eficiencia energética a la rehabilitación, ahora incorporados al TRL-SRU.

Específicamente la directiva, se estructura en base a 30 artículos, y una serie de anexos de una gran importancia, puesto que, por ejemplo, se establecen los cómputos del control de la facturación y los criterios energéticos, o los criterios para la adjudicación de los criterios energéticos por el sector público, etc.

En cuanto a la estructura de la directiva junto con sus objetivos, definiciones, y ámbito de aplicación, se realiza una especial incidencia en la eficiencia del uso de la energía mediante la renovación de edificios especialmente en cuanto a la función ejemplarizante de los edificios de los organismos públicos.

Igualmente se recogen, los sistemas de obligaciones de eficiencia energética y las necesidades de una certificación energética, previa auditoria la cual además es específicamente regulada mediante el anexo correspondiente.

Por otra parte se recogen la necesidad de que existan contadores inteligentes que recojan sobre ellos y en tiempo real, con el consumo real de energía del cliente final y compartiendo información sobre el tiempo real de uso, tanto para los clientes finales de electricidad, como los de gas natural, como calefacción urbana, refrigeración urbana y agua caliente sanitaria, lo cual debe reflejarse específicamente en la facturación, tal y como se refleja en el artículo 10 de la propia directiva.

En este sentido debe diferenciarse conforme al artículo 11 de la actividad, el coste de la información sobre medición y facturación, y debe existir un programa de información y habilitación de los consumidores.

Por lo que respecta a la eficiencia de suministro de energía se realizan medidas de promoción de dicho aspecto mediante programas nacionales de eficiencia energética que deben remitirse a comisión, incorporando medidas a la transformación del transporte de la distribución de energía conforme a las determinaciones de las directivas 2009/72/CE y 2009/73/CE, y la disponibilidad de sistema de calefacción, acreditación y certificación.

En otro sentido, el artículo 18, promueve los servicios energéticos, especialmente para el ámbito de las PYMES, y se remite a la legislación necesaria la necesidad de remover las barreras reglamentarias y legales para evaluar el fomento de la eficiencia energética.

De forma objetiva se crea, o se obliga a crear más exactamente, un fondo Nacional de Eficiencia Energética de financiación o apoyo técnico que lógicamente puede se cumplimentado, para casos determinados por la propia unión, incluso mediante asistencia a los estados miembros directamente o a través de las Instituciones Financieras Europeas, el establecimiento de estos mecanismos de financiación, conforme al artículo 20.2 de la Directiva.

Como ya hemos indicado, con fecha 25 de octubre se aprobó la Directiva 2012/27/UE, relativa a la eficiencia energética, por la que se modifican las Directivas 2009/125/CE y 2010/30/UE, y por la que se derogan las Directivas

2004/8/CE y 2006/32/CE. Esta nueva norma profundiza en el camino iniciado por la Unión Europea que busca reducir la tendencia del calentamiento global, y que tiene su base en el Protocolo de Kyoto sellado el 11 de diciembre de 1997.

Las medidas aprobadas están enfocadas a conseguir que disminuya la dependencia de las importaciones de energía; en segundo lugar, luchar contra la escasez de recursos energéticos, así como contra el cambio climático. La crisis económica también aquí tiene un peso importante y la eficiencia energética además de un apoyo al medio ambiente, debe entenderse también como un ahorro económico.

Tras la conclusión de la 14.ª Conferencia de las Naciones Unidas Sobre Cambio Climático, celebrada el 1 de diciembre de 2008 en Poznan (Polonia), los avances que se obtuvieron fueron muy pobres de cara al nuevo acuerdo internacional de Copenhague en 2009.

La comunidad científica, sin embargo, sí mostró un discurso sin fisuras ante el reto de reducir un 30% las emisiones de CO_2 globales para 2020 y un 50% en 2050 con el fin de que la temperatura media de la superficie de la Tierra no suba más de dos grados a lo largo de este siglo.

En consecuencia, ese mismo mes de diciembre de 2008, el Parlamento Europeo adquirió el compromiso 20/20/20. Este ambicioso compromiso consiste en reducir un 20% las emisiones de efecto invernadero, de CO_2 respecto a los datos de 1990; incrementar hasta un 20% la cuota de energías renovables en nuestro balance de consumo y, conseguir un ahorro energético también del 20%, todo ello con el horizonte del año 2020 como objetivo.

Estos objetivos medioambientales han sido el origen de una serie de instrumentos normativos comunitarios que han hecho también que tras las correspondientes trasposiciones hayan pasado a los ordenamientos jurídicos de los países miembros de la Unión. Toda esta nueva regulación es adecuadamente tratada en los trabajos que contiene este libro.

La importancia creciente de la eficiencia energética y su aplicación práctica en la economía española y en su mercado laboral queda demostrada en el informe empleo verde 2012, presentado en el Congreso Nacional de Medioambiente, en el que se afirmaba que las energías renovables son el sector más destacado en la oferta de puestos de trabajo de empleo verde en el mercado laboral español, mientras que la eficiencia energética supone ya un 7% del total.

La Organización Internacional del Trabajo (OIT) define empleo verde como aquel que reduce el impacto ambiental de las empresas y los sectores económicos hasta niveles que son sostenibles.

La Organización de Naciones Unidas (ONU) proclamo el año 2012 como *Año Internacional de la Energía Sostenible para Todos*. Desde la ONU, se hace partícipe a Gobiernos, empresas y ciudadanos en la consecución de tres objetivos para el año 2030:

1. Asegurar un acceso universal a servicios energéticos modernos.
2. Doblar la tasa de mejora en eficiencia energética.
3. Lograr que el 30 por ciento de la energía mundial sea renovable.

La concienciación sobre este asunto ha llegado a tal punto, que se ha instaurado el *día mundial de la eficiencia energética*, que se celebra cada 5 de marzo y que tiene su origen en la primera conferencia que sobre esta materia se celebró en Austria en 1998.

Partiendo por tanto de estos conceptos y objetivos, podemos abordar su regulación jurídico-administrativa, y su traslación a España, con las correspondientes implicaciones sobre las viviendas.

Como se ha podido colegir de lo anterior, la Unión Europea, en virtud del artículo 194.1 del Tratado de Funcionamiento de la Unión goza de competencias en materia de energía, competencias que han sido cedidas lógicamente tras la adhesión de dicho tratado por los respectivos estados miembros.

Así, en el citado artículo (cuarto párrafo), se señala de forma expresa que la Unión tiene competencias en: «*Fomentar la eficiencia energética y el ahorro energético así como el desarrollo de energías nueva y renovables*».

En ese sentido, debemos destacar que dado el contorno de escasez energética que tienen los diversos estados de la Unión Europea, por su dependencia de otros ámbitos geográficos y políticos, el ahorro energético y la incorporación de nuevas energías son una cuestión estratégica para toda la Unión, pero especialmente para el Reino de España que por su opción principal antinuclear fundamentalmente ha aumentado esa dependencia energética, en relación con otros países de la Unión.

Al gozar la Unión de competencias en esta materia tiene unas capacidades sobre políticas en ella, que implican la capacidad a su vez legislativa mediante la aprobación en su caso, fundamentalmente de directivas, que se sustentan en un doble procedimiento: el procedimiento general u ordinario, en el cual, previa consulta al Comité Económico y Social, y al Comité de las Regiones, el Parlamento y el Consejo por procedimiento de decisión, pueden aprobar directivas en esta materia.

Y Por otra parte un Procedimiento extraordinario, por e cual el Consejo por Unanimidad de los 28 Estados miembros, y previa consulta al Parlamento Europeo puede regular esta materia «esencialmente de carácter fiscal».

Por tanto, la regulación le corresponderá con carácter general al Parlamento y al Consejo, aunque excepcionalmente podrá utilizar el procedimiento previsto por el artículo 194 del Tratado de Funcionamiento de la Unión Europea, para legislar el Consejo, siempre que el aspecto de la eficiencia energética tratado tenga un carácter fundamental, o mayoritariamente fiscal.

Partiendo de esta competencia actual, debemos señalar, que existen toda una serie de antecedentes en el seno de la Unión, en relación con esta materia de eficiencia energética, y así en primer lugar, desde un punto de vista político es indispensable citar los acuerdos del Consejo Europeo de 8 y 9 de marzo de 2007, en relación con la política 20/20/20, esto es la consecución para el año 2020 de un 20% de reducción de emisiones de CO_2 a la atmosfera, con la consecución de un 20% totales de energías que utiliza la Unión para su producción proveniente de energías renovables, y un tercer aspecto de un 20% de ahorro de energía sobre el consumo primario suscrito en dicho momento, los dos primeros objetivos se han convertido en vinculantes y el tercero en indicativo. Este acuerdo de los Consejos Europeos fue ratificado de forma expresa por el Consejo Europeo de 17 de junio de 2010, y el de 4 de febrero de 2011.

En dicho sentido también la Comisión Europea, realizó su comunicación de 10 de noviembre de 2010, sobre energía 2020 y el Parlamento adoptó su resolución 15 de diciembre de 2010, sobre la revisión del plan de acción de la Unión, en relación con esta materia. Finalmente como principales documentos destacables, entre otros muchos que se han ido produciendo, debemos destacar la comunicación de la Comisión de 8 de marzo de 2011, sobre el plan de eficiencia energética de la propia Unión.

Partiendo de estos objetivos políticos debemos señalar, que en los objetivos de eficiencia energética de la Unión, fundamentalmente vinculados a características ambientales tan presentes en la legislación Europea, han sido objeto de regulaciones ya incluso con antecedente remoto en toda la Unión.

No es objeto el presente estudio, analizar directivas, reglamentos o cualquier tipo de decisión anterior al año 2000, pero sí debemos señalar la existencia de diversas directivas anteriores.

En cualquier caso, si es destacable, el Reglamento (CE), n.º 2422/2001 de 6 de noviembre de 2001, relativo a un programa comunitario de etiquetado de eficiencia energética para equipos ofimáticos, utilizando ya una primera regulación de la eficiencia energética en materias propias de la Comisión y los organismos europeos, lógicamente vinculadas por los reglamentos.

Por otro lado la directiva 2000/55/CE del Parlamento Europeo y del Consejo, de 18 de septiembre de dicho año, con lo cual se establece los requisitos de la eficiencia energética de los balastros de lámparas fluorescentes.

Una serie de normas anteriores y posteriores, por no ser exhaustivo, han ido complemento la regulación Europea general sobre eficiencia energética vinculada en esa primera etapa fundamentalmente a un intento de disminución de la contaminación y la emisión de contaminantes de todo tipo (luminosidad, ruidos, combustibles, gases, etc.) a la atmósfera.

Tan solo posteriormente se ha profundizado en el propio concepto de ahorro energético en el sentido de menor consumo de energía y mayor optimización de los consumos.

En esa línea y con anterioridad, se aprobó la directiva 2002/40/CE de la Comisión, de 8 de mayo por la que se establecen disposiciones de aplicación de la directiva 92/75/CE, del Consejo, en lo que respecta al etiquetado energético de hornos eléctricos de uso doméstico, y en dicha materia del ahorro, debemos destacar la directiva 2009/33/CE, de 23 de abril, relativa a la promoción de vehículos de transporte por carretera limpios y energéticamente eficientes.

Todas estas directivas, junto con otras que no se citan, componen el conjunto de la legislación europea aun vigente que pretende un ahorro energético vinculado al consumo y a la necesidad de disminución de emisiones por parte de los consumidores.

Posteriormente y en el nuevo prisma señalado de un ahorro integral debemos destacar la aprobación de la directiva 2002/91/CE, de 16 de diciembre de eficiencia energética de los edificios y la directiva 2006/32/CE, de 5 de abril de 2006, ambas directivas, han sido, o bien derogada la segunda, o bien incorporada a una posterior refundición la primera, en la actual directiva 2010/31/UE, de 19 de mayo, de eficiencia energética de los edificios.

Esta nueva perspectiva de la Unión, de un carácter integrador de la eficiencia energética y no sectorial, cristaliza en la vigente directiva 2012/27/UE, de 25 de octubre, que deroga la directiva 2006/32/CE, y que modifica diversos aspectos de otras directivas, haciendo un régimen general de la eficiencia energética, que junto a las políticas de fomento de energías renovables y de cogeneración reguladas por otras directivas, que sería muy prolijo citar aquí, pero que evidentemente hay que reseñar su aprobación en el seno de la Unión, constituyen el conjunto de la legislación vigente en esta materia en el seno de la Unión.

2. Panorama legislativo de la implantación

Partiendo de este marco comunitario legislativo debemos indicar que, el Estado Español como miembro de la Unión ha tenido que ir adaptando progresivamente las diversas directivas a su ordenamiento jurídico, y pese que a la directiva 2006/32/CE, ha sigo expresamente derogada por la vigente 2012/27/UE de 25 de octubre, lo cierto es que las determinaciones y obligaciones sobre trasposición de la legislación de 2006 Europeo, no han sido desvirtuadas por la nueva directiva que mantiene la vigencia de las normas traspuestas en su tiempo, y la obligación de los Estados miembros para trasponer dichas determinaciones, independientemente del cambio legislativo operado.

En esa línea de trasposición, la normativa nacional es, al igual que la europea, dispersa y hasta deslavazada puesto que no existe una ley estatal de eficiencia energética, sino, que existen diversas determinaciones unas contenidas, normas con rango de ley, y otras contenidas en disposiciones reglamentarias, e incluso existen normas estatales y autonómicas sobre la materia, y además ordenanzas municipales.

Así en primer lugar partiendo de la ley 38/1999, de Ordenación de la edificación y las obligaciones sobre aislamiento térmico de las edificaciones debemos destacar la importancia de las normas recogidas en el artículo 15 del ya indicado en el Real Decreto 314/2006, de 17 de marzo, por el cual se aprueba el código técnico de la edificación, que establece como requisitos básicos de ahorro de energía bajo la rúbrica HE (ahorro de energía) las determinaciones a tener en cuenta en cualquier proyecto de obras de edificación en esta materia, lo cual, es vinculante para todos los proyectistas y tiene un carácter básico en todo el territorio nacional.

Igualmente es importante tener en cuenta, el Real Decreto 1890/2008, de 14 de noviembre por el que se aprueba el Reglamento de Eficiencia Energética en instalaciones de alumbrado exterior y sus instrucciones técnicas complementarias, EA-01 y EA-02, debiéndose destacar en el texto de dicho Real Decreto las determinaciones del artículo cuarto sobre eficiencia energética que establecen:

Artículo 4. Eficiencia energética

Con el fin de lograr una eficiencia energética adecuada en las instalaciones de alumbrado exterior, éstas deberán cumplir, al menos, con los requisitos siguientes:

1.º *Los niveles de iluminación de la instalación no superen lo establecido en la instrucción técnica complementaria ITC-EA 02, salvo casos excepcionales, que requerirán autorización previa del órgano competente de la Administración Pública.*

2.º *Para el alumbrado vial, se cumplan los requisitos mínimos de eficiencia energética establecidos en la ITC-EA-01. Para el resto de instalaciones de alumbrado, se cumplan los requisitos de factor de utilización, pérdidas de los equipos, factor de mantenimiento y otros establecidos en las instrucciones técnicas complementarias correspondientes.*

3.º *En donde se requiera, dispongan de un sistema de accionamiento y de regulación del nivel luminoso, tal y como se define en la ITC-EA-04.*

Así como las del artículo quinto, sobre la calificación energética de las instalaciones que por su parte determinan:

Artículo 5. Calificación energética de las instalaciones

Las instalaciones de alumbrado exterior se calificarán energéticamente en función de su índice de eficiencia energética, mediante una etiqueta de calificación energética según se especifica en la ITC-EA-01. Dicha etiqueta se adjuntará en la documentación del proyecto y deberá figurar en las instrucciones que se entreguen a los titulares, según lo especificado en el artículo 10 del reglamento.

Teniendo en cuenta dichas determinaciones Reglamentarias, debemos de destacar, la primera norma con carácter legal, e importancia indiscutible en materia de trasposición de las determinaciones europeas sobre eficiencia energética, es la ley 2/2011, de Economía Sostenible, que en sus artículos 77 a 83, establece diversas determinaciones con especial importancia en el tema que nos ocupa.

Así en primer lugar el artículo 77 recoge los principios sobre esta materia de eficiencia energética aplicables por su carácter básico a todas las Administraciones.

Un segundo aspecto a tener en cuenta, es la expresa asunción por parte del Estado Español, de la estrategia y objetivo de la Unión Europea 20/20/20, que es asumida en el artículo 78.2 de la citada ley de Economía Sostenible.

Un tercer aspecto a tener en cuenta es, la determinación del artículo 82 sobre el fomento de eficiencia energética en las redes, con los consecuentes ahorros que producen el tratamiento de las correspondientes redes energéticas, de transporte y distribución de las diferentes formas energéticas, y así en ese aspecto señala ese artículo 83 lo siguiente:

Artículo 83. ***Transparencia e información a los consumidores***

1. *El Gobierno establecerá los instrumentos necesarios para asegurar que los usuarios disponen de la información sobre los costes del modelo de suministro energético, su composición, su origen y su impacto ambiental.*

2. *Igualmente, las Administraciones Públicas se asegurarán de que los consumidores dispongan de información completa, clara y comprensible sobre el consumo de energía y el impacto medioambiental de los productos y equipos que utilicen energía que adquieren, de manera que puedan incorporar tales elementos a sus decisiones de consumo.*

3. *Los certificados de eficiencia energética para edificios existentes se obtendrán de acuerdo al procedimiento básico que se establezca reglamentariamente para ser puestos a disposición de los compradores o usuarios de esos edificios cuando los mismos se vendan o alquilen.*

Finalmente el artículo 83, recoge en la línea que posteriormente abordaremos, realiza la Directiva de 2012, los principios de transparencia e información a los consumidores en materia energética, que tan difícil es de asimilar por los productores de energía pese a las diversas normas, que renuentemente se producen al respecto.

Una segunda norma legislativa, ya posterior a la Directiva 2012, que tiene especial incidencia en materia de eficiencia es el ya indicado TRLSRU 7/2015 de 26 de junio, de Rehabilitación, Regeneración y Renovación Urbana, en cuyo artículo 3 apartado 3.i), se recogían como fines comunes a las políticas públicas en materia de suelo y rehabilitación urbana, la eficiencia energética.

Una segunda determinación legal en dicha ley se recoge, con respecto a la eficiencia energética en el artículo 29 c), sobre la necesidad de que exista una Certificación energética incorporada al informe de evaluación de edificio, como requisito indispensable y documentación imprescindible para proceder a éste.

Un tercer aspecto, se recoge en el artículo 24.5.d) en relación con las actuaciones de Regeneración, y Renovación Urbana, otorgando los privilegios de la ley y las bonificaciones a que ésta se refiere, a aquellas actuaciones que aunque no impliquen una actuación edificatoria, o de renovación urbanística de las edificaciones, supongan por su actuación una reducción del 30% de la demanda energética de esas edificaciones, extendiéndoles por tanto los privilegios urbanísticos edificatorios en ese sentido.

Finalmente, dos disposiciones recogidas en la ley, son la disposición adicional duodécima, y la disposición adicional decimotercera, que recogen la necesaria tipificación legal del régimen de infracciones y sanciones por infracciones de la normativa sobre Certificaciones Energéticas, que se recogían tras las trasposición de la directiva en el Real Decreto 235/2013, que como es lógico tiene un carácter Reglamentario, por lo tanto, no tiene la habilitación legal necesaria para una tipificación expresa, tanto para las infracciones como para las sanciones, lo cual se recogía de forma clara en esta ley de Rehabilitación, Regeneración y Renovación Urbana y ahora en el TRLSRU.

Una tercera norma legal, de menor impacto jurídico administrativo, pero de especial importancia a la hora de la implantación de las infraestructuras de eficiencia energética es la ley 19/2009, de 23 de noviembre, de medidas de fomento y agilización procesal del alquiler y la eficiencia energética de los edificios.

Así la citada ley, incorpora un nuevo artículo 17.3 a) de la ley de Propiedad Horizontal de 1961, en la cual establece una mayoría de 2/3, para instalación de equipamientos y aparatos que contribuyan a una mejor eficiencia energética de edificaciones para los elementos comunes de la edificación, mientras que tan solo nos remite a 1/3, cuando dichos aparatos tienen incidencia en elementos privativos, esto es, en cada uno de los inmuebles de propiedad de los particulares.

Un último aspecto a tener en cuenta es las determinaciones incluidas en el Real Decreto 1027/2007, de 20 de julio, por el cual se aprueba el Reglamento de Instalaciones Térmicas de los edificios, modificado posteriormente por el Real Decreto 2311/2013, en el cual se recogen las principales normas sobre aislamiento, que contribuyen a la eficiencia energética en el uso de los combustibles de todo tipo y la climatización de las edificaciones.

Junto a dichas determinaciones de carácter normativo, sí debe analizarse y tenerse en cuenta las de carácter indicativo, esto es, la planificación en este caso energética de carácter indicativo, a que se ve obligado el Reino de España, ya desde el artículo 14 de la Directiva derogada 2006/32/CE, de 5 de abril, y que fue incorporado de forma expresa a España en un primer plan y específicamente en el vigente en el segundo plan de acción Nacional 2011-2020, elaborado por el Instituto de diversificación y ahorro energético y que fue aprobado por el Consejo de Ministros de 29 de julio de 2011, el cual establece toda una serie de determinaciones sobre ahorro y eficiencia energética.

Estas circunstancias deben de complementarse con las determinaciones específicas que ahora están en tramitación.

Partiendo de ese entorno jurídico, debemos destacar que la directiva 2012/27/UE, del Parlamento Europeo y del Consejo, de 21 de octubre de 2012, relativa a la eficiencia energética, es una directiva relativamente corta, en tanto en cuanto, consta tan solo de 30 artículos, de los cuales, los artículos 27 a 30, se refieren a cuestiones generales sobre modificaciones y derogaciones incorporación al derecho nacional, entrada en vigor, y destinatarios, sin gran incidencia en el contenido material de la misma.

En este aspecto, debe de señalarse, la derogación expresa de la directiva 2006/32/CE, con efecto a partir del 5 de junio, de 2014, quedando exceptuado el artículo cuarto apartados uno a cuatro, y los anexos I, III, y IV, ahora bien si prevé para de cada uno de los 28 estados miembros respecto al plazo fijado para la incorporación del ordenamiento jurídico nacional la directiva de 2012, esto es, no puede servir de excusa para la aprobación de una nueva directiva, para no haber cumplimentado las determinaciones de la directiva anterior. En cuanto a los aspectos que no son derogados con efecto 5 de junio, los ya referidos apartado uno a cuatro, del artículo cuarto y los anexos I, III y IV, su derogación se pospone al 1 de enero de 2017. Igualmente se deroga la directiva 2004/8/CE, desde el citado 5 de junio, sin perjuicio igualmente de la trasposición por los estados miembros y su incorporación al ordenamiento nacional.

Se deroga el artículo 27.2 de forma parcial la directiva 2010/30/UE, es el citado 05 de junio de 2014, esto es, el artículo noveno, uno y dos, de la citada directiva, y finalmente se modifica la directiva 2009/125/CE, considerando 35 bis, en relación con la envolvente del edificio en cuanto a la eficiencia energética y adicionando en el artículo 6, apartado uno, una frase específica, conforme a los artículo 4.1 y 8 de la citada directiva 10/31/UE.

En cuanto a los plazos de incorporación al derecho nacional, de la directiva de 25 de octubre de 2012, debemos señalar que, estos finalizaron el 5 de junio de 2014, habiéndose debido antes de dicha fecha de proceder a la aprobación de leyes, reglamentos y disposiciones administrativas necesarias para el cumplimiento de los artículos 4, 5.1 párrafo primero, 5 apartados cinco y seis, 7 apartado nueve, último párrafo, 14 apartado seis, 19 apartado dos, 24 apartado uno, y dos, así como el anexo V.4, conforme a las fechas en dichos apartados previstos excluyéndose del régimen general del día 5 junio de 2014.

Sin perjuicio de estas cuestiones generales, de carácter estrictamente jurídico debemos de señalar, en cuanto a la estructura de la directiva, un primer conjunto de determinaciones referidas al ámbito de aplicación, las definiciones y los objetivos de eficiencia energética que se pretenden con la indicada nueva directiva de 2012, y en ese sentido debemos destacar la expresa asunción del objetivo del 20% para el 2020 en el artículo 1.1, y el carácter de requisitos mínimos sin perjuicio de la cumplimentación a mejor por parte de los diferentes estados miembros. Sobre el conjunto de definiciones previstas en el artículo segundo (un total de 45) debemos destacar la importancia de la cuatro, sobre eficiencia energética que queda establecida por el texto de la directiva como «la relación entre la producción de rendimiento, servicio, bien o energía, y el gasto de energía». Esta definición es más sencilla y evidentemente diferente a la prevista por la directiva 2006, que ahora se deroga, por lo que la consolidación de eficiencia energética queda remitida a esta nueva determinación al menos en el ámbito de los 28 Estados de la Unión Europea, en los términos del artículo 124 del Tratado de Funcionamiento de la Unión Europea.

En las definiciones entramos en multitud de cuestiones hasta en 45 de ellas como ya hemos indicado considerándose por ejemplo una renovación sustancial, toda renovación cuyo coste supere el 50% de inversión que correspondería a una unidad nueva comparable de eficiencia global la suma anual de la producción de electricidad y energía mecánica y de calor dividido por la cantidad de combustible consumida para producción de calor mediante un proceso de cogeneración y producción brutal de electricidad y de energía mecánica, etc.

En cuanto a los objetivos, como ya hemos señalado, la reducción del 20% se plantea en el objetivo previsto en el artículo 3.1 a), que el consumo de energía de la Unión en 2020 no ha de ser superior a 1474 MTEP de energía primaria o a 1078 MTEP de energía final, complementando las determinaciones de la nueva directiva con la 2006/32/CE, tal y como se recoge en el 3.1 c), en cualquier caso, estas determinaciones generales se ven complementadas lógicamente como ya hemos indicado con la eficiencia de uso de energía que se articula fundamentalmente en la renovación de edificios planteado en el artículo cuarto de la directiva, con una obligación para los estados miembros de establecer una estrategia a largo plazo para movilizar inversiones en la renovación del parque nacional de oficios residenciales y comerciales tanto públicos como privados debiéndose a lo más tardar el 30 de abril de 2014 publicar una primera versión de la estrategia nacional que se debe de actualizar cada 3 años y remitirse a la Comisión dentro de los planes nacionales de acción para eficiencia energética y así, el ya señalado plan Español 2011-2020.

Dentro de esa renovación de los edificios se establece como guía y abanderado una función ejemplarizante de los edificios y organismos públicos complementándose a las determinaciones del artículo 7 de la directiva 2010/31/UE, sobre eficiencia energética de los edificios, puesto que cada uno de los estados miembros debe asegurarse que a partir del 1 de enero de 2014 el 3% de la superficie total de los edificios con calefacción y/o sistema de refrigeración que tengan en propiedad y ocupen su administración central se renueve cada año de manera que cumplan al menos los requisitos de rendimiento energético mínimos que haya fijado ese estado en virtud de la aplicación artículo cuarto de la directiva anteriormente citada 2010/31/UE.

Ese cálculo del 3% debe de calcularse sobre la superficie total de los edificios con una superficie útil total de más de 500 metros cuadrados que tenga en propiedad y ocupe la Administración Central del Estado, el miembro correspondiente que, el 1 de enero de cada año, no cumpla los requisitos nacionales de rendimiento energético mínimo establecidos en el anteriormente citado artículo 4 de la directiva 2010/31/UE. Ese primer objetivo, de edificios de más de 500 m^2 se redujo al 50%, estos es, edificios de 250 m^2 a partir del 9 de julio de 2015, pero debe tenerse en cuenta, que dice la directiva *«en propiedad de la administración»*, con lo cual, debemos de tener en cuenta, que solo afectará a los edificios propiedad de la Administración General del Estado, no así, de las Administraciones Territoriales, el artículo 6.1 … a las Administraciones Centrales, en cuanto a la adquisición de nuevos edificios por las Administraciones Centrales que deben obligarse lógicamente en los términos de la sostenibilidad energética.

Partiendo de ese entorno jurídico, político y económico europeo, el Reino de España está obligado a una adecuada transposición de estas directivas a nuestro ordenamiento.

En ese sentido debemos recordar que la ya aprobada Ley de Ordenación de Edificación 38/1999, de 5 de noviembre y en su desarrollo el art. 31 C3 del código técnico de la edificación, aprobado por Real Decreto 314/2006 de 17 de marzo y modificado por el Real Decreto 276/2010, de 19 de febrero en lo referente a esta materia establecen toda una serie de obligaciones con respecto a los edificios de nueva construcción.

Igualmente debe indicarse la existencia del Reglamento de Instalaciones térmicas en los edificios, aprobada por Real Decreto 1027/2007, de 20 de julio y el Real Decreto 47/2007, de 19 de enero, por el que se aprobó el Procedimiento básico para la certificación de eficiencia energética de edificios y sustituida por el RD 234/2013, de 5 de abril, por el que se aprueba el procedimiento básico para la certificación de la eficiencia energética de los edificios.

Es bastante reseñable, pese a su naturaleza deslabazada y excesivamente omnicomprensiva la ya comentada Ley 2/2011, de 4 de marzo, de Economía Sostenible, que en el ya aprobado artículo 83, desde la perspectiva de los consumidores y usuarios, garantiza su implantación.

Y, a la vez, desde la óptica impuesta por la Estrategia Española de Desarrollo Sostenible, de la función ejemplarizante de los poderes públicos, establece en su artículo 85 que:

1. Todas las Administraciones Públicas, en el ejercicio de sus respectivas competencias, incorporarán los principios de ahorro y eficiencia energética y de utilización de fuentes de energía renovables entre los principios generales de su actuación y en sus procedimientos de contratación.

2. La Administración General del Estado y sus Organismos públicos vinculados dependientes, las entidades gestoras y servicios comunes de la Seguridad Social, las sociedades mercantiles estatales definidas en la Ley 33/2003, de 3 de noviembre, de Patrimonio de las Administraciones Públicas, las fundaciones del sector público estatal definido en la Ley 50/2002, de 26 de diciembre, de Fundaciones y las demás entidades de derecho vinculadas o dependientes de la Admi-

nistración General del Estado o de sus Organismos públicos, establecerán programas específicos de ahorro y eficiencia energética y de utilización de fuentes de energía renovables que, con carácter general, anticipen el cumplimiento de los objetivos generales fijados con el horizonte 2020, de modo que, de acuerdo con el Plan de Ahorro y Eficiencia Energética, se alcance en 2016 el objetivo previsto de un ahorro energético del 20 % respecto al escenario tendencial en ausencia de medidas. Dentro de esos programas se establecerán los requerimientos mínimos de calificación energética que deberá cumplir la adquisición de bienes y derechos etiquetados energéticamente, y la calificación mínima de los edificios y vehículos que integran el patrimonio de las Administraciones Públicas».

Además de la normativa citada debemos destacar en la línea de la potenciación de estas políticas que de manera adicional, el Ministerio de Fomento tiene, tal y como destaca el ya indicado Rosado Pacheco[42], líneas de subvenciones destinadas a la rehabilitación de edificios y viviendas y a favorecer la promoción de obra nueva con alta eficiencia energética en promociones de vivienda protegida. Estas subvenciones se enmarcaban en el *Plan Estatal de Vivienda y Rehabilitación 2009-2012* (PEVR), al que se prevén dedicar recursos por importe de 1.082 millones de euros. Dentro de este plan, existe un programa de «*ayudas RENOVE a la rehabilitación y eficiencia energética*» que consta de dos partes diferenciadas: el «*programa de ayudas RENOVE a la rehabilitación de viviendas y edificios de viviendas existentes*» —subvenciones y préstamos convenidos con o sin subsidiación, dirigidos a financiar la rehabilitación de edificios o viviendas aislados, con un apoyo de entre 1.100 y 6.500 euros por vivienda— y el «*programa de ayudas a la eficiencia energética en la promoción de viviendas*» —con apoyos de entre 2.000 y 3.500 euros por vivienda, siembre que los proyectos obtengan una calificación energética A, B o C.

En el marco del PEVR, existe otro programa de ayudas destinado a la rehabilitación, se trata de las *Áreas de Rehabilitación Integral* (ARIs) y *Áreas de Renovación Urbana* (ARUs). Este programa de ayudas consta de subvenciones y préstamos convenidos sin subsidiación para financiar actuaciones de rehabilitación/renovación en barrios completos, incluyendo como aspectos financiables tanto las actividades de rehabilitación/demolición y nueva construcción de viviendas, como las obras de reurbanización del barrio, el equipo técnico que gestiona las ayudas e informa a los vecinos y los realojos de las familias en el caso de demoliciones. En tanto son actuaciones de rehabilitación, muchos de los proyectos incluirán obras dirigidas a mejorar la eficiencia energética de los edificios, y en el caso de demoliciones y nueva construcción se mejorará, sin duda, la eficiencia respecto a las viviendas demolidas.

---

[42] Santiago Rosado Pacheco «El procedimiento de certificación de la eficiencia energética de los edificios (Referencia a la Comunidad Autónoma de Andalucía)»dentro de la obra colectiva «Régimen jurídico de la eficiencia energética» Dykinson 2013.

Finalmente debemos destacar la obligación de certificación energética, tanto para edificios públicos como privados recogida por el RD 235/2103,de 5 de abril, por el que se aprueba el procedimiento básico para la certificación de la eficiencia energética de los edificios, el cual hace obsoleto de por si al Plan auspiciado desde el Ministerio de industria aprobado por el consejo de ministros de 11 de diciembre de 2009,que fue publicado por la Resolución de la secretaria de estado de energía de 14 de enero de 2010, el cual para 330 edificios de la administración general del Estado preveía la contratación mediante empresas de servicios energéticos un sistema de eficiencia energética.

Junto a esta legislación europea y estatal debemos señalar las diversas normativas autonómicas, especialmente las leyes de Andalucía, Castilla La Mancha y Castilla y León[43], pero junto a esas leyes debemos destacar una normativa reglamentaria generalizada y así en Andalucía, la Orden de 25 junio de 2008 por la que se crea el Registro Electrónico de Certificados de eficiencia energética de edificios de nueva construcción y se regula su organización y funcionamiento, en Castilla-La Mancha, el Decreto 6/2011, de 1 de febrero, por el que se regulan las actuaciones en materia de certificación energética de edificios y se crea el Registro Autonómico de Certificados de Eficiencia Energética de Edificios y Entidades de Verificación de la Conformidad; Por su parte, Castilla y León aprobó el Decreto 55/2011, de 15 de septiembre, por el que se regula el procedimiento para la certificación de eficiencia energética de edificios de nueva construcción en la Comunidad de Castilla y León; en Canarias el Decreto 26/2009, de 3 de marzo, por el que se regula el procedimiento de visado del Certificado de Eficiencia Energética de Edificios y se crea el correspondiente Registro; La región de Extremadura con su Decreto 136/2009, de 12 de junio, por el que se regula la certificación de eficiencia energética de edificios en la Comunidad Autónoma de Extremadura; en Galicia el Decreto 42/2009, de 21 de enero, por el que se regula la certificación energética de edificios de nueva construcción en la Comunidad Autónoma de Galicia y la Orden de 3 de septiembre de 2009 por la que se desarrolla el procedimiento, la organización y el funcionamiento del Registro de Certificados; la Comunidad foral de Navarra aprobó la Orden foral 7/2010, de 21 de enero, por la que regula el Registro administrativo de certificados de eficiencia energética de edificios de nueva construcción; en la Comunidad Valenciana el Decreto 112/2009, de 31 de julio, del Consell, por el que regula las actuaciones en materia de certificación de eficiencia energética de edificios; y en el País Vasco debemos citar el Decreto 240/2011, de 22 de noviembre, por el que se regula la certificación de la eficiencia energética de los edificios de nueva construcción.

---

[43] Una reseña de la diversa legislación de las CCAA en materia de eficiencia energética lo tenemos en Isabel González Ríos «Régimen jurídico de las energías renovables y de la eficiencia energética» Aranzadi,2011, pags 273 y sigs.

Por otra parte en uso de las competencias de protección ambiental otorgadas por el art 25 y el 26.d) para los municipios de más de 50.000 habitantes, así como la potestad reglamentaria del art 4.°, todos ellos de la ley 7/1985, de 2 de abril, reguladora de las bases del régimen local, buena cantidad de municipios han hecho uso de sus capacidades para aprobar ordenanzas en materia de eficiencia energética.

Cabe destacar a la vista de estas normas, tanto europeas como estatales, autonómicas y locales, que por lo tanto nos encontramos un marco general de implantación de la eficiencia energética.

Esta normativa es aplicable a todas las edificaciones, tanto públicas como privadas y por tanto genera la obligación para las Entidades Públicas de adecuarse a ellas y por tanto iniciar un proceso para realizar las actuaciones necesarias para la contratación de dichas actuaciones de eficiencia energética.

De hecho, tal y como destaca González Ríos[44], las administraciones tienen un papel ejemplar en cuanto al ahorro y la eficiencia energética, así junto al papel regulador en la materia, debe adicionarse sus funciones de fomento e importante consumidor.

En esa línea dichas determinaciones pueden ejecutarse por las diferentes AAPP (poco probable en el panorama presupuestario y de reducción de costes actual) o mediante un empresario de servicios energéticos.

La novedad de estos tipos de contratos en los cuales las diferentes Administraciones públicas encargan a un tercero, una empresa de gestión de servicios energéticos, la realización de una serie de actividades y prestaciones por las cuales se encargan ellas de la prestación de las obras y servicios necesarios para que se proceda al suministro de energía eléctrica a las edificaciones que la Administración correspondiente considere durante un periodo fijo, realizando las inversiones necesarias para producir el correspondiente ahorro energético del cual se nutrirá el beneficio de la empresa prestadora de servicios, correspondiéndole igualmente a esta la garantía total de las instalaciones y el mantenimiento de estas con su reposición en caso de deterioro hace que en el marco actual de grave crisis económica y de gran dependencia energética en especial del Reino de España, sea necesario profundizar en las tipologías contractuales correspondientes en el ámbito de aplicación de estas contrataciones, lo que haremos más adelante

3. La eficiencia energética como parámetro del nuevo urbanismo

Debemos recordar, tal y como venimos insistiendo en este trabajo, que en la nueva realidad derivada de la profunda crisis inmobiliaria y económica en

---

[44] Isabel Gonzalez Rios op cit «Régimen jurídico de las energías renovables y de la eficiencia energética» pag 275.

general, que está sufriendo España desde octubre de 2007, en los criterios de ahorro y eficiencia en el gasto son esenciales para una sostenibilidad de las viviendas.

En ese sentido, desde el punto de vista de la urbanización y la edificación, deben de tenerse en cuenta esos criterios con carácter esencial y uno de los principales gastos de cualquier urbanización y edificación, especialmente en su mantenimiento y uso, es el coste de la energía, máxime teniendo en cuenta la situación de clara dependencia energética que tiene el reino de España con respecto al extranjero.

En dicha línea, cualquier diseño urbano, ya sea de nuevo crecimiento o de regeneración o renovación urbana, debe planificarse desde este prisma de eficiencia energética, tal y como se viene determinando específicamente desde el ya indicado Consejo Europeo del 8 y 9 de marzo de 2007, (reafirmado por los Consejos de 17 de junio de 2010 y 4 de febrero de 2011), con el objetivo europeo 20/20/20, esto es la reducción de un consumo finalista de energía del 20% para el año 2020, junto a otros aspectos de sostenibilidad ambiental,de reducciones de emisiones de CO_2, etc.

Por tanto, nuestra pertenencia a la Unión Europea, nos obliga a la consecución de esos objetivos de eficiencia energética, y al respecto debe destacarse la importancia de la ya comentada directiva 2012/27/UE, de 25 de octubre, sobre eficiencia energética, esta directiva viene a culminar un proceso ya previsto en una serie de directivas comunitarias como la 2002/91/CE, de 16 de diciembre, sobre eficiencia energética de los edificios, o 2009/33/CE, de 23 de abril, relativa a la promoción de vehículos de transporte por carretera, limpia y energéticamente eficientes, entre otras muchas así como a las comunicaciones de la Comisión de noviembre de 2010, sobre energía 2020, o la resolución del parlamento europeo de 15 de diciembre de 2010, sobre la revisión del plan de acción, en materia de eficiencia energética.

Igualmente debemos destacar que la indicada directiva, que sustituye a la 2006/32/CE, de 5 de abril de 2006, debe complementarse con la directiva 2010/31/UE, de 19 de mayo de eficiencia energética de los edificios, esto es, debemos tener en cuenta la eficiencia energética en su conjunto y específicamente en las edificaciones, puesto que la propia directiva que comentamos de 2012 obliga que a partir de 2020 los edificios que se construyan tengan un consumo casi nulo energético.

Estas determinaciones hacen que en nuestro ordenamiento jurídico se plasmen diversos aspectos como las normativas de ahorro de energía recogidas en el ya apuntado código técnico de la edificación, y en concreto en el artículo 15 del Real Decreto 314/2006, de 17 de marzo, por el que se aprueba dicho código, o el Real Decreto 1890/2008, de 14 de noviembre, por el que se aprueba el Reglamento de Eficiencia Energética en instalaciones de alumbrado exterior y sus instrucciones técnicas complementarias, que en su artículo cuarto establece la asociación a la eficiencia energética y en el artículo quinto la certificación energética de las instalaciones.

Igualmente debemos destacar, las determinaciones ya comentados antes de la ley 19/2009 de 23 de noviembre, con la nueva redacción del artículo 17.3 de la ley de Propiedad Horizontal, sobre promoción por la alteración de las mayorías necesarias en la junta de propietarios para la implantación de instalaciones de eficiencia energética. Pero desde el punto de vista urbanístico, son especialmente importantes las incorporaciones por un lado, de la ley de economía sostenible 2/2011, en sus artículos 77,78, 82 y 83 sobre principios generales de la eficiencia energética y la obligación del fomento de esta en las redes de suministro, necesarias para la implantación de una nueva urbanización. Como por otro lado, especialmente las recogidas en la ley 8/2013, de 26 de junio, de Rehabilitación, Regeneración y Renovación Urbana, que han pasado al vigente TRLSRU 7/2015, en cuyo articulado se especifican las nuevas pautas para la implantación de medidas sobre eficiencia energética.

Así el art 3. i), señala los fines comunes de las políticas públicas para eficiencia energética, en el artículo 292 c), se incorpora la certificación energética dentro del informe de evaluación del edificio, el artículo 24.5.d), permite la realización de actuaciones de renovación urbana con los instrumentos urbanísticos correspondientes, no para la creación de ciudad, ni para la rehabilitación de edificios, sino, simplemente para las obras que se realicen en las edificaciones que supongan un 30% de reducción de la demanda energética y se recogen en sus disposiciones adicionales tercera y cuarta, las infracciones y sanciones por el incumplimiento del régimen de certificación energética, certificación que es regulada por el Real Decreto 235/2013, que ha supuesto un verdadero cambio y revolución en la propia línea de los arquitectos, dándoles una salida profesional ante la gravísima crisis de construcción existente.

En ese sentido debemos destacar, que junto al Real Decreto 325/2013 sobre certificaciones energéticas, debe recordarse el 324, del mismo año y fecha que modifica el Reglamento de Instalaciones Técnicas de las edificaciones, aprobado por Real Decreto 1027/2007 de 20 de julio.

Por tanto, debemos destacar que el conjunto de estas determinaciones hace que tanto a nivel Europeo como Nacional, y obviamente en las diversas legislaciones autonómicas la eficiencia energética sea el prisma necesario de todo diseño urbano, en cualquier crecimiento o planificación y desde luego en cualquier operación de renovación, o regeneración urbana.

Conclusión

Conforme todos los aspectos analizados de forma sonora en este trabajo la sostenibilidad es un parámetro esencial del ordenamiento jurídico aplicable a la vivienda en España y Andalucía, cuestión que se pone de manifiesto ya desde la exposición de motivos de la Ley de suelo 8/2007, que opta por un modelo de ciudad completa y no en extensión, valorando la rehabilitación, cuestión que la realidad física, económica y social evidencian, siendo por tanto el marco jurídico una mera plasmación y regulación de este hecho.

Hecho esto que por primera vez en la historia de nuestro ya veterano derecho urbanístico se incoropora al mismo nivel tras la refundición de la ley 8/2013 (de las tres R) con el TRLS 2/2008, en el vigente TRLSRU 7/2015, de 30 de octubre.

CAPÍTULO III

LA REGENERACIÓN URBANA. CONSIDERACIONES SOBRE LOS PROYECTOS DE REGENERACIÓN URBANA

BEATRIZ ROMERA MEGÍAS

Arquitecta. Investigadora Proyecto «PASOS» Vivienda

Consejería de Fomento y Vivienda. Junta de Andalucía

I. MOTIVACIÓN

El modelo expansivo de hacer ciudad que se ha desarrollado en estos últimos años, ha descuidado las zonas consolidadas de las ciudades, sus barrios históricos y las áreas periféricas. Este abandono de la ciudad consolidada ha dado lugar a la aparición de ámbitos de marginalidad, de deterioro físico, social y económico, así como, a la ejecución de actuaciones de rehabilitación, en el caso de zonas con valores históricos, que si bien se han llevado a cabo para paliar la degradación, han dado como resultado la pérdida de su carácter originario, el desplazamiento de la población que habitaba en ellas, y se han homogeneizado los usos para darles un carácter monofuncional turístico.

El estudio de otras formas de hacer ciudad, alejadas de los crecimientos expansivos que hasta ahora se han llevado a cabo, centradas en las zonas que se encuentran en estado de degradación y que sean más acordes con la época de crisis que vivimos, es el objetivo de este capítulo.

La regeneración urbana se puede plantear como la herramienta transformadora y protectora de los valores existentes de los ámbitos de marginalidad y de deterioro de las ciudades, no sólo desde el punto de vista de la rehabilitación del espacio urbano y los edificios, sino también desde un punto de vista social, económico y medioambiental. Ésta constituye una alternativa o un complemento al mencionado sistema de crecimiento expansivo.

II. INTRODUCCIÓN

Las ciudades tienen una dinámica de transformación continua a lo largo del tiempo, dándose en ellas procesos de constante cambio. Estos cambios se producen de manera heterogénea, afectando a distintas zonas y pueden tener un carácter positivo (transformaciones que mejoran los ámbitos a los que afectan) o bien, se pueden producir transformaciones que conlleven efectos negativos para la ciudad (abandono, marginalidad, deterioro de la edificación y de la urbanización, despoblamiento o envejecimiento de la población, etc.).

El modelo de crecimiento que hasta ahora se ha llevado a cabo en nuestras ciudades, tal y como ya se ha citado anteriormente, tiene un marcado carácter expansionista de urbanización masiva[1], basándose en la ocupación de suelo y creación de nuevas bolsas de crecimiento residencial. Este modelo, se ha revelado como una forma insostenible, puesto que conlleva un consumo excesivo de suelo, daños medioambientales, reclasificaciones de suelo rural a suelo urbanizable, descatalogación de suelos protegidos, etc. dando lugar a consecuencias graves desde el punto de vista social, económico y medioambiental.

Por otro lado, en España se ha producido un aumento considerable de las superficies artificiales[2] (urbanización de la franja litoral, tejido urbano discontinuo, etc.) consolidándose el modelo de ciudad dispersa con la consiguiente inversión en infraestructuras, y siendo el cambio de ocupación de suelo relativo al aumento de superficies artificiales el que ha experimentado un cambio más importante, ya que los demás tipos de ocupación de suelo apenas han sufrido transformaciones; *se ha urbanizado una superficie que equivale a casi un tercio de todo lo que se urbanizó en los siglos anteriores*.[3]

Nos encontramos pues, ante una forma de hacer ciudad que tiene dos consecuencias fundamentalmente: por un lado la excesiva urbanización está minando los recursos naturales y espacios protegidos de nuestro territorio, y por otro lado, se ha dejado a un lado el cuidado de las zonas urbanas, dando lugar a una transformación negativa de estas áreas: deterioro físico, marginalidad, declive económico, etc., encontrándonos que, a día de hoy, existen ámbitos dentro de las ciudades, que tienen un alto grado de degradación.

A estas cuestiones trata de dar solución la regeneración urbana. Es una alternativa al desarrollo urbanístico basado en la expansión; un cambio en nuestra concepción del suelo: ahora nos encontramos con un suelo reci-

---

[1] M. AUKEN, MARGRETE, *Informe sobre el impacto de la urbanización extensiva en España en los derechos individuales de los ciudadanos europeos, el medio ambiente y la aplicación del Derecho Comunitario, con fundamento en peticiones recibidas*, A6-0082/2009, febrero de 2009.

[2] N. GUAITA NOELIA, I. LÓPEZ, F. PRIETO, *Cambios de ocupación del suelo en España; Implicaciones para la sostenibilidad*, Ministerio de Medio Ambiente y Observatorio de la Sostenibilidad en España, 2006.

[3] N. GUAITA, I. LÓPEZ, F. PRIETO, Cambios de ocupación..., ob. cit., pp. 9.

clable / reutilizable[4], frenándose la expansión en la periferia de las ciudades, y por tanto, evitando el «derroche» que supone la creación de nuevas infraestructuras para conseguir una reducción del impacto ambiental.

Partiendo pues, del objeto de este capítulo, que es el estudio de las intervenciones de regeneración urbana, en primer lugar se propone el estudio del propio concepto de regeneración urbana, como estrategia basada en renovar las partes de la ciudad que están en un estado de deterioro, y que está dirigida a la recualificación de la ciudad consolidada, la mejora de estos ámbitos de ciudad que han quedado obsoletos y degradados, y la recuperación de la relación modo de vida-forma urbana para regenerar también desde un punto social y económico, adaptando los ámbitos degradados a las nuevas funciones/necesidades que la sociedad demanda.

Por tanto, la regeneración urbana es un concepto amplio, como tendremos ocasión de ver, que abarca no sólo cuestiones físicas de intervención; no es una operación de cirugía estética para la mejora de los ámbitos a través de intervenciones urbanísticas o arquitectónicas, sino que comprende también cuestiones de integración de tipo social, económico y de medio ambiente: uso sostenible de los servicios públicos, introducción de nuevas dotaciones, modelo social en el que exista igualdad y creación de un nuevo modelo económico en el ámbito mediante la asignación de nuevos usos y modernización de los existentes para generar actividades productivas. La obra física (urbana-arquitectónica) puede ser sólo el inicio de la regeneración urbana, que aparece como una transformación integral de la zona en la que interviene.

Al hilo de lo expuesto, se hace necesario plantear la cuestión relativa al estudio de los instrumentos jurídicos que amparan las intervenciones de regeneración urbana. Conocer de qué herramientas se puede hacer uso para realizar actuaciones de este tipo. El análisis de la Normativa vigente, desde el punto de vista de la regeneración urbana, nos permitirá conocer los instrumentos que engloban actuaciones de transformación física, social, económica, medioambiental y cultural de los ámbitos.

Al objeto de profundizar en estos instrumentos de intervención, se hace necesario plantear el estudio de actuaciones significativas de regeneración urbana que se han llevado a cabo en nuestro país: el Proyecto del barrio de Zorrozaurre[5] en Bilbao, donde el ámbito de actuación es una zona en la que el uso industrial ha quedado obsoleto, el Plan Especial de Reordenación y

---

[4] *Modelo de crecimiento de las ciudades en el que la construcción extensiva de obra nueva da paso a la intensiva sobre el parque edificado, de tal manera que se preserva el recurso natural «suelo» y se rehabilitan las ciudades ya existentes. La renovación o rehabilitación urbana no consume suelo, es un modelo de desarrollo urbano que apuesta por crecer menos para crecer mejor, mirando hacia el interior para centrarse en la reducción de la insostenibilidad de la ciudad existente y en el reciclaje urbano como principal instrumento de transformación de la ciudad,* A. DE LA CRUZ MERA, ÁNGELA, *La rehabilitación urbana integral como instrumento para la sostenibilidad,* disponible en www.sostenibilidad-es.org.

[5] Aprobado definitivamente por el Ayuntamiento de Bilbao en septiembre de 2007.

Mejora del barrio de La Mina[6], en Sant Adrià del Besós (Barcelona) y el Plan del Polígono Sur en Sevilla[7], ámbitos en los que existen graves problemas de marginalidad y deterioro físico.

Si bien los problemas y los factores que inciden en el deterioro de estos tres ámbitos son distintos, del análisis de estos ejemplos se pueden extraer una serie de estrategias / técnicas comunes con el objeto de aplicarlas de un modo general en los proyectos de regeneración.

Por último, se propone una breve aplicación práctica del concepto de regeneración urbana. Para ello, se escoge el Barrio del Sacromonte en Granada, dado que se trata de un ámbito que reúne las características de degradación urbana, arquitectónica, económica e infraestructural, al mismo tiempo que posee valores históricos-artísticos y una importante tradición cultural. Previamente a la propuesta de regeneración urbana, se plantea partir de un análisis para conocer determinados factores con el objeto de conservar el carácter original del barrio y enfatizarlo, marcando unos objetivos para finalizar con una propuesta de líneas de intervención a través de la regeneración urbana.

III. EL CONCEPTO DE REGENERACIÓN URBANA

1. Consideraciones previas

Las ciudades, a lo largo de la Historia, han sufrido una evolución tanto en su forma como en las necesidades a las que trataban de dar respuesta, dados los cambios producidos en la demografía y en las actividades urbanas que en ellas se han ido generando. De este modo, en un primer momento, la principal cuestión a resolver en la gestión de una ciudad se basaba fundamentalmente en la búsqueda de una salubridad e higiene públicas, así como en proporcionar abastecimiento de agua a sus habitantes. Con el paso del tiempo y el aumento de la población y de la actividad, comenzó a producirse el fenómeno de la suburbanización[8] (ciudad difusa), caracterizada por una

---

[6] Plan Especial de Reordenación y Mejora del Barrio de La Mina, aprobado por el Consejo de Gobierno del Consorcio de La Mina en septiembre de 2002.

[7] Decreto 297/2003, de 21 de octubre, por el que se crea el Comisionado para el Polígono Sur de Sevilla y Aprobación del Plan Integral en diciembre de 2005.

[8] *La suburbanización tradicionalmente ha sido el proceso de crecimiento o extensión superficial de las ciudades a través del cual se creaba un área suburbana* (A.N. Clark, 1989); *desde un punto de vista espacial las áreas suburbanas son adyacentes a los espacios de edificación continua propiamente urbanos, suelen ser espacios de transición entre las ciudades y las áreas rurales, donde entran en competencia las funciones urbanas con las rurales; suelen mostrar bajos niveles de densidad demográfica y un alto volumen de movimientos pendulares que se dirigen a las áreas propiamente urbanas debido a la vinculación funcional de sus poblaciones residentes; existe una correspondencia entre las áreas suburbanas y la denominada «Urban Fringe» que es la área de influencia directa de una ciudad* (Bryant, Russwurmm, McLellan, 1982). C. FERRÁS SEXTO, «Ciudad dispersa, aldea virtual y revolución tecnoló-

estandarización de la forma urbana y arquitectónica, que no tiene en cuenta el lugar en el que se asienta el crecimiento y que conllevan una necesidad de nuevas infraestructuras, dada su extensión en el territorio. Este modelo urbano provocó un incremento del uso del transporte privado (insuficiencia del viario urbano y aparcamiento), un aumento de los precios de las viviendas en los centros de las ciudades y un uso despilfarrador del suelo natural en la periferia de las ciudades para generar crecimiento. Los proyectos de urbanización masivos no responden, pues, a las necesidades reales de las poblaciones y tienen efectos desastrosos medioambientales, históricos y culturales[9].

Por otro lado, la focalización del crecimiento de las ciudades en los territorios periféricos, ha producido un descuido de las áreas de ciudad ya existentes, dando lugar a una serie de problemas que ha provocado el deterioro de éstas.

A lo largo de la década de los 80, tras la detección de los problemas que se producían en las zonas consolidadas de las ciudades, se comenzaron a llevar a cabo una serie de proyectos de recuperación, que si bien se encontraron con multitud de problemas burocráticos y de financiación para poder ser llevados a cabo, fueron el germen de un nuevo modelo de crecimiento de la ciudad, en el que la ciudad existente y el patrimonio urbano histórico heredado formaba parte de las directrices de la política urbanística, y en el que comenzaban a converger dos conceptos hasta entonces contrapuestos: ciudad consolidada y medio ambiente urbano. Es decir, comenzaba una apuesta no sólo por la renovación de las áreas desfavorecidas y el patrimonio arquitectónico histórico, sino que también se señalaba un interés hacia la rehabilitación integral (económica, social y cultural) de estos ámbitos, ejemplo de lo cual, es el Plan de Rehabilitación de Barrios[10]. A partir de esto, se han ido desarrollando, tanto a nivel europeo como a nivel nacional, una serie de estrategias y políticas urbanísticas dirigidas al «cuidado» de la ciudad consolidada. En relación a esta cuestión, es destacable señalar la Resolución del Consejo de 28 de enero de 1991 sobre el Libro Verde relativo al medio ambiente urbano (91/C 33/02), la aparición, en el año 2007, de la Carta de Leipzig sobre ciudades europeas sostenibles[11] y del Libro Verde del Medio Ambiente Urbano[12], desarrollado por el Ministerio de Medio Ambiente, cuyas premisas se basan fun-

gica. Reflexión acerca de sus relaciones y significado social», *Revista electrónica de Geografía y Ciencias Sociales*, núm. 69, agosto de 2000.

[9] J. PONCE I SOLÉ, *El derecho a la ciudad: elementos para superar la gestión neoliberal del espacio público*, III Congreso de la AEPDA, febrero de 2008.

[10] Aprobado por Real Decreto 1133/1984 de 22 de febrero de 1984.

[11] Carta de Leipzig sobre Ciudades Europeas Sostenibles («Carta de Leipzig»), acordada en el Consejo Informal de Ministros responsables de la ordenación del territorio y el desarrollo urbano, celebrado en Leipzig los días 24 y 25 de mayo de 2007.

[12] S. RUEDA PALENZUELA, *Libro verde de medio ambiente urbano*, Ministerio de Medio Ambiente, 2007.

damentalmente en eliminar la homogeneidad funcional y social en las ciudades, conservar los valores identificativos, impulsar la participación ciudadana, evitar la urbanización de nuevos suelos en la periferia apostando por un desarrollo de los ámbitos internos de la ciudad, favorecer el transporte y el espacio público, mejorar la eficiencia energética e incrementar el uso de energías renovables.

Se produce, pues, un nuevo enfoque en el modelo de crecimiento de la ciudad. No se concibe la ciudad sólo como un conjunto edificatorio y de calles, sino que se redireccionan los esfuerzos hacia un modelo integral que aúna patrimonio edificatorio, población, cultura y economía[13].

2. Aspectos conceptuales y elementos definitorios

> *Regeneración: Acción y efecto de regenerar o regenerarse.*
> *Regenerar: Dar nuevo ser a una cosa que degeneró, restablecerla o mejorarla.*[14]

La regeneración urbana es la puesta en marcha de un proceso para restablecer los ámbitos desfavorecidos de las ciudades[15]. Centra su atención en zonas deterioradas y en estado de abandono, reutilizando el suelo ya urbanizado, al objeto de promover una transformación positiva y mejorar la calidad de vida en estos ámbitos. Es *hacer ciudad sobre ciudad*[16], oponiéndose así a la dispersión urbana (*urban sprawl*).

Es pues, un concepto asociado a la sostenibilidad, ya que si el desarrollo de la ciudad se centra en áreas ya urbanizadas se frena la expansión superficial de las ciudades, y por tanto, el consumo de nuevo suelo y la destrucción de recursos naturales. Del mismo modo, la rehabilitación de edificios supone

---

[13] *Cambio en la formulación de los planteamientos tradicionales en la renovación del territorio urbano: de una aproximación unidireccional física (o urbanística) se plantea una intervención transversal sobre los diferentes ámbitos del barrio. Se inicia una línea de política integral de intervención que empieza a otorgar peso a aquellas acciones no sólo de transformación física sino también de tipo socio-económico y además, ambas deben coordinarse bajo un mismo programa de intervención*. L. GARCÍA-FERRANDO, «Retos para un nuevo modelo de intervención en barrios: La Llei de barris de Cataluña. Cambios en las políticas de regeneración urbana», *Revista Bibliográfica de Geografía y Ciencias Sociales*, vol. XII, núm. 270, 1 de agosto de 2008.

[14] Diccionario de la Lengua española, Tomo II, 21.ª edición. Espasa Calpe, S.A.

[15] *Entre 4 y 5 millones de personas, que suman más del 12% de la población en España, desarrolla su vida cotidiana en áreas urbanas en las que se concentran situaciones sociales difíciles*. J. PONCE I SOLÉ, «Derecho urbanístico y derechos constitucionales. Las relaciones entre vivienda, equipamientos religiosos y cohesión social», *Estudios. Urbanismo e integración social*, Fundación Democracia y Gobierno Local. Institut de Dret Públic, 2002.

[16] J. BORJA, «Un futuro urbano con un corazón antiguo», *Revista Bibliográfica de Geografía y Ciencias Sociales*, Vol. X, núm. 584, 20 de mayo de 2005.

un gran ahorro energético[17] frente a la construcción de nuevas edificaciones, y la recuperación y nueva inserción de zonas verdes en ámbitos de regeneración contribuye a filtrar la contaminación de las ciudades. La regeneración urbana tiene pues una dimensión medioambiental.

> *Es un proceso planificado, que trasciende los ámbitos y enfoques parciales habituales que aborda la ciudad como totalidad funcional, y sus partes como componentes del organismo urbano, que tiene como objetivo alcanzar el equilibrio en la complejidad y diversidad de las estructuras urbanas, sociales, productivas, impulsando al mismo tiempo la ecoeficiencia ambiental.*[18]

Por otro lado, la regeneración urbana no es una intervención aislada destinada a solventar una problemática específica de carácter físico y ambiental, sino que es un concepto integral, ya que engloba distintas políticas: urbana, económica y social. Se aparta, pues, de las actuaciones de índole exclusivamente urbanística de reurbanización, rehabilitación de edificios y espacios públicos o de introducción de dotaciones, si bien, éstas pueden ser el catalizador que desencadene una transformación más profunda que incluya aspectos sociales y económicos. La regeneración se compone de actuaciones de carácter integral dirigidas a fomentar la cohesión social, para evitar la segregación urbana[19], y fomentar la actividad económica en las ciudades:

> *La Regeneración Urbana Integrada es el conjunto de intervenciones que conjugan la rehabilitación física sobre edificios, incluyendo su eventual renovación (demolición y construcción de nuevos edificios), con la intervención sobre el espacio público o sobre los equipamientos, y con actuaciones de carácter social, económico o ambiental sobre una zona urbana en la que confluyen condiciones urbanas, sociales y económicas*

---

[17] *Rehabilitar un edificio supone en la mayoría de los casos un ahorro energético del 60% respecto a derribarlo y volver a construirlo y evita numerosos impactos ambientales. La fracción del coste energético de fabricación asociado a la estructura y otras partes del edificio sin incidencia significativa en su eficiencia energética (soporte del edificio) se sitúa por encima del 50% (Mardaras y Cepeda, 2004), lo que significa que en la sustitución de un edificio por otro se destruye, para volver a construirlo, como poco la mitad del patrimonio construido, sin que tal gasto energético pueda tener contrapartida en una disminución del consumo energético durante el uso.* M. DE LUXÁN GARCÍA DE DIEGO, *Estimaciones e interacciones entre edificación, urbanismo y cambio climático*, jornadas sobre urbanismo y cambio climático, Madrid, 26 y 27 de Noviembre de 2009.

[18] M.R. ALONSO IBÁÑEZ, *La Regeneración Urbana integrada y su potencial estratégico para un desarrollo urbano más inteligente, sostenible y cohesionado*, Congreso de Rehabilitación y Sostenibilidad. El Futuro es posible. Barcelona, 4, 5 y 6 de octubre de 2010.

[19] *acción y efecto de separar la población dentro de la ciudad de acuerdo a sus características socioeconómicas, étnicas o raciales.* GEÓGRAFOS GRUPO ADUAR, voz «Segregación urbana», *Diccionario de geografía urbana, urbanismo y ordenación del territorio*, Editorial Ariel, Barcelona, 2000.

marcadamente desfavorables con respecto a las condiciones medias en las zonas urbanas en el conjunto del país.[20]

La Regeneración Urbana es una compleja combinación de factores sociales, económicos, ambientales y de actividades de planificación y gestión. El objetivo de la regeneración es combinar estos elementos de modo que mejore la sostenibilidad social, la estabilidad económica, el consumo de energía y las dotaciones de los centros urbanos.[21]

Por tanto, en las intervenciones de regeneración es muy importante el desarrollo de los programas sociales y económicos, ya que se han dado experiencias en las que la simple intervención urbanística y edificatoria ha dado lugar al fenómeno de gentrificación[22] en el ámbito, así como la coordinación y el desarrollo simultáneo entre las actuaciones urbanísticas, sociales y económicas para evitar que los avances que se produzcan en un sentido no se inviertan al no haber tomado medidas en otro aspecto.

La regeneración además de inscribirse en el conjunto de la ciudad, debe incidir sobre los distintos factores específicos que dan lugar al deterioro de un ámbito concreto para lograr su objeto de mejorar el medio ambiente urbano. De ahí la importancia de la implicación de las Administraciones Locales en este tipo de intervenciones, ya que pueden coordinar las intervenciones con el resto de la ciudad para obtener una visión global del conjunto urbano, además de ser las mejores conocedoras de las áreas sobre las que actuar.

La distintas características de los ámbitos, hace que las causas del deterioro sean diferentes, y por tanto, las soluciones a aplicar también; incluso, dentro del propio concepto de regeneración urbana se podría distinguir entre aquéllas actuaciones que están dirigidas a solventar el problema del abandono de los centros históricos de las ciudades, de aquéllas intervenciones que van encaminadas a solucionar los problemas de marginalidad de barrios residenciales periféricos o de zonas industriales obsoletas.

No obstante lo anterior, la intención de este capítulo es la de tratar la regeneración urbana desde un punto de vista global, abarcando estas diversas tipologías y especificidades de localización, sociales y culturales, ya que todas constituyen ámbitos desfavorecidos de las ciudades en las que podemos encontrar características comunes, como son, entre otras, la inaccesibilidad,

---

[20] A. APARICIO MOURELO Y R. DI NANNI, *Modelos de gestión de la Regeneración Urbana,* SEPES Entidad Estatal de Suelo. Ministerio de Fomento del Gobierno de España, 2011.

[21] *Regeneración Urbana como detonador del desarrollo inmobiliario*, disponible en http://es.scribd.com/doc/5001 8920 /REGENERACION-URBANA.

[22] *Gentrificación: fenómeno de expulsión de la población autóctona y sustitución por sectores de mayor poder adquisitivo.* I. VELÁZQUEZ VALORIA Y C. VERDARGUER VIANA-CÁRDENAS, *Regeneración urbana integral. Tres experiencias europeas innovadoras: Île de Nantes, Coin Street y Barrio de la Mina,* SEPES Entidad Estatal de Suelo. Ministerio de Fomento del Gobierno de España, 2011.

problemas de integración social, el deterioro de infraestructuras y la no adaptación funcional de las edificaciones a los nuevos usos.

Teniendo en cuenta todo lo anteriormente expuesto, podemos pues, señalar que las intervenciones de regeneración urbana tienen unas características concretas que las diferencian de otras intervenciones urbanísticas comunes:

1) *Ámbito de actuación:* Las transformaciones económicas, culturales, tecnológicas que experimenta una sociedad se reflejan claramente en las ciudades. Estas transformaciones que sufren las ciudades pueden tener como consecuencia el deterioro de determinadas áreas manifestándose en forma de cambios en la estructura demográfica (despoblamiento, concentración de inmigrantes, guetos étnicos etc.), cambios económicos (desempleo, pérdida de actividades productivas,...), deterioro del paisaje urbano, de los servicios públicos e infraestructuras, pérdida de las condiciones de habitabilidad del parque de viviendas, etc. Estas consecuencias constituyen las características de un área degenerada a partir de las cuales la regeneración urbana puede intervenir. Son los patrones de la «crisis urbana»[23], sobre los que hay que actuar para acometer intervenciones de regeneración. Estas intervenciones de regeneración urbana se llevan a cabo sobre áreas de ciudad consolidada (importancia del concepto de reutilización del suelo), en las que existen una serie de factores generales y específicos que han dado lugar a un deterioro del ámbito. La localización de los problemas nos indica el área de intervención para la regeneración, es decir, el ámbito se puede definir a través de un proceso de diagnosis de los problemas.
2) *Carácter Integral:* La regeneración urbana no es un «lavado de cara», sino que se corresponde con una serie de acciones tendentes a mejorar un ámbito deteriorado, comprendiendo intervenciones de transformación física y de consolidación del sentido de ciudad, potenciando las capacidades de los ámbitos degradados para conformar áreas integradas social y económicamente. Habrá, por tanto, que distinguir los proyectos de rehabilitación de los edificios y de los espacios públicos, de las intervenciones de regeneración urbana, en las que se articulan programas sociales y de fomento de la actividad económica.

REGENERACIÓN[24]
- Transformación Física Urbano-Arquitectónica
- Acciones Sociales
- Productividad Económica

---

[23] *Entendiendo por «crisis urbana» la pérdida de calidad medioambiental en las ciudades.* J. ESCUDERO, «La crisis urbana», *Revista Ambiente y Desarrollo*, vol. XV, núm. 1 y 2 marzo / junio de 1999, pp. 38-40.

[24] Esquema de elaboración propia.

La regeneración urbana, no consiste pues, en crear una plaza en un barrio, un centro de salud o en rehabilitar las viviendas de un ámbito, sino que además de estas acciones transformadoras del espacio físico, la regeneración urbana comprende la recuperación del capital social y económico de los barrios, abarcando así la combinación de la totalidad de los frentes del deterioro.

3) *Agentes*[25]: Importancia de los agentes que intervienen en el proceso de regeneración urbana:
   — Administración Pública / Iniciativa Privada, encargados de la planificación y gestión de los procesos de regeneración.
   — Población sobre la que se actúa / Asociaciones de vecinos. Importancia de la participación ciudadana, ya que la transformación debe contemplar la unión de la población a su historia y al territorio.

   La Administración Pública es la encargada de impulsar los programas de regeneración y de velar por el cumplimiento de los objetivos de estos programas, necesitando del capital privado, ya que en la actualidad los recursos de las Administraciones Públicas no les permiten asumir solas las políticas de regeneración[26]. La combinación de la financiación pública con la iniciativa privada es necesaria para poder asumir los riesgos empresariales e implementar un nuevo sector económico, sin caer en la especulación y con la necesaria participación ciudadana para dar transparencia a la actuación.

4) *Sostenibilidad:* Ya que no se consume nuevo suelo, sino que se actúa sobre suelo consolidado, de modo que no se realizan inversiones en nuevas infraestructuras, se reutilizan y refuerzan las ya existentes, mejorando la urbanización y la accesibilidad, y frenando la expansión urbana («*urban sprawl*»). Se reconvierte la trama urbana evitando los derribos masivos y la generación de residuos. Por otra parte, se reduce la presión del desarrollo urbanístico sobre la periferia, evitando el impacto ambiental que éste conlleva. Además, la rehabilitación de los edificios supone un ahorro energético de hasta un 30% en relación a la construcción de obra nueva, aumentándose la eficiencia energética de las edificaciones, y reduciéndose la necesidad de materiales nuevos.

5) *Cohesión:* La intervención a través de la regeneración urbana actúa, tal y como hemos mencionado anteriormente, sobre un ámbito concreto en el que se dan una serie de factores y características comu-

---

[25] Actores públicos o privados que pueden afectar a los procesos de regeneración urbana y que inciden en la puesta en marcha de políticas urbanísticas y de vivienda.

[26] O. BOUAZZA, G. TROVATO Y R. MATA, «Por una gestión y regeneración urbana sostenible e integrada. Crónica de la Conferencia de Alto Nivel sobre Sostenibilidad Urbana y Regeneración Urbana Integrada en Europa», *Ciudad y Territorio. Estudios Territoriales*, núm. 164, 2010, p.p. 367-396.

nes. De este modo, un ambiente social óptimo (seguridad, calidad del medio ambiente urbano, no marginalidad, cultura, etc.) estimula la iniciativa social dando un lugar destacado dentro del proceso de regeneración a los habitantes del ámbito. Este proceso comprende, pues, la búsqueda de la cohesión a nivel social y de un sentido de ciudad, promoviéndose un bienestar psicológico y un sentido de identidad del lugar para sus habitantes (participación e implicación ciudadana).

6) *Preservación de la identidad del ámbito:* La regeneración urbana pretende restablecer un ámbito deteriorado, no trata de implantar un nuevo orden. Se trata de limitar los derribos masivos para volver a reconstruir. Del mismo modo, en cuanto a los usos, si bien se pueden introducir nuevas actividades, será primordial mantener y modernizar las funciones tradicionales, como seña de distinción. Por tanto, es fundamental, tanto a nivel urbano-arquitectónico, como a nivel social, mantener la identidad del ámbito en el que se actúa, evitando el desplazamiento de la población de menor estatus económico producido por el aumento de los precios de las viviendas.
7) *Dinamismo:* Se puede decir que, dentro de la dinámica urbana, un área se deteriora en el momento en el que determinados procesos acentúan las condiciones desfavorables de una zona de la ciudad. Por tanto, la solución a estos procesos de influencia negativa no tiene un fin inmediato, sino que más bien consiste en la puesta en marcha de un proceso de transformación y de restablecimiento, teniendo, pues, un carácter dinámico.
8) Por último, *visión integradora:* Conexión con el resto de la ciudad. Las intervenciones de regeneración deben contemplar la ciudad como un «todo», es decir, se debe considerar la función de cada ámbito a regenerar como parte de la estructura completa de la ciudad, teniendo en cuenta, pues, todas las escalas, desde la territorial, pasando por la metropolitana hasta llegar a la escala local del ámbito. De esta forma se elimina también el factor negativo de deterioro relativo a la marginalidad. Es importante, en la regeneración, tener en cuenta el entorno en el que se sitúa el ámbito de la intervención, cuidando su articulación con el resto de la ciudad (importancia de conectar el ámbito a regenerar con la ciudad evitando problemas de movilidad urbana y así eliminar el aislamiento).

3. Objetivos de la regeneración urbana

La regeneración urbana va dirigida a la creación de un entorno urbano que sea *activo, inclusivo y seguro, bien mantenido, bien conectado, bien servi-*

do, medioambientalmente responsable, atractivo, bien diseñado y construido, y justo para todos[27].

Teniendo en cuenta las características de la regeneración urbana expuestas en el anterior apartado, podríamos concluir que los objetivos que persigue ésta son los siguientes:

— Mantener viva la memoria histórica y cultural de la ciudad a través de la protección y rehabilitación de sus formas urbanas y arquitectónicas, potenciando los valores culturales del ámbito y creando los espacios públicos o adquiriendo los bienes inmuebles necesarios para que las actividades de esta índole puedan ser llevadas a cabo.
— Recuperar la actividad urbana, con inversiones públicas, atrayendo las inversiones del capital privado y utilizando a la comunidad autóctona como agente principal para llevar a cabo el desarrollo productivo al objeto de conseguir la desmarginalización de la población. Es necesaria pues, la realización de una labor de mixtificación de los usos del suelo, sin que la función residencial pierda su condición de principal, ya que la recuperación de la actividad urbana parte de la recuperación demográfica del área a intervenir. De este modo se consigue reducir el desempleo en el ámbito a regenerar, y se propicia la mezcla de distintos estratos sociales. La propia regeneración del ámbito puede convertirse en una fuente de empleo a través de la creación de empresas destinadas a la rehabilitación física del área, a la mejora de la eficiencia energética de las edificaciones y a la implantación de energías renovables[28]. Se trata pues, de crear una estrategia en la que las intervenciones que se realizan en el ámbito de la rehabilitación tengan consecuencias positivas en la actividad económica del área a regenerar.
— Fomentar la cohesión social para crear un medioambiente urbano apto para el desarrollo económico, cultural y social del área.
— Búsqueda de la seguridad y salubridad ambiental. Proporcionar calidad de vida a los ciudadanos, factor muy unido a la mejora de los espacios públicos, proporcionando un medio urbano agradable a los ciudadanos, que a su vez sea un reclamo de atracción y de competitividad dentro de la propia ciudad.

---

[27] Acuerdo de Bristol, convenido en la reunión informal ministerial europea celebrada en Bristol, Reino Unido, los días 6 y 7 de diciembre de 2005.

[28] *La gestión sostenible del patrimonio urbano ha de entenderse como parte de la lucha contra la pobreza y a favor del desarrollo humano mediante mejoras en habitabilidad y calidad de vida, y como generadora de empleo y actividad económica, sobre la base de un sector terciario asociado a las áreas de centralidad, y de la propia actividad rehabilitadora*. L. SUÁREZ CARREÑO, «Revitalización urbana y lucha contra la pobreza: 25 años de cooperación española en defensa del patrimonio urbano», *Revista Ciudad y Territorio. Estudios Territoriales*, núm. 164, 2010, pp. 185.

— Sostenibilidad de los ámbitos de actuación, limitando el consumo de recursos y la producción de residuos, creando viviendas más eficientes energéticamente[29] hablando, crear una ciudad más compacta para disminuir las distancias en los transportes y fomentar una movilidad más sostenible (transportes menos contaminantes: bicicletas, transporte público, etc.), así como implantar las energías renovables en las ciudades.
— Remodelación del espacio físico: rehabilitación del espacio público y del patrimonio arquitectónico, rescatando los elementos relevantes y poniendo en valor el conjunto arquitectónico, así como la diversificación de tipologías del parque de viviendas y el acceso fácil a éstas para facilitar la inserción de usuarios con necesidades y rentas distintas, y evitándose a su vez el consumo de suelo periurbano al reciclar las áreas degradadas para un crecimiento más compacto de nuestras ciudades. Por otro lado, la regeneración urbana debe contemplar la creación de equipamientos acordes con las necesidades de la población residente. Se trata, pues, de compatibilizar la introducción de las formas de vida actuales con una trama urbana y un conjunto edificatorio heredados.
— Consolidar un modelo de organización compacto para la ciudad, que evite en la mayor medida posible la dispersión en el territorio, disminuyendo de este modo el consumo de suelo no urbanizado y el gasto procedente de la creación de nuevas infraestructuras. Fomentar el «reciclaje» del suelo, actuando sobre zonas urbanas degradadas para evitar así la ciudad difusa y proteger las zonas rurales y naturales, favoreciendo a su vez la conexión y articulación de estas zonas con la propia ciudad (redes de parques y espacios públicos).
— Implicar a la ciudadanía en la toma de decisiones sobre los ámbitos a regenerar, bajo la gobernanza de la Administración Pública, que debe asignar más recursos hacia este tipo de actuaciones y administrarlos de una forma más eficaz (por ejemplo combinando fondos comunitarios, nacionales, autonómicos y locales) todo ello con el apoyo del capital privado, creando medidas que lo atraigan (beneficios empresariales, incremento de aprovechamientos, incentivos fiscales, etc.). Por otro lado, dadas las diferencias culturales y sociales y de contexto, es difícil aplicar unas medidas únicas en cuanto a la regeneración urbana. De ahí la importancia de la participación ciudadana a la hora de plantear las necesidades y objetivos de la actuación.

---

[29] *La concepción de sostenibilidad energética se ha anunciado como elemento destacado de las concepciones en política de vivienda*. M. L. GÓMEZ JIMÉNEZ, *La configuración jurídica de la rehabilitación energética de edificios: un apunte a la luz del Plan Nacional de Vivienda 2009-2012, y del Código Técnico de la Edificación*, I Congreso Internacional de Perspectivas del Derecho Inmobiliario y de la Edificación, Málaga, 11 y 12 de marzo de 2009.

Por tanto, podríamos definir la regeneración urbana como un mecanismo interdisciplinar y sostenible de evolución social, urbanística, cultural y económica de las áreas deprimidas de las ciudades; un modelo urbano opuesto al crecimiento típicamente anglosajón (ciudad-jardín[30]) basado en casas aisladas en zonas periurbanas. La regeneración está en conexión con el modelo tradicional de ciudad europeo ya que consiste en «hacer ciudad sobre la ciudad», aunque no basta con la rehabilitación urbanística de las áreas, sino que ésta debe ser integral complementándose con programas de vivienda, de empleo, culturales, etc. Se combinan, pues, acciones de rehabilitación de lo edificado con acciones sociales y económicas.

La regeneración puede dar respuesta al crecimiento de las ciudades en la época actual de crisis financiera, medioambiental (cambio climático) y de energía, uniendo la productividad económica, la cohesión social, y la mejora física del medio urbano, todo ello mediante un enfoque integrado, en el que las medidas a tomar en cada uno de los apartados (económico, social-cultural y físico-arquitectónico) repercutan en el resto de un modo positivo— o al menos no sean medidas contradictorias.

No obstante lo anterior, la regeneración urbana no puede ni debe ser el único modelo de crecimiento de una ciudad, sino que se debe articular con el modelo expansionista allí donde sea necesario y esté justificada la urbanización de nuevos suelos (*control de la oferta de suelo y del desarrollo especulativo*[31]). No es necesario confrontar la regeneración de zonas consolidadas de la ciudad con el crecimiento de la periferia urbana. Son dos modos distintos de hacer ciudad que pueden coexistir.

IV. MARCO NORMATIVO DE LA INTERVENCIÓN DE LAS ADMINISTRACIONES PÚBLICAS EN MATERIA DE REGENERACIÓN URBANA

Al hilo de lo expuesto en el capítulo anterior en relación al concepto de regeneración urbana, se hace necesaria una descripción de los instrumentos que contemplan las leyes para llevar a cabo estos procesos de actuación sobre la ciudad existente. Para ello, se realiza un análisis descriptivo de la Normativa y de otros documentos en los que aparecen conceptos asociados a la regeneración urbana al objeto de conocer cómo las Administraciones Públicas

[30] *La idea de ciudad-jardín deriva del libro del inglés Ebenezer Howard, Tomorrow: a Peaceful Path to Social Reform (1898), en el cual, en respuesta a los problemas planteados por la industrialización y el crecimiento demográfico, preconiza la construcción de una serie de ciudades independientes entre sí tanto económica como estructuralmente.*, disponible en: www.citywiki.ugr.es.

[31] Carta de Leipzig sobre Ciudades Europeas Sostenibles («Carta de Leipzig»), acordada en el Consejo Informal de Ministros responsables de la ordenación del territorio y el desarrollo urbano, celebrado en Leipzig los días 24 y 25 de mayo de 2007.

canalizan este tipo de intervenciones y qué importancia tiene la regeneración urbana en el modelo de ciudad que promulgan las leyes.

1. Breves referencias de «soft law»[32] administrativo en materia de regeneración urbana

Las intervenciones de regeneración urbana están contempladas en una serie de documentos, que sin tener carácter normativo, incluyen recomendaciones para las actuaciones de renovación y reflejan la preocupación de las Administraciones Públicas por el estado de la ciudad consolidada.

De este modo, en la Carta de Leipzig sobre Ciudades Europeas Sostenibles[33]de la Agenda Urbana Europea (año 2007), se hacen una serie de recomendaciones encaminadas a la elaboración de programas integrales de desarrollo urbano de los ámbitos deteriorados de las ciudades, señalándose la importancia de un primer análisis descriptivo de los factores positivos y negativos con los que cuenta el ámbito. A partir del análisis, se deben fijar los objetivos para el desarrollo de la zona implicando a los ciudadanos y reforzando la coordinación a nivel local y metropolitano.

Por otro lado, se señala la importancia de la creación y mejora de los espacios públicos ya que éstos son un factor indicador de buena habitabilidad de un ámbito, y se pone especial énfasis en la protección del patrimonio arquitectónico y de los espacios públicos por su valor dentro del conjunto urbano.

También en la Carta de Leipzig se hace referencia a las infraestructuras, recomendándose el uso de un transporte urbano sostenible que esté coordinado con el transporte del resto del área metropolitana, así como la mejora de la eficiencia energética de los edificios y de las propias ciudades (estructura urbana compacta) mezclando los usos residenciales, dotacionales, de actividades económicas y terciarios.

Por otro lado, en la Carta de Leipzig, se hace especial mención a la importancia de un desarrollo urbano que integre políticas y estrategias sociales y económicas para eliminar desigualdades y marginalidad entre las distintas zonas o barrios de una misma ciudad, debiendo prestarse atención a los barrios más desfavorecidos dentro de la ciudad, en los que existe desempleo

---

32 *El soft law es un segmento del ordenamiento jurídico cuya finalidad es la creación de normas cuyo cumplimiento se exige en grado y no de forma taxativa. Por tanto, el soft law es un mandato de optimización, cuyo incumplimiento no entraña una respuesta jurídica concreta*. D. SARMIENTO RAMÍREZ-ESCUDERO, *Soft law administrativo, un estudio de los efectos jurídicos de las normas no vinculantes de la Administración*, Civitas Ediciones, S.L., 2008.

33 Carta de Leipzig sobre Ciudades Europeas Sostenibles («Carta de Leipzig»), acordada en el Consejo Informal de Ministros responsables de la ordenación del territorio y el desarrollo urbano, celebrado en Leipzig los días 24 y 25 de mayo de 2007.

y exclusión social. En relación a esta recomendación de atender a los barrios más degradados, se señalan una serie de estrategias vinculadas a los procesos de regeneración urbana:

— Renovación del parque de viviendas y el cuidado de los espacios urbanos públicos, como actuaciones ligadas al aumento de la actividad económica y de las inversiones.
— Potenciación de la actividad económica: mejorar el acceso al mercado de trabajo dentro de los propios ámbitos de actuación, creando empleo local a través de una formación de la población adaptada a la demanda que exista.
— Educación de niños y jóvenes: a través de estrategias formativas según sean las características sociales del ámbito.
— Mejora de la movilidad y accesibilidad a través de un transporte urbano eficaz: de este modo el barrio se conecta con el área metropolitana ofreciendo mayores oportunidades de integración de la población con el resto de la ciudad.

Como consecuencia de la Carta de Leipzig, encontramos también la Declaración de Toledo sobre la regeneración urbana integrada y su potencial estratégico para un desarrollo urbano más inteligente, sostenible y socialmente inclusivo en Europa[34] de junio de 2010. En este documento se señala la importancia de aplicar acciones integradas en el desarrollo urbano desde un punto de vista territorial (aunando las zonas de nuevos crecimientos con la ciudad consolidada) y cuyo objetivo es el de mejorar la actividad económica de estas zonas consolidadas y la cohesión social entre las distintas áreas de las ciudades, contando todo ello con el impulso y la participación de la ciudadanía. La búsqueda de la calidad del entorno urbano en ámbitos degradados comienza por la recuperación del espacio público, factor fundamental para potenciar la competitividad del área respecto al resto de la ciudad, fomentándose así la inversión del capital privado y por consiguiente la creación de una economía local y diversa, paliando problemas de desempleo y marginalidad. Asimismo, se indica la importancia del reciclaje urbano (disminuir el consumo de suelo) fomentando el modelo de ciudad compacta, el uso eficaz de los recursos y la cohesión social y territorial.

Desde el punto de vista de la sostenibilidad medioambiental, la Declaración de Toledo propone la variedad de usos para evitar grandes desplazamien-

---

[34] Declaraciónde Toledo (22 de junio de 2010), que contiene el «*Documento de Referencia de Toledo sobre la regeneración urbana integrada y su potencial estratégico para un desarrollo urbano más inteligente, sostenible y socialmente inclusivo en Europa*». Texto preparado por la presidencia española europea y aprobado el 22 de junio de 2010 en la Reunión Informal de Ministros de Desarrollo Urbano de los países miembros de la Unión Europea, respondiendo a la invitación de la Presidencia Española del Consejo de la Unión Europea.

tos, eficiencia energética de las edificaciones, implantación de energías renovables, etc. Por otro lado, socialmente se señala la necesidad de impulsar estrategias de fomento del empleo y de reducción del abandono y fracaso escolar, y, desde el punto de vista de la economía, se manifiesta la importancia de regenerar la economía urbana apoyando el tejido productivo local. De esta forma, la regeneración urbana se plantea en este documento como un proceso que afronta la ciudad como un todo, atendiendo a diversidades no sólo urbanísticas, sino también sociales y económicas, marcando como herramientas para llevar a cabo estas actuaciones los planes y programas de regeneración combinados con la rehabilitación física de los espacios públicos y de las edificaciones.

Por último, y puesto que las actuaciones de regeneración se realizan sobre zonas de ciudad consolidada, es obligado traer a colación en esta breve reseña de «soft law» administrativo en materia de regeneración urbana, las Cartas del Restauro[35], ya que, tal y como ya se ha señalado anteriormente, una parte importante de las zonas que actualmente encontramos en proceso de deterioro en nuestras ciudades son los centros históricos poseedores de valores patrimoniales. Las Cartas de Restauro establecen una serie de recomendaciones para que las intervenciones en materia de conservación y restauración sean las adecuadas en respuesta a un urbanismo impreciso que con la excusa del crecimiento de las ciudades y la demanda de una movilidad dentro de ellas llevó en décadas anteriores a no respetar el entorno existente. En estas cartas se introdujo la importancia del concepto del medio ambiente urbano, para afrontar la búsqueda de una continuidad entre el presente y el pasado en el interior de las ciudades.

Estas cartas, que no tienen fuerza normativa, recomiendan el respeto por el carácter y fisonomía de las ciudades a la hora de intervenir sobre zonas consolidadas, tal y como se expresa en la Carta del Restauro de Roma de 1972[36], en la que se señalan instrucciones metodológicas para la tutela de los centros históricos (Anexo D de la Carta). En estas instrucciones se destaca la importancia de garantizar los valores característicos de los ámbitos en los que se actúa combinando esta salvaguarda del patrimonio con el fomento del desarrollo de una vida moderna dentro de él. Para ello, es necesaria la planificación de la permeabilidad del ámbito a través de conexiones con el resto de la ciudad, incluso con el territorio, a través de instrumentos urbanísticos.

---

[35] *Las Cartas del Restauro están editadas en las diferentes ciudades donde se realizaron las reuniones de los países miembros de las organizaciones afines al mundo de la conservación y restauración. De ellas emanaron las llamadas cartas, como la Carta de Atenas (1931), Venecia (1964), París (1972), Roma (1972) ó Copenhague (1984), y actualmente Cracovia, como las más importantes. Siguiendo su lectura, los técnicos establecieron de común acuerdo, unas recomendaciones imprescindibles para que las intervenciones en materia de conservación y restauración sean justas y apropiadas.* A. SÁNCHEZ-BARRIGA FERNÁNDEZ, *Las Cartas de Restauro*, disponible en www.antoniosanchezbarriga.com.

[36] C. BRANDI Y G. DE ANGELIS D'OSSAT, *Carta del Restauro 1972*, Roma 1972.

También, se hace especial referencia a la salvaguarda de las edificaciones, espacios públicos y elementos significativos (monumentos, elementos naturales, etc.), siempre combinada esta salvaguarda con la introducción de respuestas a la vida moderna. Por otro lado, se hace especial énfasis en la importancia de una investigación y análisis del conjunto previos a las actuaciones, para intervenir con criterios homogéneos.

2. Análisis de la Normativa en relación a las intervenciones de regeneración

2.1. Marco europeo

En cuanto a la Normativa de la Unión Europea, la Estrategia Territorial Europea[37] señala como uno de los grandes retos a conseguir por las ciudades europeas el de controlar la expansión urbana (apoyo a la idea de ciudad compacta para evitar la destrucción de suelos protegidos) y fomentar una mezcla de los grupos sociales para eliminar la exclusión social, siendo fundamental la regeneración de los ámbitos deteriorados y la renovación de las zonas industriales que han quedado obsoletas dentro de las zonas de ciudad consolidada. Asimismo, se indica la importancia del cuidado del patrimonio cultural como seña de identidad de nuestras ciudades, no sólo con medidas de protección, sino que se propone la idea de actuar sobre estos ámbitos de una manera creativa para evitar el abandono, revalorizando los espacios públicos y con la creación de equipamientos culturales.

Por otro lado, la Estrategia Territorial Europea recoge como uno de los grandes retos a conseguir en las ciudades el de eliminar la segregación social de los barrios y la formación de guetos *mediante programas integrados y plurisectoriales destinados a la regeneración y al desarrollo económico de barrios desfavorecidos*[38], así como, plantea la mejora de la calidad ambiental de las zonas urbanas.

También dentro del ámbito de la Unión Europea, la Comunicación de la Comisión al Consejo y al Parlamento Europeo sobre una Estrategia Temática para el Medio Ambiente Urbano[39] de 2006, señala la importancia de las Administraciones Locales para intervenir sobre la calidad del medio ambiente urbano, ya que los ámbitos presentan unas características muy diversas que requieren de soluciones específicas. No obstante, también se indica que la

---

[37] Estrategia Territorial Europea. «*Hacia un desarrollo equilibrado y sostenible del territorio de la UE*», acordada en la reunión informal de Ministros responsables de ordenación del territorio en Potsdam, mayo de 1999 y publicada por la Comisión Europea. Diario Oficial A4-02/06/98.

[38] Estrategia Territorial Europea. ob. cit., pp. 71.

[39] Comunicación de la Comisión al Consejo y al Parlamento Europeo sobre una Estrategia Temática para el Medio Ambiente Urbano. Bruselas 11.01.2006. COM (2005)718final.

Unión Europea es la encargada de respaldar estas actuaciones mediante la puesta en conocimiento de las distintas experiencias a través de políticas de apoyo económico, siendo pues muy necesaria la colaboración interadministrativa.

La Estrategia Temática para el Medio Ambiente Urbano recoge además una serie de medidas destinadas a aplicar una gestión integral en los procesos de regeneración urbana, fomentar el transporte urbano sostenible, apoyar el intercambio de las experiencias de regeneración a nivel europeo (dar a conocer a las Administraciones Locales, a través de páginas web y de una concreta formación, las soluciones que ya se han llevado a cabo y que han obtenido resultados óptimos para poder aplicarlas dentro de sus propios ámbitos adaptadas a las características específicas de éstos). Además, se ponen a disposición de los Estados miembros de la Unión Europea oportunidades para la renovación y regeneración de áreas que están recogidas en las propuestas del Fondo de Cohesión y de los Fondos Estructurales de la Unión Europea.

Por otro lado, y en consonancia con estas intervenciones de regeneración urbana, hay que incluir en este apartado la Iniciativa Comunitaria Urban[40]. Esta iniciativa está basada en planes que se están desarrollando en distintas ciudades españolas con fondos europeos, cuyo objeto es la mejora del medio ambiente urbano, recuperando los espacios degradados, mejorando la accesibilidad y rehabilitando edificaciones. A su vez se fomentan medidas de desarrollo económico para mejorar la actividad productiva, se crean equipamientos sociales y culturales dirigidos a colectivos marginales procurándoles asistencia social y de formación.

Más recientemente, en el Dictamen del Comité de las Regiones sobre «Ciudades del mañana: ciudades sostenibles desde el punto de vista social y medioambiental»[41], se señala la preocupación por la incidencia de factores tales como el retroceso económico y los cambios demográficos, que están produciendo una mayor segregación social en nuestras ciudades (aumento de «marginados sociales»).

Frente a esta problemática, en el Dictamen se incide sobre la importancia de convertir las ciudades en lugares de innovación social y económica, a través del fomento de entidades locales que centren sus objetivos en reforzar la economía de los ámbitos y evitar la exclusión social a través de estrategias integrales. Para ello, se indica la importancia de la concesión de recursos financieros (que en la actual situación de crisis se han visto mermados, redu-

---

[40] Comunicación de la Comisión a los Estados miembros, de 28 de abril de 2000, por la que se fijan las orientaciones de una iniciativa comunitaria relativa a la regeneración económica y social de las ciudades y de los barrios en crisis con el fin de fomentar un desarrollo urbano sostenible (URBAN II) [C(2000) 1100-Diario Oficial C 141 de 19.5.2000].

[41] Dictamen del Comité de las regiones sobre «Ciudades del mañana: ciudades sostenibles desde el punto de vista social y medioambiental» (2012/C 277/04), publicado en el Diario Oficial de la Unión Europea el 13 de septiembre de 2012.

ciéndose considerablemente los presupuestos destinados a programas de ayuda) y de una mayor descentralización de las ciudades y regiones para que éstas puedan actuar de una forma más directa sobre los problemas concretos de cada ámbito.

Asimismo, en cuanto a la situación actual de las ciudades, el Dictamen hace referencia a la necesidad de analizar la relación entre los distintos espacios que conforman las regiones (se da por obsoleta la distinción entre zonas rurales y urbanas), se señala la creciente desconfianza de la ciudadanía hacia las instituciones políticas (lo cual está llevando al aumento de protestas violentas), y el envejecimiento de la población, debiendo tener en cuenta el impacto que esta cuestión tiene sobre los espacios públicos y las infraestructuras. También se señalan temas relativos a la creciente inmigración juvenil (políticas para la integración), temas medioambientales (aumento de la eficiencia energética) y la importancia del fomento de la cultura urbana para mejorar la calidad de vida en las ciudades.

Es destacable la crítica que el Dictamen realiza hacia las políticas de desarrollo urbano que hasta ahora se han llevado a cabo en nuestras ciudades, poniendo de manifiesto los escasos resultados obtenidos, y planteando la necesidad de buscar nuevas estrategias que garanticen el futuro de las ciudades europeas.

2.2. *Marco Estatal y Autonómico*

Previamente al análisis de la Normativa estatal vigente, cabe señalar que las primeras actuaciones relacionadas con cuestiones de regeneración urbana se produjeron tras la constitución de los primeros ayuntamientos democráticos en marzo de 1979, que convirtieron el tema urbanístico en una cuestión primordial en respuesta a los movimientos de las asociaciones vecinales que *habían venido desarrollándose en los últimos años del régimen anterior, desempeñando un activo papel en la lucha contra la dictadura a través de acciones reivindicativas que, con frecuencia, tenían como objetivo algún problema urbano*[42].

Los ayuntamientos acometieron una política de acciones puntuales, para posteriormente modificar los planes generales que estaban en vigor enfocándolos hacia una recuperación y adecentamiento del ambiente urbano y de rehabilitación y conservación de los centros históricos. Posteriormente, la acción restauradora del medioambiente urbano pasa de ser municipal a estatal, mediante la constitución de Oficinas de Barrios en Rehabilitación en 1984, y a través de los Planes Especiales[43], figuras de planeamiento urbanís-

---

[42] F. DE TERÁN TROYANO, *Historia del Urbanismo en España III*, Ediciones Cátedra, S.A., 1999.

[43] *Los Planes Especiales atienden a la ordenación de un aspecto concreto del suelo urbano —el no consolidado, salvo excepciones— del suelo urbanizable sectorizado e, incluso, del suelo no urbanizable. Precisamente, su denominación responde a esta especialidad de su obje-*

tico ya recogidas en la Ley del Suelo entonces vigente, gracias a los que se recuperaron espacios libres públicos y áreas de valor patrimonial de las ciudades, y que constituyen los primeros instrumentos de rehabilitación desarrollados en España.

2.2.1. La Constitución Española

La Constitución Española en sus artículos 45 a 47[44] señala el derecho de los españoles a disfrutar de un medio ambiente adecuado, siendo su deber el de conservarlo, y el de los poderes públicos el de velar por el uso racional de los recursos, garantizando la conservación y enriquecimiento del patrimonio histórico y cultural, así como el derecho a disfrutar de una vivienda digna. En estos mandatos constitucionales encontramos la primera respuesta de las Administraciones Públicas relacionada con las actividades de regeneración urbana, puesto que tal y como se ha señalado en el capítulo anterior, los procesos de regeneración tienen como objeto el de mejorar las condiciones y el medio ambiente urbano a través de un uso sostenible de los recursos, así como mejorar las condiciones de habitabilidad de las viviendas.

2.2.2. Legislación sectorial

a) Urbanismo

En el Real Decreto Legislativo 2/2008, de 20 de junio, por el que se aprueba el texto refundido de la ley del suelo y en la ley 8/2013 de rehabilitación, regeneración y renovación urbanas, ambos ahora refundidos en un solo texto —Real Decreto Legislativo 7/2015, de 30 de octubre por el que se aprueba el texto refundido de la ley de suelo y rehabilitación urbana, publicado en BOE núm. 261 de 31 de octubre de 2015— se señala que el urbanismo debe respon-

---

to, que puede resultar muy variado, tal y como recoge el artículo 14.1 LOUA. M. REBOLLO PUIG, A. JIMÉNEZ-BANCO CARRILLO DE ALBORNOZ Y M. LÓPEZ BENÍTEZ, *Derecho Urbanístico y Ordenación del Territorio en Andalucía*, Iustel, 2007, pp. 210.

[44] *Art. 45. 1. Todos tienen el derecho a disfrutar de un medio ambiente adecuado para el desarrollo de la persona, así como el deber de conservarlo. 2. Los poderes públicos velarán por la utilización racional de todos los recursos naturales, con el fin de proteger y mejorar la calidad de la vida y defender y restaurar el medio ambiente, apoyándose en la indispensable solidaridad colectiva. 3. Para quienes violen lo dispuesto en el apartado anterior, en los términos que la ley fije se establecerán sanciones penales o, en su caso, administrativas, así como la obligación de reparar el daño causado. Art. 46. Los poderes públicos garantizarán la conservación y promoverán el enriquecimiento del patrimonio histórico, cultural y artístico de los pueblos de España y de los bienes que lo integran, cualquiera que sea su régimen jurídico y su titularidad. La ley penal sancionará los atentados contra este patrimonio. Art. 47. Todos los españoles tienen derecho a disfrutar de una vivienda digna y adecuada. Los poderes públicos promoverán las condiciones necesarias y establecerán las normas pertinentes para hacer efectivo este derecho, regulando la utilización del suelo de acuerdo con el interés general para impedir la especulación. La comunidad participará en las plusvalías que genere la acción urbanística de los entes públicos.*

der a un desarrollo sostenible para disminuir los efectos del crecimiento expansivo. Por ello, se apuesta por la regeneración de la ciudad existente —compacta—, como portadora de un valor ambiental y de cultura colectiva, debiendo favorecerse su rehabilitación y su uso, así como potenciar la sostenibilidad y calidad en la edificación.

En el Real Decreto Legislativo 7/2015, de 30 de octubre por el que se aprueba el texto refundido de la ley de suelo y rehabilitación urbana se establece un marco normativo para las actuaciones de regeneración urbana.

En este texto encontramos que dentro de las actuaciones de transformación urbanística se encuentran aquellas actuaciones de urbanización que tienen por objeto renovar la urbanización de un ámbito de suelo ya urbanizado (artículo 7).

Por otro lado, se regulan el informe de evaluación de los edificios, para acreditar el estado de conservación de las edificaciones, su ajuste a la Normativa de accesibilidad y eficiencia energética, así como, las actuaciones en el medio urbano (rehabilitación edificatoria, regeneración y renovación urbanas) señalándose el carácter integrado que deben tener éstas (articular medidas sociales, económicas y ambientales).

Por otro lado, en lo que se refiere al Urbanismo, dado que las competencias en esta materia son autonómicas, podemos hacer referencia al ejemplo de la comunidad autónoma andaluza, en cuya ley de Ordenación Urbanística[45] (LOUA) se señala como objetivo el de apostar por la calidad de vida de los ciudadanos y de las ciudades dentro de un desarrollo sostenible (uso racional de los recursos naturales y protección del medio ambiente) y de conservación del patrimonio histórico y cultural de las ciudades, así como favorecer la integración social a través de equipamientos y espacios de convivencia. Este objetivo enlaza con otro de los objetivos de esta ley de Ordenación Urbanística, también en relación con el tema de la regeneración urbana, como es el de apostar por la mejora de la ciudad existente, marcándose como nuevo reto del urbanismo el de la recualificación y mejora de la ciudad, atendiendo a criterios económicos y sociales, en contraposición al modelo hasta ahora seguido de crecimiento expansivo. En atención a estos objetivos, encontramos en el desarrollo de la ley tres cuestiones fundamentales que pueden relacionarse con el objeto de la regeneración urbana:

— Instrumentos urbanísticos para la recualificación de la ciudad existente. Los Planes Especiales (más concretamente los Planes Especiales de Reforma Interior), que según artículo 14 de la LOUA, pueden tener como objeto la conservación y mejora del medio urbano y del patrimonio que contiene valores urbanísticos, arquitectónicos, culturales e históricos. Asimismo, pueden establecer la ordenación detallada

[45] Ley 7/2002, de 17 de diciembre, de Ordenación Urbanística de Andalucía, publicada en BOJA núm. 154 de 31 de diciembre de 2002.

para la renovación y mejora de áreas urbanas existentes. Por otro lado, la LOUA incluye los Catálogos como instrumento de planeamiento de desarrollo destinado a completar las determinaciones del planeamiento en relación a cuestiones de conservación y mejora del patrimonio urbanístico, arquitectónico, cultural, histórico, etc.

— Destino de los Patrimonios Públicos del Suelo. El artículo 75 de la LOUA, en su apartado 2, se refiere al destino de los Patrimonios Públicos del Suelo, entre los que señala el de la realización de actuaciones públicas o fomento de actuaciones privadas para la rehabilitación de zonas degradadas.

— Deber de conservación y rehabilitación. Se establece la obligatoriedad, por parte de los propietarios de las edificaciones, de mantenerlas en condiciones de seguridad, salubridad, seguridad y ornato, mediante las obras de rehabilitación oportunas. Asimismo, en la Sección 2.ª del Capítulo V del Título IV de la LOUA, se establecen mecanismos de control del estado de las edificaciones (Inspección Técnica de Edificios) y la posibilidad de dictar Órdenes de Ejecución por parte de los municipios para la conservación y rehabilitación de las edificaciones.

b) Ordenación del Territorio

Al igual que en el apartado anterior, puesto que las competencias en la Ordenación del Territorio se atribuyen a las comunidades autónomas, podemos aproximarnos a las cuestiones relacionadas con la regeneración urbana en esta materia a través de una breve referencia a la legislación andaluza. La Ley de Ordenación del Territorio de Andalucía[46]señala que la planificación territorial se realizará a través del Plan de Ordenación del Territorio de Andalucía (POTA) y de los Planes de Ordenación del Territorio de ámbito subregional (POTSR). Las directrices recogidas en el POTA están orientadas a fomentar el modelo de ciudad compacta ya que se le da prioridad a la recualificación de la ciudad existente por encima de los nuevos desarrollos urbanos. De este modo se señalan como objetivos el de mejorar la cohesión social en barrios desfavorecidos, fomentar los desarrollos urbanos basados en la renovación de la ciudad existente, mejorando la calidad de la vida urbana, la integración social y el espacio ya urbanizado a través de la inserción de equipamientos, la dotación de espacios libres, la mejora de la movilidad urbana y del transporte público, evitar la segregación funcional de las áreas, etc. Dentro de las intervenciones del Programa de Actuación para la consecución de los objetivos señalados de consolidación y mejora de la trama urbana existente, el POTA incluye el desarrollo de un Plan Andaluz de Vivienda y Suelo, al que haremos referencia más adelante.

---

[46] Ley 1/1994, de 11de enero, de Ordenación del Territorio de Comunidad Autónoma de Andalucía.

c) Medio Ambiente

El Capítulo IV «Rehabilitación y vivienda» del Título III de la Ley de Economía Sostenible[47] se refiere a los instrumentos para impulsar las actuaciones de rehabilitación y renovación urbanas. En este capítulo se señala que la Administración General del Estado debe favorecer la renovación de los núcleos residenciales existentes, que estén obsoletos y degradados, teniendo como objetivo la revitalización y puesta en valor de tramas urbanas, que deberá articularse en planes / programas integrales, es decir, de naturaleza ambiental, económica y social. Para ello las Administraciones deben crear un sistema en el que se incluya un listado de edificaciones que precisen de rehabilitación, así como mapas de ámbitos urbanos obsoletos que precisen de renovación y un sistema de información sobre el suelo[48] para obtener información urbanística sobre la ordenación del territorio.

Asimismo, en el artículo 110 de esta ley, se definen las actuaciones de renovación urbana como aquéllas que están destinadas a la reforma de la urbanización, las dotaciones y las edificaciones residenciales, así como aquéllas dirigidas a eliminar la degradación del tejido urbano por causas de marginalidad en la población (discapacidad, empleo, edad, etc.). También se define la naturaleza de estas actuaciones como urbanística, por lo que les es de aplicación el régimen legal de las actuaciones de urbanización o de dotación recogidas en el texto refundido de la Ley de Suelo. Además, se señala que dichos planes y programas deben contenerse en los planes de ordenación urbanística pudiendo aprobarse de forma independiente por los procedimientos de aprobación de las normas reglamentarias, teniendo, para las construcciones, los mismos efectos que dichos planes urbanísticos[49].

Más recientemente, y al hilo de las intervenciones de regeneración urbana relacionadas con la legislación en materia de Medio Ambiente, se ha publicado el Real Decreto 235/2013, de 5 de abril, por el que se aprueba el procedimiento básico para la certificación de la eficiencia energética de los edificios[50], y al que ya se ha hecho referencia en el Capítulo I de este libro.

---

[47] Ley 2/2011, de 4 de marzo, de Economía Sostenible, publicada en BOE núm. 55 de 5 de marzo de 2011.

[48] Disposición Adicional Primera del Real Decreto Legislativo 7/2015, de 30 de octubre por el que se aprueba el texto refundido de la ley de suelo y rehabilitación urbana, publicado en BOE núm. 261 de 31 de octubre de 2015.

[49] El TC Pleno por Providencia de 20 de diciembre de 2011 ha acordado admitir a trámite el recurso de inconstitucionalidad núm. 6596/2011 contra, entre otros, el artículo 110, apartado 4 de la Ley 2/2011, de 4 de marzo, de Economía Sostenible («B.O.E.» 29 diciembre), en el que se regulan los planes y programas citados.

[50] Real Decreto 235/2013, de 5 de abril, por el que se aprueba el procedimiento básico para la certificación de la eficiencia energética de los edificios, publicado en BOE núm. 89 de 13 de abril de 2013.

Este Real Decreto *se dicta en ejercicio de las competencias que corresponden al Estado sobre protección del medio ambiente*, entre otras, y para favorecer *la promoción de edificios de alta eficiencia energética y las inversiones en ahorro de energía*. Es decir, se platean estrategias asociadas a los objetivos de sostenibilidad de la regeneración urbana.

En lo que se refiere a las intervenciones sobre las zonas de ciudad consolidada objeto de la regeneración urbana, en el ámbito de aplicación del Real Decreto, encontramos *los edificios o partes de edificios existentes que se vendan o alquilen a un nuevo arrendatario, siempre que no dispongan de un certificado en vigor*, incluyéndose un proceso de verificación de la calificación energética de dichos edificios existentes.

Asimismo, en su artículo 6, se cita un documento de recomendaciones (medidas de reforma de la envolvente[51] de un edificio y de sus instalaciones técnicas[52] y medidas relativas a los elementos de los edificios independientemente de la envolvente e instalaciones técnicas) con el objeto de mejorar los niveles de eficiencia energética de los edificios existentes.

Por último, y en referencia a la normativa autonómica, cabe citar como ejemplo el de Andalucía que, entre los objetivos básicos de la comunidad autónoma señalados en su Estatuto de Autonomía encontramos, en relación directa con las actuaciones de regeneración, los de mejorar la calidad de vida de los andaluces mediante la protección del medio ambiente y el uso sostenible de los recursos. En esta comunidad autónoma, la ley de Gestión Integral de la Calidad Ambiental[53] establece un marco normativo para la protección del medio ambiente, con el objeto de mejorar la calidad de vida a través de instrumentos de prevención y control. En la Exposición de Motivos de esta ley, encontramos referencias a la regeneración urbana en cuanto a que se intenta dar respuesta al concepto de desarrollo sostenible proporcionando un marco normativo que pondere los aspectos que integra la sostenibilidad (humanos, ambientales, tecnológicos, económicos, sociales, políticos o culturales) y que se adecúe a las nuevas formas de gestión y planificación, tanto públicas como privadas.

---

[51] *Envolvente del edificio: elementos integrados que separan su interior del entorno exterior*, artículo 1, apartado 3.n del Real Decreto 235/2013, de 5 de abril, por el que se aprueba el procedimiento básico para la certificación de la eficiencia energética de los edificios.

[52] *Instalación técnica del edificio: equipos técnicos destinados a calefacción, refrigeración, ventilación, producción de agua caliente sanitaria o iluminación de un edificio o de una unidad de éste, o a una combinación de estas funciones, así como las instalaciones de control y gestión*, artículo 1, apartado 3.o del Real Decreto 235/2013, de 5 de abril, por el que se aprueba el procedimiento básico para la certificación de la eficiencia energética de los edificios.

[53] Ley 7/2007, de 9 de julio, de Gestión Integrada de la Calidad Ambiental, publicada en BOJA núm. 143 de 20 de julio de 2007. Esta ha sido modificada por el Decreto-ley 3/2015 de 3 de marzo.

Para evaluar los efectos de determinados planes y programas que establezcan el uso de zonas de reducido ámbito territorial, el Decreto 356/2010[54] que modifica el contenido del Anexo I de la Ley 7/2007, de 9 de julio, de Gestión Integrada de la Calidad Ambiental, establece la obligación de integrar en la aprobación de dichos planes o programas el procedimiento de Evaluación Ambiental, con el objeto de integrar los aspectos ambientales en la planificación.

d) Vivienda

En cuanto a las intervenciones de regeneración urbana asociadas a la legislación en materia de vivienda, se puede, en primer lugar, hacer referencia al Plan Estatal de fomento del alquiler de viviendas, la rehabilitación edificatoria, y la regeneración y renovación urbanas, 2013-2016[55]. En este Plan se marca una nueva línea de actuación con respecto a los planes anteriores ya que se fomenta el alquiler de las viviendas frente a la adquisición de éstas, y se apuesta por la renovación de suelos consolidados frente al crecimiento expansivo.

En cuanto a los objetivos de este nuevo plan, las ayudas y la descripción de los programas contenidos en él, nos centraremos en este apartado en un estudio sobre los programas incluidos en el plan que están asociados a la regeneración urbana:

— Programa de fomento de la rehabilitación edificatoria.
— Programa de fomento de la regeneración y renovación urbanas.
— Programa de apoyo a la implantación del informe de evaluación de los edificios.
— Programa para el fomento de ciudades sostenibles y competitivas.

Con respecto al programa de fomento de la rehabilitación edificatoria, tal y como ya se ha citado en el capítulo anterior, su objeto es el de financiar las obras de mantenimiento de edificios residenciales colectivos (que cumplan los requisitos establecidos en el artículo 19 del Plan), con tres premisas fundamentales: conservar los edificios en condiciones de habitabilidad y seguridad, mejorar la calidad y sostenibilidad de éstos y adaptarlos, en la medida en la que se pueda, a las condiciones de accesibilidad.

---

[54] Decreto 356/2010, de 3 de agosto, por el que se regula la autorización ambiental unificada, se establece el régimen de organización y funcionamiento del registro de autorizaciones de actuaciones sometidas a los instrumentos de prevención y control ambiental, de las actividades potencialmente contaminadoras de la atmósfera y de las instalaciones que emiten compuestos orgánicos volátiles, y se modifica el contenido del Anexo I de la Ley 7/2007, de 9 de julio, de Gestión Integrada de la Calidad Ambiental, publicado en BOJA núm. 157 de 11 de agosto de 2010.

[55] Real Decreto 233/2013, de 5 de abril, por el que se regula el Plan Estatal de fomento del alquiler de viviendas, la rehabilitación edificatoria, y la regeneración y renovación urbanas, 2013-2016, publicado en BOE núm. 86 de 10 de abril de 2013.

Para cada una de estas premisas se desarrollan una serie de actuaciones subvencionables concretas. De esta manera, en relación a la conservación de los edificios se señalan obras para la mejora de los elementos estructurales, de cubiertas y fachadas, y de las instalaciones de los edificios. Asimismo, las actuaciones descritas para mejorar la calidad y sostenibilidad se centran en la mejora de la envolvente térmica de la edificación (de esta manera se reduce el consumo de energía), instalación de sistemas para el acondicionamiento térmico, uso de energías renovables y mejora de instalaciones para favorecer el ahorro del consumo de energía y agua, la gestión de los residuos y la protección frente al ruido. Y, en cuanto a las actuaciones subvencionables relativas a la adaptación a las condiciones de accesibilidad de las edificaciones, se señalan actuaciones de introducción de mecanismos (ascensores, grúas, sistemas de aviso, etc.).

Por otro lado, en cuanto al programa de fomento de la regeneración y renovación urbanas (destinado a financiar la ejecución conjunta de obras de rehabilitación de edificios y de mejora de la urbanización en los ámbitos), también se señalan una serie de actuaciones subvencionables relativas a la mejora de la urbanización y accesibilidad de los espacios públicos, y de mejora de la eficiencia ambiental. No obstante, y a diferencia del anterior programa, se incluyen programas de realojo temporal para los habitantes de los inmuebles afectados por las actuaciones.

En este programa se hace referencia (artículo 27) a las condiciones particulares de los ámbitos de actuación. Por ello, se especifican dos requisitos con el objeto de proceder a delimitar la zona de intervención:

— Ámbito delimitado por la Administración, continuo o discontinuo, con un mínimo de 100 viviendas, número que puede ser inferior en cascos históricos y núcleos rurales.
— 60% de la edificabilidad destinada a uso residencial.

Ambos requisitos contienen limitaciones de carácter numérico, si bien, tal y como ya se ha indicado en el epígrafe relativo a los aspectos conceptuales y elementos definitorios de la regeneración urbana, el ámbito de actuación es aquel en el que existen una serie de factores generales y específicos que han dado lugar a un deterioro del área. Por tanto, no se hace referencia a las concretas características de deterioro para que la Administración delimite estas áreas. Y, al establecer como requisito que al menos un 60% de la edificabilidad esté destinada al uso residencial, quedarían fuera del ámbito de aplicación de las actuaciones de regeneración urbana aquellas áreas de ciudad consolidada que están en estado de deterioro, cuyos usos, por ejemplo como los industriales, han quedado obsoletos (caso de antiguos polígonos industriales periféricos que con la expansión de las ciudades han quedado dentro de las zonas consolidadas de éstas).

Sin embargo y en relación con lo anterior, hay que destacar que en el plan se da preferencia a aquellas actuaciones que tengan un carácter integrado (social, económico y ambiental), así como dentro de los programas se establece la obligatoriedad de establecer un diagnóstico sobre la situación social, económica y ambiental del ámbito y un programa de acciones integradas.

En cuanto al programa de apoyo a la implantación del informe de evaluación de los edificios, cabe señalar que se pretende la búsqueda de la sostenibilidad ambiental a través de un informe de evaluación que incluya un análisis del estado de conservación de edificio para determinar si se pueden incorporar mecanismos de mejora de la accesibilidad y de la eficiencia energética.

Por último, con respecto al programa para el fomento de ciudades sostenibles y competitivas,se establecen unas líneas estratégicas para la ejecución de proyectos de especial trascendencia. No obstante, si bien se define el carácter de cada una de las líneas estratégicas, se echa en falta la descripción de las intervenciones concretas asociadas a cada una de las líneas.

Es destacable, en cuanto a la ejecución de los programas contenidos en el plan, la intención de establecer la colaboración público-privada, a través de entidades colaboradoras o mediante otras formas de colaboración. De esta forma, se incluye, entre los agentes que promueven las actuaciones de regeneración urbana, a la iniciativa privada, tal y como ya se ha expuesto en el epígrafe «Aspectos conceptuales y elementos definitorios» de la regeneración urbana. En el artículo 4 del plan, se señala la importancia de la participación del sector privado en las actuaciones de regeneración con el objeto de garantizar una mayor viabilidad económica. Y, en el Capítulo VII del plan se establecen una serie de disposiciones comunes a los programas de fomento de la rehabilitación edificatoria, de fomento de la regeneración y la renovación urbanas y para el fomento de ciudades sostenibles y competitivas.

Tal y como ya se ha expuesto al principio de este apartado, el Plan Estatal de fomento del alquiler de viviendas, la rehabilitación edificatoria, y la regeneración y renovación urbanas, 2013-2016, supone un cambio, con respecto a los anteriores planes, en cuanto a que se centra en las zonas consolidadas de las ciudades. No obstante, en el anterior plan (Plan Estatal de Vivienda y Rehabilitación 2009-2012[56]), también se incluían programas dirigidos al mantenimiento de la ciudad existente.

De este modo, en la Exposición de Motivos del Plan Estatal de Vivienda y Rehabilitación 2009-2012, se señalaba como uno de sus objetivos, el de incluir las actuaciones de rehabilitación urbana con un enfoque integral en el que la participación de la ciudadanía sea un elemento clave a la hora de determinar las acciones a seguir en estas actuaciones de rehabilitación urbana,

[56] Real Decreto 2066/2008, de 12 de diciembre, por el que se regula el Plan Estatal de Vivienda y Rehabilitación 2009-2012, publicado en BOE núm. 309 de 24 de diciembre de 2008.

alentando a los Ayuntamientos a impulsar la creación de áreas de rehabilitación y renovación urbana en zonas como los centros históricos y barrios degradados, para eliminar el chabolismo y la infravivienda, y a su vez, fomentar la mejora de la eficiencia energética y la accesibilidad de las viviendas a rehabilitar:

Se asumen las recomendaciones establecidas en la Carta de Leipzig sobre Ciudades Europeas Sostenibles (aprobada con ocasión de la Reunión Informal de Ministros sobre Desarrollo Urbano y Cohesión Territorial celebrada en Leipzig el 24/25 de mayo de 2007), y en la Resolución del Parlamento Europeo «El seguimiento de la Agenda Territorial de la UE y de la Carta de Leipzig: Hacia un programa de acción europea para el desarrollo espacial y la cohesión territorial», aprobada el 21 de febrero de 2008, en las que se recomienda hacer un mayor uso de los enfoques relacionados con una política integrada de desarrollo urbano y prestar especial atención a los barrios vulnerables o desfavorecidos dentro del contexto global de la ciudad.

Al hilo de lo expuesto, el Plan Estatal de Vivienda y Rehabilitación 2009-2012, desarrollaba, entre otros, dos ejes básicos enfocados hacia la consecución de este objetivo:

— Eje 3: Las áreas de rehabilitación integral y de renovación urbana.
— Eje 4: Las ayudas RENOVE a la rehabilitación y eficiencia energética.

Cada uno de los citados ejes incluía distintos programas destinados a ámbitos específicos. Así por ejemplo, dentro del Eje 3, encontrábamos un primer programa para Áreas de Rehabilitación Integral de conjuntos históricos, centros urbanos, barrios degradados y municipios rurales, cuyos objetivos iban encaminados a mejorar los tejidos urbanos, a la recuperación funcional de los centros históricos, eliminación de la infravivienda y reurbanización de los espacios públicos. Para ello, se proponían actuaciones de mejora de la habitabilidad en los elementos privativos de las viviendas, actuaciones para hacer accesibles los elementos comunitarios y actuaciones de reurbanización. Cabe destacar, que si bien dentro de los objetivos generales de este programa no se mencionaba medida alguna para paliar el deterioro económico y social de estos ámbitos, en el artículo 48 del Plan, en el que se señalaba la documentación que deben contener las actuaciones de las Áreas de Rehabilitación Integral, se indicaba que en la Memoria había que incluir un programa de Acciones que propusiera medidas-socioeconómicas, educativas y culturales, así como un cuadro de indicadores de seguimiento que permitiera conocer el impacto de dichas medidas. Estas medidas socioeconómicas, educativas y culturales no venían contempladas en ninguna de las subvenciones que el Gobierno podía conceder para las actuaciones previstas en cada Área de Rehabilitación Integral.

Por otro lado, también dentro del Eje 3, encontrábamos el Programa de Áreas de Renovación Urbana (establecía las condiciones para la renovación de barrios o conjuntos edificatorios residenciales, a través de actuaciones de reurbanización de espacios públicos, demolición de edificios obsoletos y con problemas estructurales de difícil solución, construcción de viviendas protegidas y programas de realojo temporal) y el Programa de ayudas para la erradicación del chabolismo. En ambos programas, al igual que sucedía con el programa para las Áreas de Rehabilitación integral, existía una falta de objetivos y subvenciones en relación al ámbito socioeconómico y cultural.

En cuanto al Eje 4, podemos señalar, que en relación a las actuaciones relacionadas con la Regeneración Urbana, el programa de ayudas RENOVE a la rehabilitación de edificios de viviendas existentes, iba dirigido a la realización de actuaciones de mejora de la eficiencia energética, higiene, salud y protección del medio ambiente, así como a mejorar la seguridad, estanqueidad y accesibilidad de las edificaciones. En relación a la financiación de todas estas actuaciones, el plan preveía la celebración de acuerdos entre el Gobierno y las Comunidades Autónomas, con la participación de los Ayuntamientos en los que se desarrollaran las áreas de rehabilitación integral (Art. 17).

Por otro lado, siendo la materia de vivienda competencia exclusiva de la Comunidad Autónoma, podemos hacer referencia al caso concreto andaluz, a través de unas breves referencias al Plan Concertado de Vivienda y Suelo 2008-2012[57] y a La ley de Vivienda de Andalucía[58].

El Plan Concertado de Vivienda y Suelo 2008-2012, recoge, dentro de sus tres líneas de actuación, la de la rehabilitación del parque residencial existente, para mejorar las condiciones de habitabilidad, fomentar la integración social priorizando el mantenimiento de la población, lo cual está muy en relación con el concepto de regeneración urbana. El Capítulo VIII del Plan está dedicado a la mejora de la ciudad existente, dividiéndose en dos apartados:

— Áreas de rehabilitación de barrios y centros históricos: Su objeto es el de mejorar las condiciones de alojamiento de los habitantes de áreas degradadas, así como fomentar e integrar actuaciones urbanísticas, sociales y económicas. En relación a la regeneración urbana, es importante señalar que el Plan, en su artículo 93.2, prevé la posibilidad de definir otros programas que se estimen necesarios para la recuperación urbana, social, residencial, económica y social de ámbitos deteriorados, señalándose además la importancia de la participa-

[57] Decreto 395/2008, de 24 de junio, por el que se aprueba el Plan Concertado de Vivienda y Suelo 2008-2012, publicado en BOJA núm. 130 de 2 de julio de 2008.

[58] Ley 1/2010, de 8 de marzo, reguladora del derecho a la Vivienda en Andalucía, publicada en BOJA núm. 54 de 19 de marzo de 2010, modificada por el Decreto -Ley 6/2013, de 9 de abril, de medidas para asegurar el cumplimiento de la Función Social de la Vivienda, publicado en BOJA núm. 69 de 11 de abril de 2013.

ción de los colectivos vecinales y de la coordinación entre Administraciones.

- Rehabilitación concertada de iniciativa municipal: Se propone el desarrollo de actuaciones de rehabilitación integral (físico y social), gestionadas por los Ayuntamientos, e integrando, al igual que en el apartado anterior a los vecinos de los ámbitos. El contenido de estos planes, señala, además de las actuaciones propuestas de carácter urbanístico, aquéllas de carácter social que se estimen oportunas para la renovación integral del área.

Por otro lado, el Título III de la Ley de vivienda de Andalucía, recoge como prioridad de las Administraciones Públicas la rehabilitación del parque de viviendas, pudiendo éstas, en el marco del plan autonómico y de los planes municipales de Vivienda y Suelo, delimitar áreas de rehabilitación integral en barrios y centros históricos, lo que conlleva la declaración de utilidad pública de las actuaciones y necesidad de ocupación de terrenos y edificaciones. Asimismo, se señala que el acuerdo de la delimitación del área de rehabilitación integral puede contener:

- Aprobación de normas, planes y programas para la rehabilitación de viviendas.
- Obligación de rehabilitación de los inmuebles.
- Realización de órdenes de ejecución enfocadas a la rehabilitación.
- Creación de un órgano administrativo para impulsar la rehabilitación del área.

El artículo 19 de esta ley modula la financiación de estas áreas a través de los Patrimonios Municipales del Suelo, e impulsa las actuaciones encaminadas a la rehabilitación de viviendas a través de subvenciones a los propietarios.

e) Patrimonio Histórico

Dado que una parte importante de las actuaciones de regeneración urbana se pueden llevar a cabo en zonas con valores patrimoniales y centros históricos que se encuentra en un estado de deterioro y abandono en la actualidad es importante el análisis de las intervenciones que la Ley de Patrimonio Histórico Español[59] y el Real Decreto 111/1986 de desarrollo parcial de la ley[60] contemplan. Las actuaciones de renovación en conjuntos históricos

[59] Ley 16/1985, de 25 de Junio, del Patrimonio Histórico Español, publicada en BOE núm. 155 de 29 de junio de 1985.

[60] Real Decreto 111/1986, de 10 de enero, de desarrollo parcial de la ley 16/1985, de 25 de junio, del Patrimonio Histórico Español, publicado en BOE núm. 24 de 28 de enero de 1986.

están determinadas por lo señalado en el artículo 20 de la ley, en el que se dicta la obligatoriedad de la redacción de un Plan Especial que contemple las Áreas de Rehabilitación Integrada para recuperar las actividades económicas que se desarrollaran en el ámbito, así como la función residencial (asignación de usos a edificios y espacios públicos, conservación de fachadas y cubiertas, etc.), y remodelaciones urbanas que eviten los usos degradantes para el ámbito, debiendo mantenerse por lo general la estructura urbana y arquitectónica.

Por otro lado, y haciendo referencia al caso concreto andaluz, entre las competencias de la Comunidad Autónoma señaladas en el Estatuto de Autonomía de Andalucía, se marca la de promulgar la normativa necesaria para la protección del patrimonio histórico artístico (artículo 68). En relación a esta cuestión, del mismo modo que en el caso de la Normativa Estatal, la Ley del Patrimonio Histórico de Andalucía[61] y el Decreto 19/1995, por el que se aprueba el Reglamento de Protección y Fomento del Patrimonio Histórico de Andalucía[62], proponen el planeamiento urbanístico como instrumento de actuación sobre las zonas protegidas para su conservación y mantenimiento.

2.3. *Intervención de los Entes Locales en materia de Regeneración Urbana*

En el artículo 25 apartado 1 de la Ley de Bases del Régimen Local[63] se establece que el municipio es el cauce de la participación ciudadana debiendo gestionar los intereses propios de las colectividades. Esta es una disposición que está muy relacionada con las actuaciones de regeneración urbana ya que la mejora de los ámbitos desfavorecidos responde al interés de la colectividad que habita en estas áreas degradadas. Por otro lado, las competencias de los municipios que se marcan en esta ley (artículo 25, apartado 2) están ligadas a las intervenciones de regeneración urbana integral:

— Transformación física de los ámbitos: con competencias en materia de ordenación, gestión, ejecución y disciplina urbanística, promoción y gestión de viviendas, parques y jardines, pavimentación de vías públicas y conservación de caminos y vías rurales, así como patrimonio histórico, suministro de agua y alumbrado público, servicios de limpieza viaria, de recogida y tratamiento de residuos, alcantarillado y tratamiento de aguas residuales.

---

[61] Ley 14/2007, de 26 de noviembre, del Patrimonio Histórico de Andalucía, publicada en BOJA núm. 248 de 19 de diciembre de 2007.

[62] Decreto 19/1995, de 7 febrero 1995 por el que se aprueba el Reglamento de Protección y Fomento del Patrimonio Histórico de Andalucía, publicado en BOJA núm. 43 de 17 de marzo de 1995.

[63] Ley 7/1985, de 2 de abril, de Bases del Régimen Local, publicado en BOE núm. 139 de 11 de junio de 1985, modificada por la Ley 27/2013 de 27 de diciembre.

— Regeneración urbana para la mejora social de los ámbitos: con competencias en materia de prestación de servicios sociales y de promoción y de reinserción social. También se señalan competencias en materia de actividades o instalaciones culturales y deportivas y el turismo, así como la creación y mantenimiento de los centros docentes públicos, participando en el cumplimiento de la escolaridad obligatoria.
— Impulso de la actividad económica de los ámbitos, pudiendo las entidades locales ejercer la iniciativa pública para el ejercicio de actividades económicas y acordar la intervención de empresas cuando lo exija el interés general, tan necesaria en estos momentos en los que los recursos de las Administraciones son limitados (artículo 86).

En el artículo 131, se establece la existencia de un Consejo Social de la Ciudad entre cuyas funciones está la de la emisión de propuestas en materia de desarrollo económico local, planificación estratégica de la ciudad y grandes proyectos urbanos, pudiendo incluirse en estas propuestas las intervenciones de regeneración urbana. Asimismo, la creación de un Observatorio Urbano, según lo dispuesto en la Disposición Adicional Novena de la ley, cuya finalidad es la de conocer y analizar la evolución de la calidad de vida en los municipios, permite detectar los ámbitos desfavorecidos en los que la regeneración urbana es esencial para transformar y mejorar la calidad de vida de la población.

Por otro lado, en cuanto a las competencias que atribuyen las comunidades autónomas a los municipios, se pueden inferir cuestiones relacionadas con las intervenciones de regeneración y renovación urbanas. Por ejemplo, en el artículo 9 de la Ley de Autonomía de Andalucía[64] de 2010, se señalan las competencias de los municipios (asociadas a este tipo de actuaciones) ya citadas anteriormente en la Ley de Bases del Régimen Local. No obstante, cabe destacar también, que en la Ley de Autonomía de Andalucía se definen los principios del régimen de los servicios locales de interés general[65] entre los que está la búsqueda de la calidad medioambiental y desarrollo sostenible (artículo 27). También encontramos referencias a la regeneración urbana, en el Título V de esta ley, artículo 60, en el que se señala que la cooperación territorial entre los entes locales y entre éstos y la Administración de la Comunidad Autónoma, se deberá orientar, entre otros, a propiciar un modelo territorial acorde con los criterios básicos de desarrollo sostenible y de cohesión

[64] Ley 5/2010, de 11 de junio, de Autonomía Local de Andalucía, publicada en BOJA núm. 122 de 23 de junio de 2010.

[65] El artículo 26 de la Ley 5/2010, de 11 de junio, de Autonomía Local de Andalucía define los servicios locales de interés general como aquéllos que prestan o regulan y garantizan las entidades locales en el ámbito de sus competencias y bajo su responsabilidad, así como las actividades y prestaciones que realizan a favor de la ciudadanía orientadas a hacer efectivos los principios rectores de las políticas públicas contenidos en el Estatuto de Autonomía para Andalucía.

económica, social y territorial, y favorecer unos niveles adecuados de calidad de vida, a través de la protección y gestión conjunta del patrimonio natural, social, histórico y cultural. Es importante destacar que para llevar a cabo esta cooperación territorial, se citan en el artículo 62, entidades como los consorcios[66] locales y cualquier otra modalidad de cooperación interadministrativa.

3. Impactos de la crisis económica en la regeneración urbana

El marco actual de crisis económica ha influido de forma determinante en lo que se refiere a la normativa ligada a la materia que nos ocupa. De esta forma, encontramos que en estos últimos años se han aprobado diversos reales decretos que influyen de manera directa sobre los temas analizados en los apartados anteriores. Ejemplo de ello es el Real Decreto 1713/2010, de 17 de diciembre, por el que se modifica el Real Decreto 2066/2008 de 12 de diciembre que regula el Plan Estatal de Vivienda y Rehabilitación 2009-2012[67], en el que encontramos que se deroga la ayuda estatal directa a la entrada para adquirientes de vivienda protegida, se reducen las subvenciones a promotores de vivienda protegida destinada a arrendamiento y se eliminan las ayudas para adquisición y urbanización de suelo para vivienda protegida.

Asimismo, en fechas más recientes, el Real Decreto-ley 20/2012, de 13 de julio, de medidas para garantizar la estabilidad presupuestaria y de fomento de la competitividad[68], suprime las ayudas de préstamos del Plan Estatal de Vivienda y Rehabilitación 2009-2012, y, establece la aplicación del tipo impositivo reducido del 10% a las prestaciones de servicios tales como las ejecuciones de obras de renovación y reparación.

Si bien en los ejemplos citados la influencia de la crisis económica está basada en la reducción y supresión de ayudas, encontramos, por otro lado, un nuevo enfoque en cuanto a que las actuaciones se centran ahora en la ciudad consolidada.

De esta manera, en el Real Decreto 8/2011 de 1 de julio, de medidas de apoyo a los deudores hipotecarios, de control del gasto público y cancelación de deudas con empresas y autónomos contraídas por las entidades locales, de fomento de la actividad empresarial e impulso de la rehabilita-

---

[66] El artículo 78 de la Ley 5/2010, de 11 de junio, de Autonomía Local de Andalucía define el consorcio como una *entidad pública de carácter voluntario y asociativo, dotada de personalidad jurídica propia y plena capacidad para crear y gestionar servicios y actividades de interés común, y sometida al Derecho Administrativo*.

[67] Real Decreto 1713/2010, de 17 de diciembre, por el que se modifica el Real Decreto 2066/2008 de 12 de diciembre que regula el Plan Estatal de Vivienda y Rehabilitación 2009-2012, publicado en BOE núm. 307 de 18 de diciembre de 2010.

[68] Real Decreto-ley 20/2012, de 13 de julio, de medidas para garantizar la estabilidad presupuestaria y de fomento de la competitividad, publicado en BOE núm. 168 de 14 de julio de 2012.

ción y de simplificación administrativa[69], se definen las actuaciones de regeneración urbana como aquellas actuaciones que *se desarrollen en ámbitos urbanos vulnerables, obsoletos o degradados, alcanzando tanto a la urbanización y a las dotaciones, como a los edificios, y tengan como finalidad el cumplimiento de los principios de cohesión territorial y social, eficiencia energética y complejidad funcional al servicio de un medio urbano sostenible* (artículo 18).

Es también destacable la distinción que, en el mismo artículo, se realiza sobre aquellas intervenciones que se refieren exclusivamente a la rehabilitación de las edificaciones, de aquellas otras que, por incorporar medidas sociales, económicas y ambientales, tienen un carácter integral (más en consonancia, pues, con las intervenciones de regeneración urbana).

Asimismo, en el artículo 18 del Real Decreto 8/2011, se define el ámbito de las actuaciones de conservación, mejora y regeneración, pudiendo ser éste continuo o discontinuo, y se marca además un máximo del 50% del ámbito sobre el que se realicen intervenciones de demolición, renovación o sustitución de viviendas, para que las actuaciones tengan el carácter de regeneración urbana, o más concretamente, el de actuaciones de transformación urbanística.

Del mismo modo y al hilo de lo expuesto en lo que se refiere al nuevo enfoque de intervención sobre la ciudad consolidada, si bien, tal y como hemos visto en apartados anteriores, el Plan Estatal de Vivienda y Rehabilitación 2009-2012 se centraba en facilitar la adquisición de vivienda, y así consecuentemente dinamizar el sector de la construcción, en el nuevo plan (Plan Estatal de fomento del alquiler de viviendas, la rehabilitación edificatoria, y la regeneración y renovación urbanas, 2013-2016), se da un nuevo giro en lo que se refiere a este objetivo, para adaptarse al marco actual de crisis económica. El Plan Estatal 2013-2016 se fundamenta ahora en dos ejes principalmente: el fomento del alquiler y la rehabilitación, renovación y regeneración urbana, dejando a un lado las medidas de apoyo para la compra de viviendas.

Por último, cabría destacar como un factor más que ratifica la atención que las Administraciones Públicas están poniendo en las intervenciones sobre la ciudad consolidada, la aprobación del Real Decreto Legislativo 7/2015, de 30 de octubre por el que se aprueba el texto refundido de la ley de suelo y rehabilitación urbana, en el que se integran la Ley del Suelo (aprobada por el Real Decreto Legislativo 2/2008, de 20 de junio) y los artículos 1 a 19, las disposiciones adicionales primera a cuarta, las disposiciones transitorias prime-

[69] Real Decreto 8/2011 de 1 de julio, de medidas de apoyo a los deudores hipotecarios, de control del gasto público y cancelación de deudas con empresas y autónomos contraídas por las entidades locales, de fomento de la actividad empresarial e impulso de la rehabilitación y de simplificación administrativa, publicado en BOE núm. 161 de 7 de julio de 2011.

ra y segunda y las disposiciones finales duodécima y decimoctava; así como las disposiciones finales decimonovena y vigésima y la disposición derogatoria, de la Ley 8/2013, de 26 de junio, de rehabilitación, regeneración y renovación urbanas, al que ya se ha hecho referencia en apartados anteriores.

4. Valoraciones del capítulo

Del análisis de la Normativa podemos deducir que las Administraciones Públicas apuestan claramente por un modelo de ciudad compacta y de actuación sobre la ciudad ya consolidada para lograr objetivos de sostenibilidad, evitar el consumo de nuevo suelo y fomentar la cohesión social, intervenciones éstas, que se pueden inscribir dentro del objeto de la regeneración urbana.

La Unión Europea se erige como uno de los principales respaldos a las ideas de renovación de los ámbitos desfavorecidos de las ciudades, ya que encontramos recomendaciones en esta dirección en la Estrategia Territorial Europea, en la Carta de Leipzig, etc., proponiéndose además medidas de financiación para las intervenciones de regeneración a través del Fondo de Cohesión y de los Fondos Estructurales Europeos (Iniciativa Comunitaria Urban), y fomentando la divulgación de experiencias en distintas ciudades europeas para su aplicación, advirtiendo no obstante, de la especificidad de las soluciones para cada ámbito.

En la Carta de Leipzig y en la Declaración de Toledo encontramos muy bien reflejada la finalidad de la regeneración urbana, ya que los objetivos urbanísticos de mejora del medio ambiente urbano y de la habitabilidad de las viviendas se equiparan y toman la misma importancia que los objetivos de potenciación de la actividad económica y de búsqueda de estrategias formativas adaptadas a las características sociales de los ámbitos sobre los que se interviene. No obstante, ambos documentos carecen de naturaleza jurídica, siendo tan sólo un compendio de recomendaciones.

De igual modo, nuestra Normativa Estatal y Autonómica refleja un interés por la ciudad existente, ya que, tal y como se ha expuesto en el apartado anterior, estas leyes recogen mecanismos para la renovación de las áreas deterioradas. Sin embargo, podemos detectar que la Normativa propone intervenciones fundamentalmente desde el punto de vista urbanístico, dejando a un lado las actuaciones de carácter social y económico, las cuales, en las intervenciones de regeneración urbana tienen una importancia fundamental.

Así por ejemplo, el texto refundido de la ley de suelo y rehabilitación urbana menciona las actuaciones de transformación urbanística sobre las zonas de ciudad consolidada haciendo referencia solamente a intervenciones de renovación de la urbanización, sin tener en cuenta el carácter integral (social y económico) que deben tener las actuaciones de regeneración. Del mismo modo, la Ley de Economía Sostenible, cita entre sus objetivos el de articular las actuaciones de renovación con programas de naturaleza ambiental, económica y social, si bien, a la hora de definir la naturaleza de las actuaciones de renovación urbana se remite al régimen legal dispuesto para las actuaciones de urbanización meramente físicas recogidas en la Ley del Suelo.

En el marco autonómico, tal y como se ha expuesto para el caso concreto de la comunidad autónoma andaluza, sucede de igual forma con la Ley de Ordenación Urbanística de Andalucía y con la Ley reguladora del Derecho a la Vivienda, que en el primero de los casos denomina a los Planes Especiales de Reforma Interior como el instrumento de actuación sobre las zonas consolidadas de las ciudades, teniendo éstos un carácter exclusivamente urbanístico, y en el segundo de los casos, el contenido indicado para las Áreas de Rehabilitación Integral (aprobación de normas, planes y programas para la rehabilitación de viviendas, obligación de rehabilitación de los inmuebles, realización de órdenes de ejecución enfocadas a la rehabilitación y creación de un órgano administrativo para impulsar la rehabilitación del área) excluye cualquier medida de fomento de la actividad económica y de apoyo social. Las leyes de Patrimonio Histórico, tanto la estatal como la andaluza, se remiten a los instrumentos de planeamiento urbanístico para intervenir sobre los centros históricos obviando cualquier otra medida de apoyo social o incentivo económico.

No ocurre lo mismo con los planes estatales de vivienda y rehabilitación, descritos en el apartado anterior, que mencionan en sus Exposiciones de Motivos objetivos de cohesión social. Sin embargo, estos objetivos, o bien no se ven reflejados en los programas que éstos desarrollan, o bien son nombrados sin especificar medidas concretas al respecto, en contraposición con la claridad de medidas de carácter urbanístico que se señalan para la transformación «física» de los ámbitos. Por tanto, en estos planes se otorga un mayor peso e importancia a las actuaciones urbanísticas en relación a las actuaciones sociales y económicas, lo cual no se corresponde con el carácter integral del concepto de regeneración urbana.

Por otro lado, la Ley 7/1985, de 2 de abril, de Bases del Régimen Local da competencias a los municipios para acometer actuaciones ligadas a las intervenciones de regeneración urbana, además de proponer la creación de organismos que faciliten la detección de ámbitos precisos de regeneración urbana (Observatorio Urbano) y otros organismos para la emisión de propuestas en materia de desarrollo económico local, planificación estratégica de la ciudad y grandes proyectos urbanos (Consejo Social de la ciudad), además de entes de cooperación territorial (consorcios) para la consecución de objetivos de desarrollo sostenible y de cohesión económica, social y territorial.

Y, en cuanto al Real Decreto Legislativo 7/2015, de 30 de octubre por el que se aprueba el texto refundido de la ley de suelo y rehabilitación urbana, tal y como se ha expuesto anteriormente, recoge la posibilidad de la ejecución de actuaciones de carácter integral en el medio urbano, además de proponer, junto a las intervenciones de rehabilitación y adaptación a criterios de accesibilidad y sostenibilidad ambiental, la mejora de los tejidos productivos, y la heterogeneidad de los usos.

Por tanto, podemos concluir que en España, tanto los planes estatales de vivienda y rehabilitación, así como el Real Decreto Legislativo 7/2015, de 30 de octubre por el que se aprueba el texto refundido de la ley de suelo y rehabilitación urbana, recogen las intervenciones de regeneración urbana, contemplando la posibilidad de intervenir con medidas que van más allá de las actuaciones edificatorias y urbanísticas, aunque no encontramos en estos textos una definición concreta de las medidas sociales y económicas a llevar a cabo en un ámbito degradado. Tampoco se recogen mecanismos de coordinación de estas medidas urbanísticas con los programas sectoriales de fomento de empleo, educativos, de movilidad, sociales, económicos, etc., los cuales son fundamentales para que las operaciones de regeneración sean eficaces, si bien sí que se señalan, en la Ley 7/1985, de 2 de abril, de Bases del Régimen Local, competencias de los entes locales para llevar a cabo estas operaciones ligadas a la regeneración urbana.

Sería pues necesaria la definición más concreta de un instrumento (el proyecto de regeneración urbana) que contenga y desarrolle las actuaciones de la regeneración urbana, así como determinar el contenido de este instrumento, cuyo objeto específico sea el de llevar a cabo las actuaciones transformadoras de los ámbitos desfavorecidos, que con un carácter integral, contemple medidas de actuación urbanísticas, sociales y económicas, en el que, además, estos tres aspectos estén coordinados y tomen la misma importancia. No obstante lo anterior, es preciso señalar que, tal y como veremos más adelante, en nuestro país se han llevado a cabo intervenciones de regeneración urbana sobre ámbitos degradados y desfavorecidos, lo cual puede proporcionar una base de estudio para la redefinición del instrumento específico que contenga las actuaciones en materia de regeneración urbana.

V. EL PROYECTO DE REGENERACIÓN URBANA

1. Antecedentes[70]

En España, las zonas consolidadas de las ciudades han sido objeto de remodelación y renovación en distintas épocas. Ya en el siglo XIX encontramos iniciativas para actuar en las ciudades, acondicionándolas y embelleciéndolas, con la introducción de paseos, la construcción de monumentos y la creación de espacios urbanos nuevos (ensanches). Ejemplo de ello fue el ambicioso programa urbanístico incentivado por José I para la transforma-

[70] Fuente: F. DE TERÁN TROYANO, *Historia del Urbanismo en España III*, Ediciones Cátedra, S.A., 1999.

ción de Madrid en una capital moderna, que sólo llegó a materializare en parte. También en el XIX, en la segunda mitad del siglo, se iniciaron importantes actuaciones de transformación urbana: Plan Castro en Madrid (1860), Plan Cerdá en Barcelona (1860), Ensanche de Vitoria y Gijón (ambos de mediados del siglo XIX), etc. Estas transformaciones constituyeron la introducción de sistemas de abastecimiento de agua, de saneamiento e iluminación, así como la construcción de nuevos edificios en las partes consolidadas de la ciudad para nuevos usos. Es también destacable la actuación sobre la red viaria de la ciudad existente, con la sustitución de pavimentos y la introducción de elementos singulares en la trama urbana como las alamedas, los salones ajardinados y las plazas monumentales.

A finales del siglo XIX, las iniciativas de actuación sobre la ciudad se dirigieron hacia los núcleos residenciales situados en los suburbios que alojaban a la clase obrera, que habían aparecido como resultado de la industrialización. Se plantearon propuestas como la de Fernández de los Ríos para conectar mediante el ferrocarril la ciudad con las poblaciones obreras o el Proyecto de Ciudad Lineal de Arturo Soria, concebido para construir barriadas obreras (con condiciones de higiene y baratas) también conectadas con la ciudad a través de una gran infraestructura (ferrocarril).

Ya en la primera mitad del siglo XX, se llevaron a cabo actuaciones de reforma interior sobre el espacio urbano heredado, ya que los cascos históricos de las ciudades seguían albergando a la mayor parte de la población. Se reacondicionaron ámbitos con graves problemas de deterioro e insalubridad y se mejoraron las condiciones de circulación de las zonas históricas. Surgen así las Grandes Vías, que como una «operación de cirugía» sobre el casco urbano favorecían la circulación dentro de la ciudad y además se reconvirtieron los centros en lugares privilegiados de residencia para las clases sociales con mayor poder adquisitivo.

Las actuaciones en la ciudad consolidada de la segunda mitad del siglo XX, se basaron, en un primer lugar, en la sustitución puntual de construcciones, que eran demolidas para que en el solar que resultaba de la demolición se construyeran nuevas edificaciones con un mayor aprovechamiento y un considerable aumento del volumen arquitectónico. Posteriormente, se llevaron a cabo actuaciones de conjunto sobre los centros históricos de las ciudades, con un marcado carácter conservador y rehabilitador del patrimonio, surgiendo además, potentes movimientos vecinales en defensa de estos ámbitos. Fue en Madrid donde estas iniciativas tomaron mayor protagonismo. Ejemplo de ello es el Plan para la Remodelación de Barrios de 1979. La inmigración hacia las grandes ciudades de los años 50 y 60 dio lugar a la creación de barrios en los que existían infraviviendas y graves carencias dotacionales (Pozo del Tío Raimundo, San Blas, Vallecas, etc.). En la década de los 70 las asociaciones vecinales de estos barrios se constituyeron en una plataforma que reivindicaba a la Administración la mejora de las condiciones de los barrios, obteniendo respuesta en el Plan para la Remodelación de

Barrios. Con este plan se reurbanizaron los espacios públicos existentes y se equiparon con nuevas infraestructuras. Todo ello se desarrolló con una importante premisa: mantener a la población residente. Es importante destacar esta premisa porque las remodelaciones realizadas hasta entonces en las ciudades consistían en demoler para reconstruir, trasladando a la población a otros lugares, sin mantener los valores identitarios de los ámbitos. Sin embargo, el Plan para la Remodelación de Barrios, además de partir de la exigencia de los propios vecinos y de la participación de éstos en su desarrollo, contemplaba el realojo de la población en el mismo barrio, siendo esto una de las principales características que engloba el concepto de regeneración urbana, tal y como se ha señalado en capítulos anteriores. Por tanto, podemos encontrar en el Plan para la Remodelación de Barrios de Madrid del año 79 el germen de los proyectos de regeneración urbana.

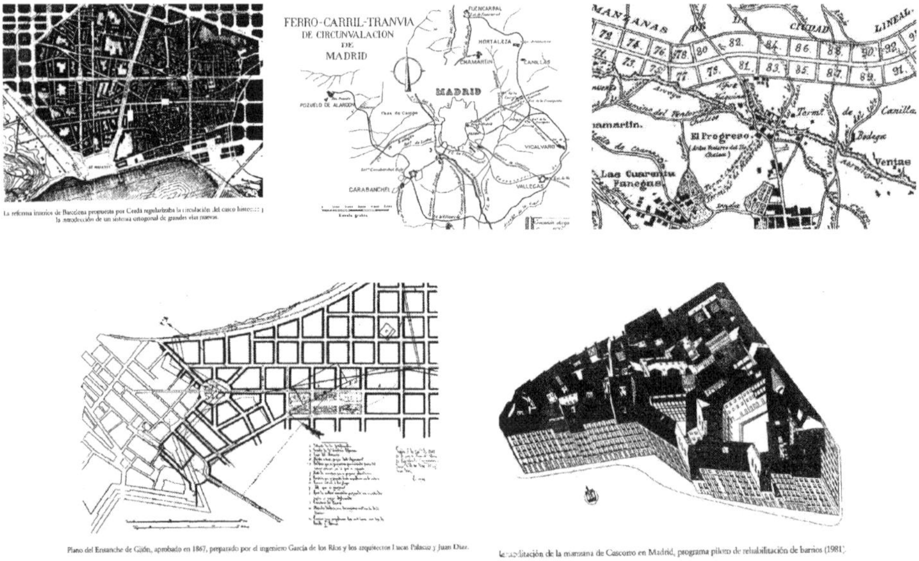

Imagen 1: Fuente: F. DE TERÁN TROYANO, *Historia del Urbanismo en España III*, Ediciones Cátedra, S.A., 1999.

2. Definición, tipos y contenido

El proyecto de regeneración urbana se puede definir como el instrumento técnico que engloba las actuaciones de tipo urbanístico, social y económico dirigidas a la transformación positiva de las zonas de ciudad consolidada que se encuentran en estado de deterioro.

Se debe, pues, superar la idea de proyecto de regeneración como herramienta de transformación exclusivamente física; el proyecto debe englobar las distintas disciplinas específicas (social, económica y urbanística) para conseguir una actuación integral.

El proyecto es el instrumento adecuado para las intervenciones de regeneración urbana, ya que tiene una escala intermedia, entre el planeamiento y la arquitectura. De esta forma, se pueden abordar los problemas concretos que afectan a un ámbito degradado sin perder la conciencia del propio ámbito, ni su relación con el resto de la ciudad. Esta cuestión, de relación entre el ámbito a regenerar y el resto de la ciudad, es fundamental, ya que hay que considerar que la regeneración urbana de un zona concreta puede tener una capacidad transformadora que vaya más allá de los límites del ámbito a regenerar.

Podemos distinguir dos tipos diferentes de proyectos, que responden a la diversidad del concepto de regeneración urbana según su finalidad y según el área sobre la que se actúa, tal y como ya se señaló anteriormente:

— Por un lado, tenemos los proyectos que intervienen sobre los centros históricos o barrios con valores históricos y patrimoniales que se encuentran en estado de degradación, y en los que han aparecido fenómenos de gentrificación o se han convertido en áreas monofuncionales (habitualmente usos turísticos y terciarios), habiéndose, por tanto, perdido la población original y los usos tradicionales. El objetivo de los proyectos de regeneración en este caso, es devolver a estas zonas su centralidad originaria, con el desarrollo de nuevas actividades o recuperación de los usos tradicionales para modernizarlos, así como una recuperación de la función residencial acompañada de la inserción de las dotaciones necesarias, para que estas áreas sean realmente habitables.
— Por otro lado, podemos distinguir otro tipo de proyectos de regeneración que intervienen sobre áreas desfavorecidas de las ciudades, áreas industriales obsoletas o zonas periféricas residenciales, en las que existen graves problemas de marginalidad, delincuencia, infraestructurales y de habitabilidad de las viviendas. Su objeto es el de mitigar los conflictos sociales, así como mejorar la calidad de vida de estos barrios de modo que sean competitivos con el resto de barrios de la ciudad.

El contenido del proyecto de regeneración urbana se debe iniciar con un análisis exhaustivo del lugar, de los puntos fuertes y débiles del ámbito, y desde todas las perspectivas (urbanística, social, ambiental, económica, cultural, etc.). Se trabaja desde las condiciones del ámbito para, desde una forma inductiva, generalizar desde lo concreto del análisis.

Posteriormente al análisis, se deben fijar los objetivos de desarrollo en consonancia también con el resto de la ciudad. Estos objetivos se materializarán a través de una serie de propuestas, las cuales deberán coordinarse entre ellas. Es también importante facilitar la ejecución mediante una programación flexible, ya que si los programas van coordinados, el comienzo de unos dependerá de la finalización de otros.

Por último, es conveniente realizar una evaluación continua de los resultados de los distintos programas, mediante los indicadores adecuados[71]. De esta manera, se expone claramente la eficacia de las medidas que se tomen y se facilita el intercambio de experiencias de regeneración.

3. Financiación

Con respecto a la financiación de los proyectos de regeneración urbana, en el Dictamen del Comité de las Regiones sobre el papel de la regeneración urbana en el futuro del desarrollo urbano en Europa[72], se señala que los recursos que se destinen a financiar la regeneración deben favorecer la eficacia de los programas, combinando recursos nacionales y locales, mezclando ayudas públicas y capital privado y evaluando los beneficios de la regeneración y distribuyendo los gastos entre los beneficiarios.

En la actualidad, la financiación de las actuaciones de regeneración depende del tipo de actuación que se realice:

— Las actuaciones de regeneración dirigidas a renovar los centros de las ciudades encuentran un mayor apoyo del capital privado, ya que el factor inmobiliario es determinante y el factor de localización (céntrico) también lo es para la implantación de centros de trabajo. En estas operaciones encontramos asociaciones público-privadas, tal y como se realizó en el Plan de Transformación del barrio de La Mina[73], en las que un organismo público se encarga de la ordenación y planificación del ámbito, para que posteriormente el sector privado entre en la operación.
— Las intervenciones encaminadas a mitigar los conflictos y la degradación de las áreas marginales de las ciudades suelen financiarse por las Administraciones Públicas, ya que el interés inmobiliario es escaso.

---

[71] *El seguimiento de los procesos de regeneración urbana puede realizarse a través de indicadores sociales y económicos, que se revisen periódicamente y que vinculen los objetivos con determinados valores de referencia de estos indicadores. Estos indicadores pueden ser la tasa de analfabetismo, la tasa de abandono escolar, la incidencia de la delincuencia, consumo de estupefacientes, número de casas abandonadas*, etc. A. APARICIO MOURELO Y R. DI NANNI, *Modelos de gestión de la Regeneración Urbana*, SEPES Entidad Estatal de Suelo. Ministerio de Fomento del Gobierno de España, 2011.

[72] Dictamen del Comité de las Regiones sobre el papel de la regeneración urbana en el futuro del desarrollo urbano en Europa (2010/C 267/07), publicado en el Diario Oficial de la UE el 1/10/2010.

[73] I. VELÁZQUEZ VALORIA Y C. VERDARGUER VIANA-CÁRDENAS, *Regeneración urbana integral. Tres experiencias europeas innovadoras: Île de Nantes, Coin Street y Barrio de la Mina*, SEPES Entidad Estatal de Suelo. Ministerio de Fomento del Gobierno de España, 2011.

En el marco de la Unión Europea la aportación económica para este tipo de intervenciones corre a cargo de los Fondos de Desarrollo Urbano y fondos JESSICA, que aúnan financiación y subvención con la puesta en marcha de programas de desarrollo económico.

Con respecto a la Administración Estatal, el Plan Estatal de fomento del alquiler de viviendas, la rehabilitación edificatoria, y la regeneración y renovación urbanas, 2013-2016, contiene programas para la financiación de actuaciones de regeneración y renovación urbanas. Y, en el Real Decreto Legislativo 7/2015, de 30 de octubre por el que se aprueba el texto refundido de la ley de suelo y rehabilitación urbana, se incluyen mecanismos para la financiación a través de convenios entre las Administraciones Públicas, propietarios y demás sujetos que intervengan en la ejecución de las actuaciones de regeneración urbana.

Las intervenciones de regeneración son poco sostenibles económicamente hablando, por lo que las colaboraciones con el capital privado toman una importancia fundamental. Según el documento «Regeneración Urbana integrada en Europa»[74] la iniciativa privada apenas lidera las intervenciones de regeneración urbana en España, si bien, si que se beneficia de estas actuaciones.

Al hilo de lo anteriormente expuesto, podemos concluir que es importante que la iniciativa privada se implique en las intervenciones de regeneración de forma conjunta con el sector público, ya que una financiación exclusivamente privada puede *producir una ciudad proyectada de acuerdo con los intereses privados*[75] excluyendo los intereses de los habitantes de los ámbitos a regenerar. Hay, pues, que procurar una colaboración público-privada, pero delimitando claramente el rol de cada uno de ellos.

VI. PROPUESTAS METODOLÓGICAS PARA LA PUESTA EN MARCHA DE UNA ACTUACIÓN DE REGENERACIÓN URBANA A TRAVÉS DE UN PROYECTO. EL CASO DEL PROYECTO DE REGENERACIÓN URBANA EN EL BARRIO DEL SACROMONTE (GRANADA)

1. Estudio de casos: Intervenciones significativas de regeneración urbana en España

En algunas zonas de nuestro país se han llevado a cabo intervenciones de regeneración que llevan a la práctica las ideas y objetivos que resultan del análisis de un ámbito determinado a través de actuaciones físicas con-

---

[74] A. ÁLVAREZ MORA Y F. ROCH PEÑA, *Regeneración Urbana integrada en Europa. Documento de síntesis*, Instituto Universitario de urbanística, Universidad de Valladolid, junio de 2010.

[75] I. ARTEAGA ARREDONDO, *Teoría y práctica del Proyecto Urbano. La experiencia europea a finales del siglo XX*, 2007, disponible en www.erevistas.csic.es

cretas y del desarrollo de programas económicos y sociales. En este apartado se propone la descripción de tres de estas experiencias desarrolladas en España.

La elección de estas intervenciones está basada en la diversidad de condicionantes sobre los que éstas han actuado. De ahí, que se proponga el estudio del barrio de Zorrozaurre en Bilbao, donde el ámbito de actuación es una zona en la que el uso industrial ha quedado obsoleto; en cambio, tanto el Plan de Transformación del barrio de La Mina, en Sant Adrià del Besós (Barcelona) como el Plan del Polígono Sur en Sevilla, se centran en áreas de la ciudad en las que se pretende mantener el uso residencial actual, pero en las que existen graves problemas de marginalidad y deterioro físico. Por otro lado, el barrio de La Mina presenta, con respecto al Polígono Sur, una diferencia en relación al factor de localización. Mientras que La Mina tiene una posición privilegiada de cercanía al centro y al litoral renovado de la ciudad de Barcelona, el Polígono Sur, si bien se trata de una zona de ciudad consolidada, tiene una situación periférica respecto de la ciudad y está marcado por grandes infraestructuras de comunicación (línea de ferrocarril Sevilla-Cádiz y la autovía SE-30).

1.1. ZORROZAURRE (Bilbao)

Zorrozaurre es un barrio de Bilbao que se encontraba en un estado bastante avanzado de deterioro. En este barrio existían un gran número de parcelas sin edificar, edificios en estado de ruina y bloques de viviendas en mal estado de conservación, así como usos existentes asimilables al industrial (la mayoría talleres de reparación). Por otro lado, los habitantes de esta zona no disponían de recursos económicos para llevar a cabo obras de rehabilitación de las edificaciones, y dado que la estructura de la propiedad estaba muy fragmentada era difícil llevar a cabo un programa conjunto de rehabilitación.

El Plan General de Ordenación Urbana de Bilbao preveía que en esta zona se instalara una mezcla de usos terciarios y residenciales, destinándole un marcado carácter de nuevo centro de expansión de la ciudad. Era, pues, necesario trasladar los usos industriales a otra zona, para poder acondicionar el barrio a los usos previstos en el PGOU. A raíz de ello, se promovió un concurso nacional para la reordenación de esta zona, en el que quedó patente la necesidad e importancia de desplazar los usos portuarios e industriales previamente a acometer la regeneración del barrio.

Si bien la propuesta presentada por la Universidad del País Vasco no fue la ganadora, parece interesante introducirla como objeto de análisis ya que pretendía asentar un nuevo Campus Universitario en el barrio, concentrando las sedes de las distintas facultades universitarias que se dispersaban en la ciudad, dándole así un carácter de nueva centralidad. Se trataba, pues, de reordenar a partir de la implantación de nuevos usos, como motor para regenerar la zona. Así pues, además del Campus Universitario, se planteaba la construcción de nuevas viviendas (muchas de ellas de protección oficial), comercios, un parque empresarial y un hotel. En esta propuesta, es interesante además destacar el sistema de gestión ideado para llevar a cabo la acción de regeneración, mediante la creación de una Sociedad Mixta compuesta por la Administración Pública, la Universidad, el Puerto (que era propietario de una parte importante del suelo), así como de los pequeños propietarios. No obstante, no se tuvieron en cuenta cuestiones relativas a la búsqueda de la inversión del capital privado, destino del parque de viviendas que se pretendía construir, etc.; cuestiones éstas bastante importantes ya que la financiación del proyecto se basaba en gran medida en la venta de estas viviendas. Esto, junto con la dificultad de adherir a los propietarios del suelo al proyecto supuso un escollo fundamental en la elección de esta intervención.

Finalmente, la propuesta de la arquitecta iraní Zaha Hadid, fue la ganadora. Este proyecto contempla la creación de nuevas áreas, aunque hay que señalar que estas nuevas zonas se articulan con la conservación de las edificaciones destinadas a vivienda ya existentes, por propia petición de los vecinos. Asimismo, se plantea la conservación de edificaciones, que siendo de cierto interés arquitectónico, puedan albergar nuevos usos, siempre que éstos sean compatibles con el área en el que se insertan. Son los contenedores de nuevos usos. De esta manera, el proyecto no arrasa con lo existente para implantar un nuevo orden, sino que es una labor de cirugía urbana que conjuga la inserción de una nueva ordenación con estructuras preexistentes, conservando así también a la población autóctona del lugar. El proyecto está basado en la distinción de tres zonas:

- Zona residencial: Con viviendas y comercios. Se prevé la construcción de unas 5.000 viviendas, la mitad de Protección Oficial. Será una zona de baja densidad.
- Zona dotacional: Con equipamientos y zonas verdes.
- Zona terciaria: Los edificios albergarán oficinas así como viviendas. Existe una mezcla de usos residencial-terciario. La densidad de esta zona será más alta, ya que se prevé incrementar las alturas de las edificaciones.

Por otro lado, el proyecto de regeneración de Zorrozaurre plantea la introducción de polos de atracción, generadores de actividad: la Sede de la BBK, el Hospital del Igualatorio Médico Quirúrgico y la sede de Ingeniería IDOM (cuya sede se plantea en un antiguo edificio ya existente).

Hay que señalar también, la importancia de la participación ciudadana dentro del Proyecto. De este modo, se recabaron las alegaciones realizadas por la Asociación de vecinos de la zona:

— Rehabilitación de viviendas (consolidación de estructuras, restauración de fachadas, instalación de ascensores, renovación de las instalaciones, etc.).
— Conservación de la zona tradicional.
— Adaptación de las nuevas edificaciones a la fisonomía y trama urbana del barrio.
— Creación de nuevas zonas verdes públicas y peatonalización de áreas.
— Traslado de un determinado número de actividades económicas.
— Reurbanización de los terrenos (acerado, viales, mejora del saneamiento, alumbrado, etc.).

Por otro lado, en esta intervención se trata también el tema de la conexión del área con el resto de la ciudad: la isla de Zorrozaurre se conectará con el resto de la ciudad mediante varios puentes, unos peatonales y otros para el tráfico rodado. Asimismo, se proyecta un eje central a modo de «espina dorsal» de la isla que la recorre de Norte a Sur y que conecta directamente con el centro de la ciudad.

Es también una cuestión importante a señalar el plazo de duración de los trabajos: se trata de una actuación a llevar a cabo en un plazo largo, no de efectos inmediatos. La regeneración de la zona no es tan sólo la culminación de las obras propuestas, sino que, para que ésta se considere en marcha hay que esperar a que el propio barrio sobre el que se actúa cobre vida y comience a ser un foco de actividad asentándose así su población.

En cuanto al sistema de gestión del Proyecto, se creó una Comisión Gestora (que suma más del 65% de la propiedad de Zorrozaurre) compuesta por:

— Tres entidades públicas: Gobierno Vasco (Consejería de Vivienda, Obras Públicas y Transportes y empresa pública Visesa), Ayuntamiento de Bilbao y Autoridad Portuaria de Bilbao.
— Tres entidades Privadas: Sociedad promotora inmobiliaria Margen Derecha S.A., Vicinay Cadenas S.A. y Gexto Desarrollos Urbanos S.L.

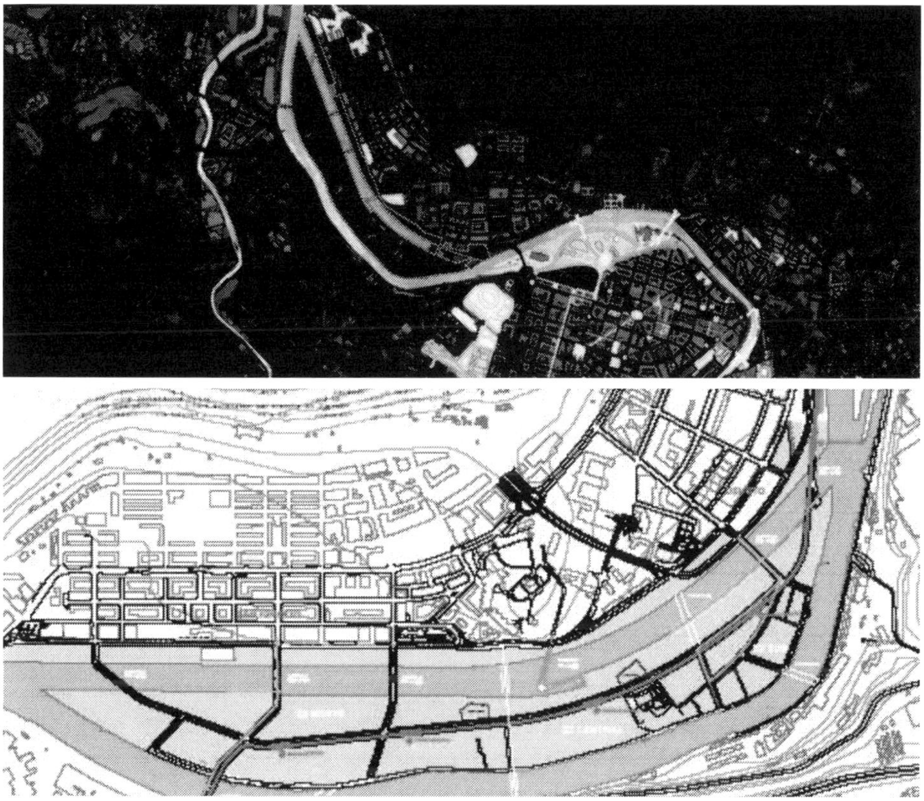

Imágenes 2 y 3: Conexiones proyectadas del barrio de Zorrozaurre con el resto de la ciudad.[76]

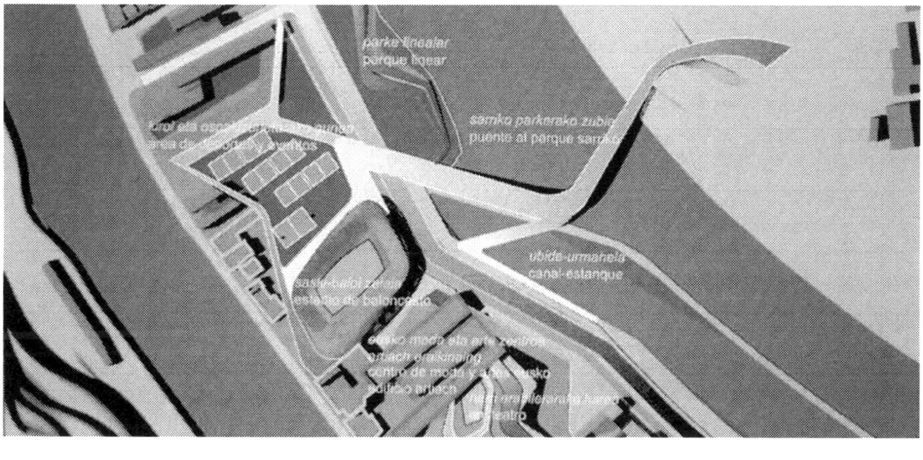

Imagen 4: Introducción de nuevos equipamientos con carácter metropolitano. Conservación de edificaciones existentes y proyección de nuevas viviendas.

[76] Fuente imágenes 2, 3 y 4: http://www.skycrapercity.com

1.2. BARRIO DE LA MINA (Sant Adrià del Besòs, Barcelona)[77]

El barrio de La Mina fue construido en la década de los 60 para realojar a los inmigrantes que se instalaron en los poblados de chabolas en una zona industrial cercana a la desembocadura del río Besòs, donde el suelo era más barato. A los problemas de carencia de infraestructuras y falta de urbanización, que ya desde el origen eran patentes en el barrio, hay que sumar los problemas sociales que lo convirtieron en un foco de marginalidad durante los años 80. En estos años, se llevaron a cabo iniciativas urbanísticas y sociales para mejorar la situación de este ámbito, pero ninguna tuvo éxito.

A finales de los años 90, se inició una intervención que acometía los problemas existentes con una triple vertiente social, constructiva y urbanística: «Plan de Transformación de La Mina», que incluía un Plan de Reordenación y Mejora y un Plan de Acción Social, y que fue aprobado en el año 2004 dentro de la iniciativa «Barcelona Fórum Universal de las Culturas 2004», y que intervenía en la zona Litoral-Besòs, en la que se situaban infraestructuras de la ciudad tales como la depuradora, centrales eléctricas y la incineradora. La cercanía del barrio de La Mina a este ámbito de infraestructuras fue el detonador para que dicho barrio fuera incluido dentro de este programa de transformación.

Para llevar a cabo el Plan de Transformación, se partió, tal y como se ha señalado anteriormente, del estudio del barrio desde tres puntos de vista diferentes. Desde el punto de vista social se examinaron los distintos tipos de conflictos que se daban en la población del barrio, quedando patente que la asociación droga-delincuencia constituía el problema más grave. Asimismo, se puso de manifiesto que no existía diversidad social.

Por otro lado, se llevó a cabo un estudio del estado de las edificaciones. Respecto a esta cuestión, se analizaron las patologías que se daban en las construcciones para acabar concluyendo que éstas no presentaban graves problemas estructurales.

En cuanto al estudio urbanístico, se puso de manifiesto la posición de centralidad del barrio de La Mina respecto del resto de la ciudad. Asimismo, se estudió la densidad de viviendas y la tipología (bloque lineal). Con respecto a los usos, éstos tampoco eran heterogéneos (comercio de primera necesidad y usos industriales destinados a almacenaje, transformación y distribución). Y, se concluyó que los equipamientos tenían un carácter local, de modo que no existía interacción con el resto de la ciudad, así como, los espacios libres se traducían en espacios intersticiales y en patios de manzana de los bloques, ocupados mayoritariamente por aparcamientos, debido al déficit existente.

El modo de afrontar estas cuestiones en el Plan de Transformación se basó en dos líneas estratégicas, un Proyecto Social y un Proyecto Urbanístico.

---

[77] I. VELÁZQUEZ VALORIA Y C. VERDARGUER VIANA-CÁRDENAS, *Regeneración urbana integral. Tres experiencias europeas innovadoras: Île de Nantes, Coin Street y Barrio de la Mina,* SEPES Entidad Estatal de Suelo. Ministerio de Fomento del Gobierno de España, 2011.

El Proyecto Social estaba apoyado en la puesta en marcha de un Plan de Acción Social para crear una economía local y diversa, fomentando la creación de empleo local, afrontar problemas de exclusión (drogas) y fracaso escolar y eliminar la delincuencia. Este Plan de Acción Social estaba basado en 7 líneas de actuación:

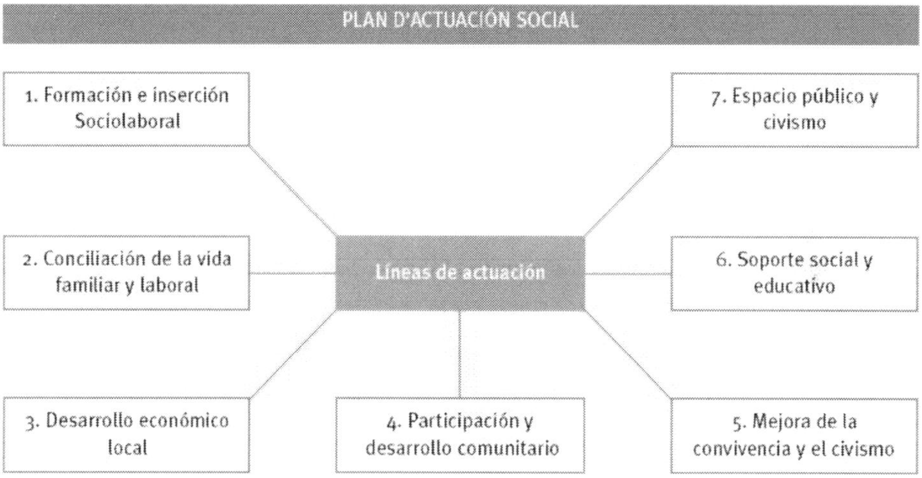

Imagen 5: Fuente: Consorcio de La Mina

Por otro lado, el Proyecto Urbanístico partió de la relocalización de las actividades industriales que existían en el barrio. Después se procedió a establecer las iniciativas urbanísticas del Plan:

- Creación de un eje central (Rambla) que une el barrio de Noroeste a Sureste y lo conecta con el resto de la ciudad, además de tener un carácter de espacio público como lugar de encuentro de los vecinos.
- Introducción en dicho eje central de un equipamiento público de carácter metropolitano (Comisaria de los Mossos d'Escuadra), a modo de conector del barrio con el resto de la ciudad y de equipamientos locales de carácter educativo para el barrio. De este modo, la introducción de equipamientos conecta con la línea de actuación social del Plan, ya que por un lado, se busca eliminar la delincuencia del espacio público y por otro se fomenta el soporte social y educativo.
- Mejora del espacio público existente, asignando nuevos usos a los espacios que quedaban entre los bloques lineales de viviendas y creando una red de espacios públicos en la que el principal elemento ordenador era el eje central proyectado (Rambla).
- Obras para la mejora de la habitabilidad de las viviendas existentes.
- Construcción de nuevas tipologías de vivienda para diversificar la población del barrio.

Por último, hay que destacar que principal instrumento para llevar a cabo la actuación es el Consorcio del Barrio de La Mina, formado por:

— Administración: Ayuntamientos de Barcelona y de San Adrià del Besòs, Diputación de Barcelona y Generalitat.
— Técnicos: De los Ayuntamientos y Generalitat, de la Fundación CIREM (fundación dirigida al estudio de las ciencias sociales), de la Universidad Autónoma de Barcelona, y un equipo de técnicos externos para la redacción del Plan.
— Entidades vecinales: Asociación de vecinos, centros gitano e infantil, parroquia, asociaciones de comerciantes, etc.

Imagen 6: Barrio de La Mina en relación a actuaciones post-olímpicas (Las Glorias, Puerto, etc)[78]

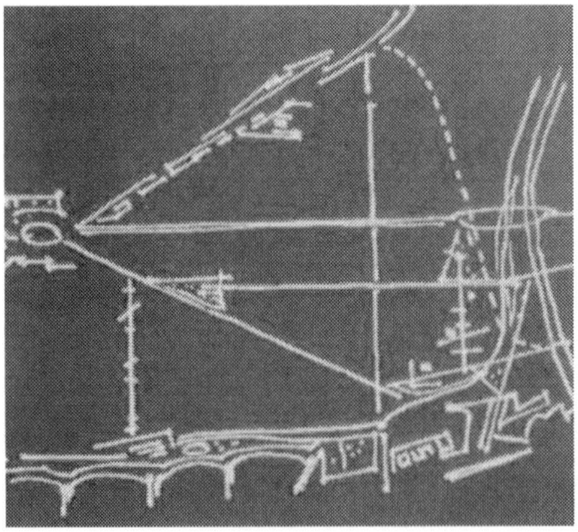

Imagen 7: Croquis de conexión barrio-ciudad

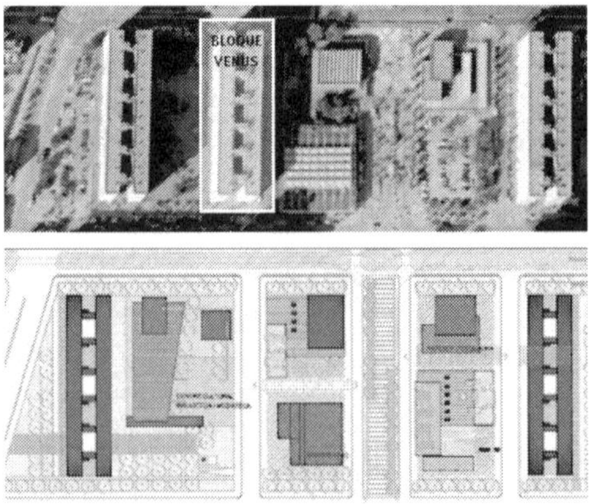

Imagen 8: Sustitución de viviendas por dotación

[78] Fuente imágenes: I. VELÁZQUEZ VALORIA Y C. VERDARGUER VIANA-CÁRDENAS, *Regeneración urbana integral. Tres experiencias europeas innovadoras: Île de Nantes, Coin Street y Barrio de la Mina*, SEPES Entidad Estatal de Suelo. Ministerio de Fomento del Gobierno de España, 2011.

Imagen 9: Maqueta del estado final del barrio de La Mina

1.3. POLÍGONO SUR (Sevilla)[79]

El Polígono Sur es un ámbito de la ciudad de Sevilla que comprende seis barriadas (Las Letanías, Murillo, Antonio Machado, Martínez Montañés, la Oliva y Paz y Amistad). La situación del Polígono, como su nombre indica, está en el Sur de la ciudad, marcado por la cercanía de la línea del ferrocarril Sevilla-Cádiz, que lo separa de la barriada de Bami y la autovía SE-30. Su origen está en el asentamiento de viviendas de protección oficial, obreras y chabolistas, procedentes, en muchos de los casos, de desahucios de los barrios céntricos, en los que el suelo adquirió un alto valor económico.

Los barrios que componen el Polígono Sur sufren, graves problemas de marginalidad, paro, delincuencia e inseguridad ciudadana, deterioro de los espacios públicos y viviendas, absentismo escolar, etc. En el año 2003, las Administraciones Estatal, Regional y Local se pusieron de acuerdo para hacer frente a las reivindicaciones de los vecinos que denunciaban el abandono del barrio por parte de las Administraciones y la situación de difícil convivencia en él, causa por la que muchas familias se estaban trasladando a otros lugares de la ciudad.

Para intentar paliar los problemas existentes se creó un Comisionado (Decreto 297/2003, de 21 de octubre) cuya función era la de recoger las reivindicaciones vecinales y plantear soluciones específicas que desde un punto de vista global integrara actuaciones urbanísticas, sociales y económicas. Con este objetivo se realizó el Plan del Polígono Sur.

El Plan está basado en el estudio de cuatro áreas fundamentales (urbanismo y convivencia vecinal, inserción socio-laboral e iniciativa económica, salud comunitaria e intervención socio educativa y familiar). De cada una de estas áreas se extrajo un diagnóstico y unos objetivos, proponiéndose como resultado una serie de actuaciones concretas para cada una de ellas.

---

[79] Plan Integral del Polígono Sur de Sevilla.

Con respecto al área de urbanismo y convivencia vecinal, en el estudio se puso de manifiesto el problema del aislamiento de los barrios, ya que el Polígono Sur se encuentra rodeado de barreras físicas que impiden su conexión con el resto de la ciudad (línea de ferrocarril, autovía SE-30, etc.). Asimismo, dentro de los propios barrios se detectó el abuso de los fondos de saco en las calles y el problema de comunicación entre los barrios, así como la escasez de transporte público. Por otro lado, se estudió el espacio público, detectándose no sólo la falta de zonas verdes y grandes carencias en su estado, sino también un marcado carácter de zona tránsito que impide que se desarrollen actividades que fomenten la vida social.

En cuanto a las viviendas, se identificaron problemas relacionados con el mal estado de éstas (deterioro de las cubiertas, fisuras y grietas etc.), la no adaptación a la Normativa de Accesibilidad, alteraciones en fachada producto de las modificaciones individuales, uso de sótanos para espacios vivideros, etc.

Por otro lado, se señaló como factor fundamental del deterioro social la inseguridad ciudadana y las distinciones entre los propios barrios que conforman el Polígono, si bien, es destacable el fuerte movimiento vecinal existente en el Polígono Sur como muestra de la identidad colectiva.

Los objetivos que se marcaron en esta área de urbanismo y convivencia vecinal, se enumeran a continuación de modo esquemático:

- Mejora de las infraestructuras, los espacios públicos (reurbanización y eliminación de construcciones que invaden el espacio público) e inserción de equipamientos asociados a programas dirigidos a ocupar tiempo libre con actividades de ocio, deporte y cultura (Casa de la Cultura y el Flamenco) que además aseguran la continuidad de los valores de identidad de los barrios.
- Eliminación de las barreras físicas que aíslan los barrios del resto de la ciudad (soterramiento de la línea de ferrocarril).
- Rehabilitación de las viviendas, solucionando problemas de habitabilidad y accesibilidad, así como el tratamiento de fachadas.
- Recuperación de encuentros culturales y festivos que refuercen las relaciones sociales en los barrios, y programas de seguridad con el establecimiento de dispositivos fijos en varios puntos del Polígono.

En cuanto al área de inserción socio-laboral e iniciativa económica, del análisis realizado se dedujo que la población del Polígono Sur tiene un nivel de formación bajo por lo que la inserción laboral se hace bastante difícil (alta tasa de desempleo). Por tanto, en este ámbito, el objetivo fundamental es el impulso de la actividad económica dentro del propio barrio, siendo muy importante el apoyo de las Administraciones Públicas que debe estar dirigido a:

— Potenciar los factores económicos que se encuentran latentes.
— Creación de programas de inserción laboral.
— Apoyo al comercio existente.
— Búsqueda de una heterogeneidad de las actividades económicas.

Con respecto al área de salud comunitaria, en el Polígono Sur se detectó un alto índice de mortalidad y menor esperanza de vida que en el resto de la ciudad. Además, se señalaron, junto al problema fundamental que es la drogodependencia, problemas de saneamiento, ratas, etc. (chabolismo vertical[80]), así como la inaccesibilidad en las viviendas (falta de ascensores) que da lugar al encierro de ancianos y discapacitados. Dado que la falta de equipamientos sanitarios no es la causa principal de la salubridad del Polígono Sur, los programas en esta área van dirigidos a solucionar la drogodependencia, que además afecta a los grupos con mayor grado de marginalidad, junto con actuaciones de reurbanización para eliminar los problemas de salubridad pública.

Por último, en relación a la intervención socio educativa y familiar, el abandono escolar y el absentismo son los puntos de partida de la marginación, no siendo la causa el número de institutos o colegios. El absentismo escolar se señaló como la consecuencia de la vida que llevan los niños y adolescentes de los barrios que presentan un alto nivel de analfabetismo. Para mejorar las condiciones educativas del ámbito, el Plan propone una inversión en educación, que deberá ir dirigida a menores en edad escolar y adultos, así como a prevenir el absentismo escolar mejorando la convivencia en las escuelas e institutos.

Al hablar del Plan del Polígono Sur, se hace necesaria hacer una mención especial a la metodología, ya que se trata de un factor clave para la ejecución del Plan y la eficacia de las actuaciones propuestas. Es fundamental la coordinación, no sólo entre las distintas administraciones que gestionan el Plan, sino que también se hace necesaria la coordinación de las actuaciones. De este modo, en el Plan del Polígono Sur se plantea que las actuaciones encaminadas a la rehabilitación y a mejorar las condiciones de habitabilidad y accesibilidad de las viviendas deben ir coordinadas con las intervenciones en materia de educación y apoyo a las familias, así como la recuperación del espacio público y la reurbanización deben ir ligadas a las actuaciones para favorecer la convivencia vecinal y la seguridad ciudadana. De este modo, las actuaciones urbanísticas que se culminen no retornan a su estado anterior

---

[80] *Conjunto de viviendas antiguas en algunos barrios periféricos y en los cascos antiguos, que tienen muy deterioradas sus condiciones de habitabilidad. Además de un deplorable estado de conservación, estas viviendas suelen tener tamaños muy pequeños y carecen de las instalaciones necesarias para poder vivir cubriendo las exigencias sociales mínimas. Los niveles de hacinamiento suelen ser muy elevados, al coincidir tamaños muy reducidos con gran número de personas.* J. L. GÓMEZ RAMIRO, *El acceso a la vivienda como condicionante de la integración social. Políticas municipales,* disponible en http://habitat.aq.upm.es/ch/g014.html.

puesto que simultáneamente se han tomado una serie de medidas sociales que han concienciado a la población.

Otros factores destacables son la participación ciudadana (si se hace partícipe a la población del desarrollo del Plan, las actuaciones que se realicen se sienten como propias y atenderán de un modo más eficaz a las reivindicaciones de los ciudadanos) y el carácter flexible y abierto (muchas de las intervenciones dependen de cómo se vayan desarrollando tal y como ya se ha señalado anteriormente).

Por último, en cuanto al seguimiento de la gestión del Plan, se crearon una serie de órganos para coordinar las actuaciones:

— Comisionado: Es el encargado de articular las políticas de las tres Administraciones intervinientes así como de evaluar las actuaciones y controlar la programación temporal de éstas.
— Órganos de coordinación: Creados para asegurar la coordinación entre las Administraciones, teniendo como interlocutor al Comisionado.
— Comisión General del Polígono Sur: Órgano para la gestión integrada de los programas a nivel de barrio.
— Órganos de participación: para incorporar a la población a las actuaciones que se lleven a cabo.

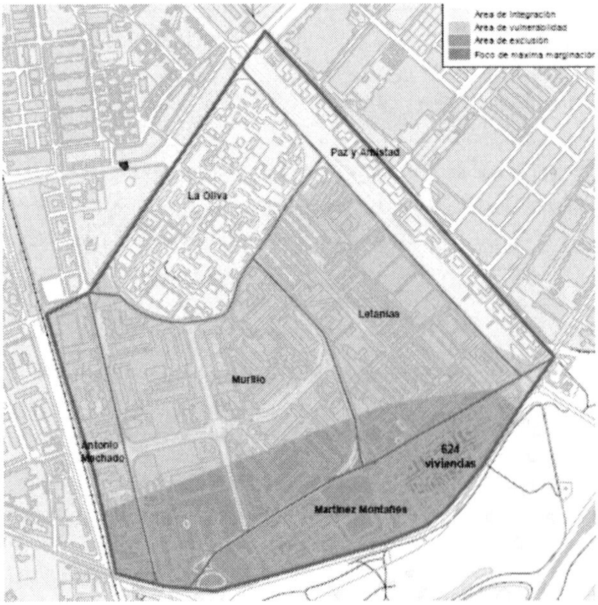

Imagen 10: Estudio de las áreas de marginalidad del Plan del Polígono Sur[81]

[81] Fuente imágenes: Plan Integral del Polígono Sur.

Imágenes 11 y 12: Problemas de habitabilidad en las viviendas. Espacio público sin uso específico deteriorado por la acumulación de basura.

1.4. Cuadro comparativo

Tabla 1. Actuaciones y Programas de las intervenciones descritas

PRINCIPALES ACTUACIONES Y PROGRAMAS				
		ZORROZAURRE (Bilbao)	**LA MINA (Barcelona)**	**POLÍGONO SUR (Sevilla)**
URBANISMO	**Equipamientos**	- Hospital del Igualatorio médico quirúrgico. - Centros culturales y sociales en edificaciones existentes (industriales).	- Equipamiento público de carácter metropolitano. - Equipamientos locales: colegios. - Situación de equipamientos: junto a la Rambla central.	- Introducción de equipamientos asociados a programas sociales.
	Viario	- Eje central de Norte a Sur que conecta con la ciudad. - Conexiones a través de puentes peatonales y tráfico rodado.	- Rambla central de Noroeste a Sureste: conexión intraurbana.	- Eliminación de barreras físicas de conexión con la ciudad (soterramiento de la línea de ferrocarril).
	Espacios públicos Zonas Verdes	- Nuevas zonas verdes en solares consecuencia de demoliciones. - Peatonalización de áreas.	- Rambla como gran espacio público de encuentro. - Red de espacios públicos (elemento jerarquizador: Rambla). - Nuevos usos y tratamiento de los espacios intersticiales entre bloques.	- Eliminación de construcciones que invaden el espacio público.
	Infraestru-ctura	- Reurbanización de los terrenos (alumbrado, saneamiento, etc.).		- Reurbanización para atajar problemas de salud pública.
	Edificaciones	- Rehabilitación de viviendas. - Contenedores de nuevos usos. - Conservar zona tradicional.	- Mejora de la habitabilidad. - Nuevas tipologías: diversificar la población.	- Rehabilitación de viviendas enfocada a resolver problemas de habitabilidad y accesibilidad. - Tratamiento de fachadas: eliminar el chabolismo vertical.
	Usos	- Traslado de usos industriales. - Introducción de mayor intensidad del uso residencial.	- Eliminación usos industriales. - Relocalización de actividades de almacenaje.	

Tabla 1. Actuaciones y Programas de las intervenciones descritas *(cont.)*

PRINCIPALES ACTUACIONES Y PROGRAMAS				
ECONOMÍA	Actividades económicas	- Implantación de nuevos usos (servicios terciarios). - Polos de Atracción del capital privado (Sede de la BBK y sede de la ingeniería IDOM).	- Creación de economía local y diversa.	- Impulso a la actividad económica del barrio. - Programas de inserción laboral. - Potenciar comercio existente. - Heterogeneidad de las actividades.
SOCIAL	Programas		- Plan de Acción Social: programas contra la droga y el fracaso escolar. - Comisaría de los Mossos d'Escuadra: seguridad ciudadana. - Colegios (programas educativos). - Diversificación de la población a partir de la construcción de nuevas tipologías de viviendas.	- Conservación de valores identitarios (Casa de la Cultura y el Flamenco). - Calidad en el entorno urbano. - Recuperación de encuentros culturales y festivos para reforzar las relaciones vecinales. - Programas de drogodependencia. - Educación de menores y adultos. - Prevención absentismo escolar. - Mejora de la convivencia.
GESTIÓN	Sistemas	- Participación ciudadana mediante asociaciones. - Inversión capital privado. - Comisión gestora: entidades públicas + entidades privadas	- Subasta de solares para costear las actuaciones. - Consorcio del Barrio de La Mina: Administración + Técnicos + Entidades vecinales.	- Coordinación de actuaciones. - Participación ciudadana. - Flexibilidad. - Comisionado + Órganos de coordinación + Comisión General del Polígono Sur + Órganos de participación.

2. El caso del Sacromonte: Líneas de actuación de un proyecto de regeneración urbana

2.1. *¿Por qué actuar en el barrio del Sacromonte?*

El Barrio del Sacromonte en Granada es un ámbito que se asienta en un enclave privilegiado, cercano al centro histórico de la ciudad de Granada y con vistas hacia la Alhambra sobre el valle del río Darro, además de poseer una importante tradición cultural. En determinadas zonas de este barrio se han llevado a cabo actuaciones de rehabilitación dándoles un marcado carácter monofuncional enfocado al turismo, si bien, también existen áreas que reúnen las características de degradación urbana, con déficit de calidad ambiental, económica e infraestructural y en el que existen problemas de marginalidad, tal y como se expone en el siguiente apartado de análisis. Es pues, fundamental una intervención de regeneración urbana para frenar los procesos de deterioro y marginalidad que amenazan con destruir los valores patrimoniales históricos y artísticos de esta zona.

2.2. *Líneas de actuación de un proyecto de regeneración urbana en el Sacromonte (Granada)*

Del estudio comparativo realizado en el apartado anterior de las experiencias recientes de regeneración urbana en Bilbao, Barcelona y Sevilla, podemos extraer una serie de objetivos y unas líneas generales de actuación, sin perjuicio de los objetivos y medidas específicas que requeriría una actuación de regeneración en el ámbito específico del Sacromonte. El contenido técnico de un proyecto de regeneración dependerá de las características del ámbito concreto sobre el que se actúa y de la intensidad con la que se manifiesten los problemas, ya que, por ejemplo, no será lo mismo actuar sobre una zona donde los usos han quedado obsoletos que en otra zona donde se mantiene el uso, o bien, las actuaciones propuestas para un ámbito en el que existe cierto grado de marginalidad no tendrán nada que ver con las propuestas para áreas en las que la marginalidad no sea el principal problema. No obstante lo anterior, si se pueden establecer una serie de objetivos y pautas de actuación que pueden ser comunes a todas las intervenciones o a ámbitos de características parecidas, y que pueden constituir la base de la propuesta para un proyecto de regeneración en el área del Sacromonte.

Previamente al inicio del proceso, sería necesario conformar los distintos grupos de trabajo como herramienta para desvelar y articular intereses y conflictos:

- Grupo Político-Administración / Capital privado: marca las directrices y proporciona el apoyo económico necesario.
- Grupo Vecinal: exponen sus problemas, necesidades y reclamaciones. Sería fundamental, pues, la participación de la asociación de vecinos. Se trata, pues, de implicar a la población del Sacromonte en el proceso de regeneración, de tal manera que los propios vecinos sean sujetos transformadores.
- Grupo Técnico: enlazan los dos grupos anteriores para articular los intereses prioritarios en el proyecto, estableciendo el diagnóstico y los objetivos y proponiendo las actuaciones, todo ello, basado en los intereses y reclamaciones de ambos grupos. Por la propia naturaleza de las intervenciones de regeneración es fundamental que el grupo técnico sea interdisciplinar (letrados, arquitectos, sociólogos, geógrafos, trabajadores sociales, etc.) con el objeto de atender a los problemas específicos de cada ámbito.

Desde este estudio, se propone dividir el contenido técnico del proyecto de regeneración urbana en tres partes fundamentales:

- Análisis del estado actual y diagnóstico de problemáticas.
- Problemas detectados y objetivos.
- Propuestas de actuación.

En primer lugar, es fundamental la realización de un análisis de la situación actual del ámbito de intervención. Puesto que el concepto de regeneración urbana tiene un carácter integral, dicho análisis tendrá que enfocarse desde varios puntos de vista: urbanístico, estado de las edificaciones, social y económico. Además, tal y como ya se ha expuesto anteriormente, las denuncias y reclamaciones de la población residente deben ser un factor a tener en cuenta en esta fase de análisis. La recolección de datos del estado actual debe tener como objetivo el captar la realidad existente en el ámbito a regenerar.

Una vez planteados con el análisis los principales problemas existentes en el lugar de la intervención, así como de las oportunidades que éste presenta, se deben marcar los objetivos hacia los que debe estar dirigida la actuación de regeneración en cada uno de los aspectos analizados, así como las propuestas de actuación ligadas a cada uno de los objetivos. Las propuestas de actuación van a constituir las acciones concretas a realizar para la consecución de los objetivos marcados. Por otro lado, sería necesario plantear unas líneas generales relativas a la gestión del proyecto de regeneración así como a la planificación de la ejecución de las actuaciones propuestas.

2.2.1. Análisis del estado actual y diagnóstico de problemáticas

a) Breve reseña histórica

La historia del Sacromonte comienza en el siglo XVI con el descubrimiento de una serie de hallazgos religiosos (reliquias y libros púmbleos[82]) en el monte Valparaíso[83], que fueron el resultado de la exaltación de la religiosidad cristiana instalada en Granada tras la conquista de los Reyes Católicos.

Para albergar estas reliquias, se construyó en el siglo XVII la Abadía del Sacromonte, sobre el lugar de los hallazgos, constituyéndose, en el año 1633 un Vía Crucis a lo largo del camino del monte que unía el barrio del Albayzín con la Abadía. A lo largo de este Vía Crucis se ubicaron «lugares de martirio» de santos en una serie de cuevas que jalonaban el camino, convirtiéndose así en lugar de peregrinación religiosa.

El Sacromonte albergó además a parte de la población judía y musulmana, que tras la instauración del cristianismo en la ciudad fueron expul-

---

[82] *Los libros púmbleos son láminas de plomo, con inscripciones en un árabe complejo, sin vocales que fueron descubiertos entre los años 1594 y 1599.En la Abadía del Sacromonte de Granada, aparecieron 22 libros, mezclados con supuestos restos de mártires cristianos del siglo II. En un principio se pensó que podían ser un fraude morisco. La pretensión era conseguir un sincretismo entre lo que eran los dogmas católicos y la religión islámica. Se piensa que la finalidad «era legitimar la religión islámica, que en esos momentos no estaba en una buena época, ya que se acababa de producir la expulsión de los moriscos del Reino de Granada, que fue en el año 1570.* M. BARRIOS, «La música en tiempos de los moriscos. Las expulsiones de una minoría», *Curso de verano de la Universidad de Almería*, julio de 2009, disponible en http://nevada.ual.es:81/CURSOSVERANO/2009.

[83] Colina sobre la que se asienta el barrio del Sacromonte.

sados de sus viviendas en el Albayzín. La situación del Sacromonte, extramuros de la ciudad, les permitía vivir fuera del control administrativo y religioso impuesto. A ellos se les unieron gitanos que llegaron a la península ibérica en el siglo XV tras su paso por África y Europa, y cuyas ocupaciones se basaban principalmente en la artesanía (forja, mimbre y cobre) y en el cante y baile flamencos, a partir de los cuales surgieron las tradicionales zambras[84].

El barrio del Sacromonte vivió su época de esplendor en los años 50 del siglo XX con la llegada del turismo y el triunfo de los artistas flamencos. Posteriormente, en el 1963, el Sacromonte sufrió una serie de inundaciones, obligando al desalojo de muchas viviendas y casas-cueva y al traslado de parte de la población a barrios de nueva creación del área metropolitana de Granada (Barrio de la Paz, Barrio de la Virgencica, etc.), comenzando así un período de decadencia y deterioro del barrio.

b) Urbanismo

El Sacromonte se sitúa sobre la colina de Valparaíso. Su trazado urbano se desarrolla a lo largo del Camino del Sacromonte, que es la vía principal de tráfico rodado que recorre el barrio de Este a Oeste. De este eje principal parten una serie de calles perpendiculares de tránsito peatonal que enlazan con otras calles, también peatonales, que se desarrollan paralelamente al eje principal pero a cotas topográficas más altas. Esta es una zona restringida al paso del tráfico rodado, en las que la accesibilidad es reducida.

La topografía es muy acusada, existiendo pendientes de hasta el 30% y desniveles de más de 20 metros entre el Camino del Sacromonte y las calles perimetrales situadas al Norte, condicionando fuertemente la edificación y la accesibilidad del barrio.

Los espacios públicos libres de edificación consisten principalmente en ensanches del viario público en determinados puntos, siendo además bastante escasos, y encontrándose, aquéllos situados en la zona Este del barrio, en una situación de avanzado deterioro.

Con respecto a las zonas verdes y áreas libres, el barrio está rodeado perimetralmente por tres zonas: el área libre de protección de vega y cau-

---

[84] *Zambra: Dezambr, onomat, del ruido de algunos instrumentos o voces confusas. Con frecuencia se hace derivar el vocablo castellano zambra de voces árabes; así, con el significado de orquesta morisca y baile morisco lo derivan de zamara, músicos, pl. de zamir, músico; con el significado de flauta, instrumento músico, y también estrépito, ruido, lo derivan de zamr. Zambra significó también en castellano fiesta morisca con música y algazara, hoy, fiesta semejante de los gitanos de Andalucía. Por ext. música de cimbra o el que toca la zambra. Pero es probable que las mismas formas árabes sean onomatopeyas*. A.R. CARMONA FERNÁNDEZ, *La cultura propia: El Sacromonte*, octubre de 2008. ISSN 1988-6047. DEP. LEGAL: GR 2922/2007.

ce del río Darro al Sur, el área libre de las laderas de San Miguel y Sacromonte al Noroeste y por último situado al Noreste el parque rural de las laderas del Sacromonte, todos ellos clasificados en el PGOU de Granada como Suelo No Urbanizable. Sin embargo, dentro del propio barrio no se sitúa ninguna zona verde de parques y jardines para el uso y disfrute de sus habitantes.

Imagen 13: Ordenación del barrio del Sacromonte[85].

Hay pues, una falta destacada de espacios públicos y zonas verdes en el barrio, impidiendo que los vecinos puedan desarrollar una vida urbana al aire libre para el desarrollo de actividades de ocio, culturales y deportivas. Por otro lado, las tres grandes zonas verdes que rodean el barrio no están habilitadas para su uso y disfrute.

En cuanto a los equipamientos y usos no residenciales, encontramos religiosos (Abadía del Sacromonte e iglesia del Santo Sepulcro), educativos (escuelas del Ave María), y culturales (Centro internacional de estudios gitanos en el edificio Chumbera). En relación a los equipamientos sanitarios, el barrio del Sacromonte se apoya en el Centro de Salud existente en el vecino barrio del Albayzín. Por tanto, los equipamientos que sería necesario introducir, para la escala de barrio, serán equipamientos deportivos, sociales y asistenciales.

Con respecto a la parcelación, el barrio del Sacromonte está formado por parcelas de un reducido tamaño, dadas las dimensiones de la tipología de casas-cueva predominantes en el barrio, a excepción de las parcelas destinadas a los equipamientos religioso (Abadía del Sacromonte), educativo (escuelas del Ave María) y cultural (Centro internacional de estudios gitanos en el edificio Chumbera).

85 Fuente: Aprobación Inicial del Plan Especial del Albayzín y Sacromonte de 2005.

Imagen 14: Plano catastral de la zona Oeste del Sacromonte. Fuente: Plano Catastral de Granada.

Por otro lado, se observa que muchas parcelas del Sacromonte están sin edificar, por razones de inactividad inmobiliaria y por las características topográficas de algunas de ellas, existiendo una alta proporción de solares vacíos en el ámbito.

Imágenes 15 y 16: Solares sin edificaren el interior del barrio y en el Camino del Sacromonte

En cuanto a la conexión del barrio con el resto de la ciudad ésta es deficitaria, ya que la única vía que conecta el Sacromonte con Granada es el camino del Sacromonte, a través del Albayzín, lo cual supone un aislamiento del ámbito que provoca que no se instalen nuevos pobladores y problemas de marginalidad social ya que el único intercambio de población tiene carácter turístico. Resulta paradójico que el barrio esté tan aislado del resto de la ciudad cuando su situación es muy cercana al centro.

El transporte público también es deficitario, puesto que sólo existe una línea de autobús urbano (línea 31), en la que un microbús realiza un recorrido circular por el Albayzín, llegando al Sacromonte sólo a unas horas determinadas.

En lo que se refiere a las conexiones internas del barrio hay que señalar que se trata de un ámbito prácticamente peatonal (sólo existe tráfico rodado en el Camino del Sacromonte). Esta peatonalización resulta obligada por la acusada topografía siendo necesario para salvar la diferencia de cotas la inserción de escaleras en muchas de sus calles, dando lugar a que existan muchas barreras arquitectónicas en las vías públicas.

Existen pues, graves problemas de accesibilidad tanto externa como interna en el barrio. Esta debe ser una cuestión prioritaria a solventar en la transformación del ámbito, ya que la accesibilidad es el soporte de los servicios y equipamientos, y en consecuencia, generadora de vivienda y población.

Imagen 17: Microbús en el Camino del Sacromonte

Imagen 18: Escaleras en la vía pública

Las infraestructuras son también una cuestión a tratar, ya que si bien en la zona consolidada del barrio (la situada más al Oeste), éstas se encuentran en buen estado por las mejoras introducidas en las áreas más turísticas, existen zonas donde las infraestructuras son muy deficitarias. De esta manera, no es difícil encontrar caminos sin pavimentar, sin alumbrado público ni red de alcantarillado.

Imágenes 19 y 20: Viarios sin pavimentar

Con respecto a la red eléctrica, se observa que líneas y torres de alta tensión recorren el barrio provocando un fuerte impacto visual y con el correspondiente peligro para la seguridad de la población, y los trasformadores se ubican en zonas consolidadas del barrio, insertados en su trama urbana.

Imagen 21: Línea eléctrica aérea

Imagen 22: Centro de transformación

Por tanto, en cuanto a las infraestructuras del barrio se puede decir que éstas son bastante deficitarias, exceptuando las áreas colindantes al Camino del Sacromonte.

En cuanto al vigente Plan General de Ordenación Urbana de Granada, del año 2001, el barrio del Sacromonte está dividido en cuanto a su Clasificación. Por un lado, la zona más cercana al centro de la ciudad y con menos problemas infraestructurales, y la Abadía del Sacromonte, se clasifican como

Suelo Urbano Consolidado remitido a Plan Especial de Protección (artículo 4.2.5. de las Normas Urbanísticas).

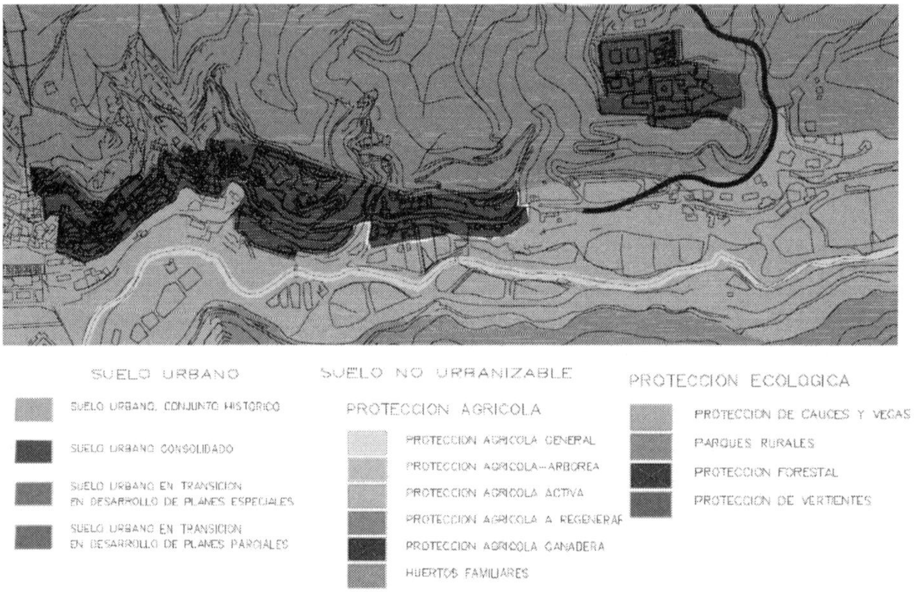

Imagen 23: Plano de Clasificación del ámbito del barrio del Sacromonte[86]

Por otro lado, la zona situada al Este del ámbito, aunque también tiene edificaciones y existe una cantidad importante de casas-cueva, el PGOU la clasifica como Suelo No Urbanizable de Protección Ecológica de Cauces y Vegas extendiendo así la clasificación que da a la margen derecha del río Darro. Todo el conjunto está rodeado por áreas de Suelo No Urbanizable de Protección Ecológica de Parques Rurales. Por tanto, el PGOU asume como zona consolidada aquélla de mayor interés turístico y mejor dotada infraestructuralmente, ignorando las edificaciones existentes al Oeste del ámbito dejándolas en una situación de ilegalidad.

En cuanto a la Calificación, tal y como se puede observar en el gráfico que sigue, la densidad edificatoria aumenta conforme se acerca al centro de la ciudad (Oeste), siendo el uso dominante el Residencial, con la salvedad de los tres equipamientos principales del barrio (Abadía, escuelas del Ave María y Centro internacional de estudios gitanos en el edificio Chumbera).

[86] Fuente: Plan General de Ordenación Urbana de Granada de 2001.

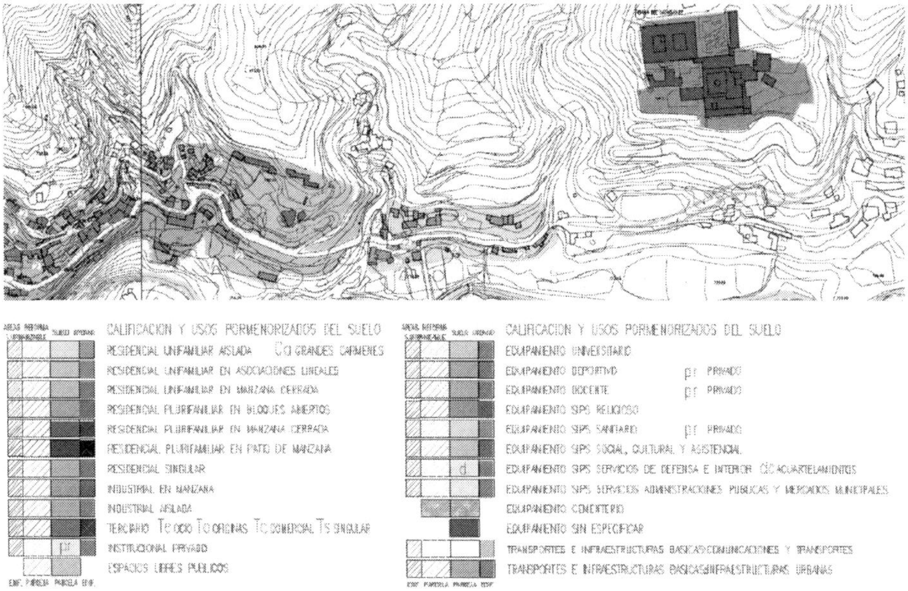

Imagen 24: Plano de Calificación del ámbito del barrio del Sacromonte[87]

En relación a los instrumentos de planeamiento que afectan al ámbito del Sacromonte, hay que señalar que además del Plan General de Granada, está en tramitación el Plan Especial del Albayzín y Sacromonte de 2005 (en estado de Aprobación Inicial en la actualidad).

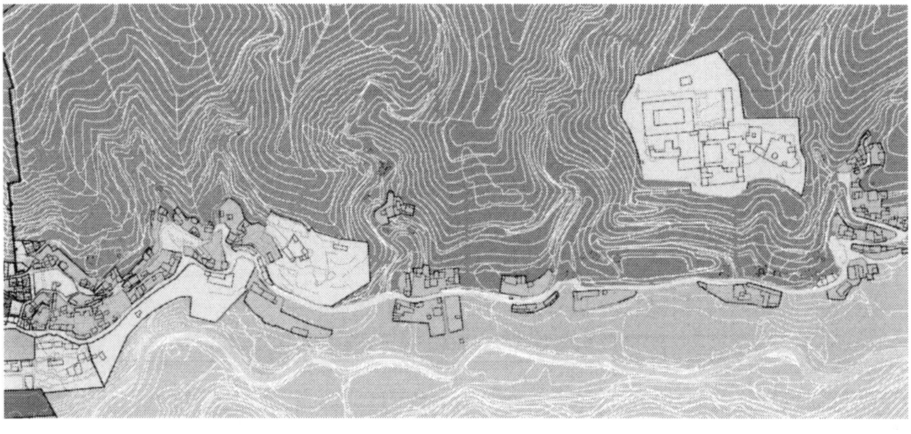

Imagen 25: Tipología de la edificación residencial (Aprobación Inicial del Plan Especial del Albayzín y Sacromonte)

[87] Fuente: Plan General de Ordenación Urbana de Granada de 2001.

En este Plan si se incluye la zona de edificaciones del Este del barrio asignándoles la misma tipología que a las edificaciones del resto del ámbito (unifamiliar/cueva del Sacromonte), tal y como puede observarse en el gráfico anterior.

d) Edificaciones

Las edificaciones del barrio del Sacromonte están destinadas principalmente a un uso residencial. Existe un claro predominio de la vivienda unifamiliar, siendo pues, un ámbito marcado por la baja densidad. Las alturas predominantes son Planta Baja y Planta Baja + 1.

La característica edificatoria más singular del Sacromonte es el hábitat troglodita de las casas-cueva. Éstas se realizan desmontando parte del cerro en el que se va a situar la casa-cueva, conformando así la fachada de ésta. En ella, se realiza un arco de medio punto a partir del cual se comienzan a horadar en el monte las estancias de la propia vivienda.

La cartografía existente del Sacromonte es bastante confusa en cuanto a la posición y situación de las casas-cueva, ya que no existe una representación precisa.

En la actualidad, a excepción de las cuevas de carácter turístico, muchas de ellas están deshabitadas y las que lo están, no tienen mantenimiento alguno, ya que o bien están ocupadas por población marginal que carece de recursos o bien las ocupan población no autóctona del barrio, cuyo carácter transeúnte no obliga a la rehabilitación. La mayoría de las casas-cueva (principalmente las situadas al Este) no tienen servicios urbanísticos, ni condiciones de iluminación y ventilación además de no tener medidas para la evacuación de las aguas pluviales. A esto hay que añadir que existe una inestabilidad geológica, por la horadación del terreno, que da lugar a corrimientos del terreno con peligro de derrumbes. Existe, pues, una inseguridad física y social.

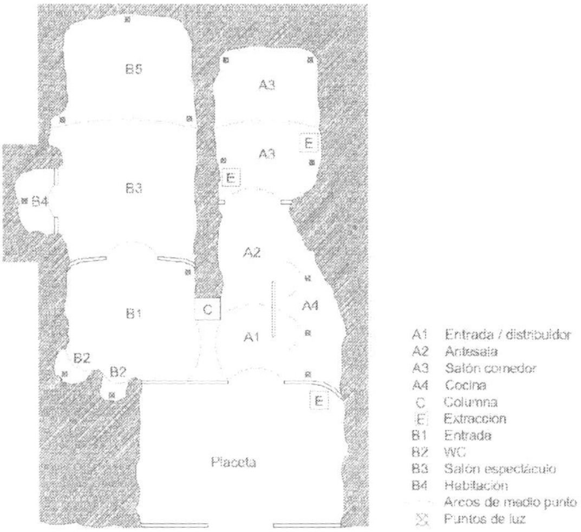

Imagen 26: Casa-cueva desinada a zambra[88]

Imagen 27: Edificaciones en estado ruinoso

No obstante lo anterior, hay que señalar que las casas-cueva constituyen una tipología residencial propia del barrio del Sacromonte con importantes valores históricos y culturales. Además, son tipologías edificatorias de un alto nivel de sostenibilidad, por el reducido gasto energético que supone su construcción y por la eficiencia energética de las paredes de la cueva, que permiten unas condiciones climáticas agradables en su interior, ahorrándose así energía y consumo de CO_2.

A todas estas ventajas hay que añadir que son construcciones que se integran perfectamente en el paisaje, algo de vital importancia en el entorno en el que se insertan (de frente a la colina de la Alhambra), y que por la posición del monte Valparaíso sobre el que se asienta el barrio del Sacromonte, todas las casas-cueva tienen una excelente orientación Sur y unas vistas excepcionales hacia la Alhambra y sobre la ciudad.

El propio PGOU recoge una ordenanza específica «Ordenanza Hipogea» (artículo 6.2.6.4 de las Normas Urbanísticas) para su regulación. En este artículo se señala la prohibición de implantar nuevas casas-cueva, impidiendo toda clase de obras en ellas a excepción de aquéllas destinadas a la conservación, rehabilitación, acondicionamiento y reforma.

Por otro lado, hay que destacar la Abadía del Sacromonte situada al Noreste del ámbito, que está declarada Bien de Interés Cultural y la existencia de construcciones agropecuarias al Este del barrio y de edificaciones ilegales en el ámbito de protección del cauce del río Darro.

---

[88] Esquema de elaboración propia.

d) Población[89]

El Sacromonte tiene una población de unos 490 habitantes, habiéndose experimentado una pérdida poblacional y de envejecimiento en los últimos años, como consecuencia del traslado continuo de familias con hijos a otras zonas de la ciudad. No obstante lo anterior, hay que señalar un aumento de la población con edades comprendidas entre los 25 y 34 años, resultado de la instalación en el barrio de jóvenes procedentes de otros lugares, que no son autóctonos de la zona, destacando que una parte importante de este aporte poblacional lo constituyen extranjeros. Este carácter transeúnte de la población es un factor negativo ya que no fuerza la rehabilitación.

La tasa de analfabetismo del barrio es del 2,8%, siendo superior a la del resto de la ciudad, factor éste muy en relación con el envejecimiento de la población. De igual modo, la tasa de paro del barrio supera a la del resto de la ciudad, destacando, en cuanto al índice de actividad económica, una marcada eventualidad laboral.

En cuanto a las características de sus habitantes, hay que señalar que el barrio del Sacromonte es y ha sido históricamente un barrio con un alto porcentaje de población de etnia gitana. El porcentaje de extranjeros, tal y como se ha señalado en párrafos anteriores, es también bastante elevado en el barrio. En los últimos años el movimiento «okupa» se ha extendido por el barrio, habitando cuevas que se sitúan más allá de la zona clasificada como Suelo Urbano Consolidado del Sacromonte. A ellos se les unen los «colonos», llamados así por los propios lugareños, que constituye un sector de la población cuya actividad económica está ligada al cultivo.

Por tanto, la población del Sacromonte tiene un alto índice de envejecimiento, analfabetismo y paro, con respecto al resto de la ciudad, encontrándonos a su vez con grupos de población marginal en la zona Este del barrio, existiendo enfrentamientos entre éstos y los habitantes originarios.

e) Usos y Economía

La economía del barrio se basa fundamentalmente en la terciarización de las actividades, asociada al sector servicios-turismo, no requiriendo la mayor parte de las ocupaciones una formación media o superior. Esta terciarización de las actividades está ligada a usos de hostelería (bares y restaurantes) y de ocio nocturno (zambras), careciendo muchos de ellos de licencia para la realización de estas actividades y de las condiciones exigibles para su desarrollo. Estos usos hosteleros y de ocio nocturno se sitúan en la vía rodada principal, el Camino del Sacromonte.

Por otro lado, y también ligado al sector servicios, cabe destacar, que según los datos recogidos para la Aprobación Inicial del Plan Especial del

---

[89] Según datos de la Aprobación Inicial del Plan Especial Albayzín-Sacromonte de 2005.

Albayzín-Sacromonte, no existe ningún hotel en el barrio. Sin embargo, los vecinos denuncian la existencia de hoteles ilegales; los propietarios habilitan las viviendas para que sirvan como hoteles o apartamentos de alquiler sin tener su correspondiente licencia.

Las actividades económicas desarrolladas en el barrio están enfocadas principalmente al visitante (turista), ya que las actividades dirigidas a la población residente son muy escasas (ejemplo de ello es que tan sólo existe un comercio minorista de alimentación en todo el barrio, y no existe ninguna farmacia).

f) Denuncias y reclamaciones de los vecinos[90]

Las principales denuncias de los vecinos están relacionadas con la multitud de obras ilegales y sin licencia que se realizan, estando el barrio en una situación de «limbo urbanístico», ya que es frecuente la realización de obras en la zona protegida del cauce del río Darro, así como invadiendo las veredas públicas sin que exista control alguno. Asimismo, se denuncia la multitud de bares ilegales (sin licencia) y la no existencia de comercios básicos como son los de alimentación y farmacias.

También se detecta la existencia de problemas de convivencia vecinal entre los grupos marginales que habitan la zona Este del Sacromonte y la población autóctona.

Por otro lado, los vecinos reclaman la construcción de un colector de saneamiento, aprobado en el año 2004, que aún no se ha realizado, dejando a unas 50 viviendas sin saneamiento. Asimismo, se advierte que el desagüe actual se realiza al río Darro, a los pies de la Alhambra y junto al Paseo de los Tristes, una de las zonas más turísticas de la capital.

2.2.2. Problemas detectados y objetivos

A continuación se expone, de forma esquemática, una relación de los problemas existentes en el barrio del Sacromonte, que se infieren del breve análisis realizado en el apartado anterior:

[90] Información recogida de la Asociación de vecinos del Bajo Albayzín, disponible en www.elmundo.es del 3/11/09 y de www.granadahoy.es

Tabla 2. Problemas detectados y Objetivos en el Barrio del Sacromonte

	PROBLEMAS DETECTADOS	OBJETIVOS	N.º
URBANÍSTICOS	Aislamiento del resto de la ciudad	Conexión con ciudad (permeabilidad)	1
	Inaccesibilidad interna (barreras arquitectónicas)	Mejora de la comunicación interior	2
	Ausencia de espacios libres públicos	Tratamiento del espacio público	3
	Ausencia de zonas verdes	Creación y acondicionamiento de parques y jardines. Mejora de la calidad del medioambiente urbano	4
	Áreas libres no acondicionadas		
	Ausencia de equipamientos a nivel local de barrio (deportivos, sociales y asistenciales)	Inserción de nuevos equipamientos	5
	Transporte público deficitario	Mejora del transporte público	6
	Solares sin edificar (lugares de deterioro)	Eliminar vacíos	7
	Mal estado de las infraestructuras en zona Este del barrio, ausencia de saneamiento (vertidos al río Darro) y líneas de alta tensión	Mejora e introducción de nuevas infraestructuras	8
	Edificaciones en mal estado y ausencia de servicios urbanísticos	Conservación y mejora de habitabilidad de las edificaciones	9
	Construcciones ilegales en SNU (situación de ilegalidad)	Eliminar o integrar estas edificaciones según su interés	10
	Uso monofuncional turístico	Heterogeneidad de usos	11
SOCIALES	Envejecimiento y carácter transeúnte de la población	Diversificación social. Apoyo para el asentamiento de nuevos residentes combinado con la conservación de la población eventual	12
	Alta tasa de analfabetismo	Formación de la población	13
	Eventualidad laboral y alta tasa de paro	Creación de empleo local	14
	Marginalidad	Afrontar problemas de exclusión y evitar la marginalidad y aislamiento. Evitar la delincuencia (seguridad ciudadana)	15
	Problemas de convivencia vecinal	Favorecer la vida social del ámbito y fomentar la identidad colectiva de barrio	16
ECONÓMICOS	Actividades económicas sin licencia	Creación de una economía local diversa y búsqueda de inversión del capital privado	17
	Ausencia de actividades económicas dirigidas a la población		
	Actividad económica de carácter exclusivamente turístico		

2.2.3. Propuestas de actuación

Una vez enumerados los objetivos, y teniendo en cuenta las propuestas descritas en los casos analizados de Bilbao, Barcelona y Sevilla, se hace una enumeración de las actuaciones que se podrían llevar a cabo para la regeneración urbana del barrio del Sacromonte (ver Tabla 3). Estas líneas generales de actuación tratan de aunar la consecución de los objetivos de una forma integrada. Es decir, cada una de las propuestas pretende dar una respuesta simultánea a objetivos que tienen un carácter urbanístico, social y económico.

Es pues fundamental que la planificación de la ejecución de las actuaciones sea flexible al objeto de que las intervenciones que se vayan realizando en cada uno de los aspectos (social, económico y urbanístico) estén coordinadas. Esta flexibilidad da una capacidad de improvisación a la intervención de regeneración, de modo que las actuaciones se pueden ir desarrollando conforme se completaran las distintas etapas en las que se divida dicha intervención y según los resultados que se obtuvieran en cada una de las etapas. La creación de programas de coordinación permitiría la simultaneidad de las actuaciones. Por ejemplo, las intervenciones de mejora de las viviendas podrían ejecutarse simultáneamente a las acciones de carácter social (creación de empleo, formación de la población, programas educativos, etc.), al igual que la mejora del espacio público podría coordinarse con la introducción en espacios públicos y zonas verdes actividades de ocio, cultura y deporte (espacios públicos como lugar de encuentro). De esta manera, la transformación física del ámbito se asienta y se conserva, puesto que se habrían tomado medidas de carácter social que apoyan su buen uso.

Por último, en cuanto a la gestión de las líneas de actuación de regeneración urbana propuestas, cabría mencionar la necesidad de la creación de un organismo propio que aunara a todos los agentes intervinientes en el proceso (entidades públicas, privadas y la asociación de vecinos), así como sería también necesaria la coordinación entre los distintos niveles de la Administración Pública.

Tabla 3. Propuestas y Objetivos (líneas de actuación para la regeneración urbana del barrio del Sacromonte)

PROPUESTAS	OBJETIVOS																
	1	2	3	4	5	6	7	8	9	10	11	12	13	14	15	16	17
Nuevo eje de conexión de tráfico rodado por el Noreste (accesibilidad al resto de la ciudad)	X					X						X			X		
Eliminación barreras arquitectónicas		X	X	X													
Sistema General de espacios libres de nivel ciudad en la ribera del río Darro (inserción de espacio libre público de nivel metropolitano)	X		X	X	X							X			X	X	
Expropiación de solares para crear plazas y zonas verdes (red de espacios asociados al Sistema General de espacios libres para agregarla a los espacios públicos del resto de la ciudad)	X	X	X	X			X					X				X	
Restauración y revegetación de las áreas libres perimetrales				X						X		X				X	
Nuevos equipamientos asociados a programas sociales y culturales que aseguren la continuidad de los valores identitarios					X		X						X		X	X	
Aumentar el número de líneas de transporte público (autobús)	X	X				X						X			X		
Eliminar vacíos mediante inserción de espacios y equipamientos públicos. Asignación de nuevos usos a los espacios intersticiales para evitar su deterioro (lugares de desarrollo de la vida social)			X	X	X		X					X				X	
Actuaciones de reurbanización			X			X		X	X							X	X

PROPUESTAS	**OBJETIVOS**																
	1	2	3	4	5	6	7	8	9	10	11	12	13	14	15	16	17
Rehabilitación y mejora de la habitabilidad de edificaciones.									X					X			X
Eliminar o integrar edificaciones ilegales en SNU según su interés. Contenedores de nuevos usos públicos asociados al Sistema General	X				X					X	X			X			X
Introducción de nuevos usos (hoteleros, comercio, etc.) como motores de generación de actividad económica	X										X			X			X
Nuevas tipologías residenciales[93] adaptadas a la trama urbana (reinterpretación de las casas-cueva) --- Inversión capital privado												X		X		X	X

PROPUESTAS	**OBJETIVOS**																
	1	2	3	4	5	6	7	8	9	10	11	12	13	14	15	16	17
Plan de Acción Social: Programas de formación, inserción laboral, recuperación de encuentros culturales y festivos, etc.													X	X	X		X
Creación de empleo local. Comercio minorista alimentario y de actividades tradicionales (forja, mimbre,...)											X			X			X

Del breve análisis realizado sobre el barrio del Sacromonte, podemos extraer la conclusión de que se trata de una zona en la que existen graves procesos de degradación y marginalidad. Las operaciones de transformación hasta ahora planteadas, basadas en la mejora de la urbanización y rehabilitación de edificaciones, sólo afectan a una parte del barrio (dejando a un lado la zona situada al Este del ámbito) y tienen un fin dirigido al visitante / turis-

[93] *La cohesión social conecta con la existencia de variedad en un mismo espacio urbano de tipos de viviendas y usos urbanísticos*. J. PONCE I SOLÉ, «Derecho urbanístico y derechos constitucionales. Las relaciones entre vivienda, equipamientos religiosos y cohesión social», *Estudios. Urbanismo e integración social*, Fundación Democracia y Gobierno Local. Institut de Dret Públic, 2002.

ta, sin tener en cuenta los problemas de envejecimiento, alta tasa de paro y analfabetismo, conflictos vecinales, inconexión con el resto de la ciudad, ausencia de zonas verdes, etc. que afectan a los propios habitantes del barrio. Sería, pues, necesaria una actuación integral de regeneración urbana para evitar, por un lado, que la degradación acabe con la pérdida del patrimonio histórico-artístico del ámbito, y por otro lado, que la rehabilitación no acompañada de otras medidas económicas y sociales devenga en la «musealización» del barrio.

Las actuaciones propuestas tienen por fin el cumplimiento de los objetivos concretos resultado del análisis efectuado, si bien, dichas actuaciones pretenden tener un carácter transversal. De este modo, una actuación urbanística propuesta, como por ejemplo la introducción de un Sistema General de espacios libres en la zona de ribera del río Darro, podría cumplir el objetivo de crear zonas verdes para paliar el déficit de espacios de este tipo en el barrio, aunque por otro lado, se atendería también al objetivo concreto de facilitar la conexión de la zona con el resto de la ciudad, eliminando el aislamiento que da lugar a la marginalidad (se atiende también a un objetivo social). Asimismo, la introducción de equipamientos de tipo social y cultural, ligados a la creación de programas educativos y de inserción laboral, va encaminada a procurar una formación de la población para contribuir a la disminución de la alta tasa de paro, así como el fomento del comercio minorista alimentario y de actividades tradicionales (forja, mimbre,...) podrían impulsar la creación de una economía local.

El intercambio de flujos de población, la conexión con el resto de la ciudad, la diversificación de la población, la formación de sus habitantes, etc. así como la creación de empleo en el ámbito y el desarrollo de una economía local, constituirían el punto de partida para la regeneración urbana de esta zona.

VII. CONCLUSIONES

CONLUSIÓN N.º 1: Sobre la regeneración urbana como estrategia para hacer ciudad

El marco actual de crisis económica y la insostenibilidad que caracteriza el crecimiento de la ciudad difusa han llevado al agotamiento de este modelo basado en la expansión en el territorio. La regeneración urbana se presenta como una alternativa a este modelo expansivo, ya que se fundamenta en la actuación sobre las zonas consolidadas de las ciudades («reciclado» del suelo), encajando, pues, en el modelo de ciudad compacta. Se trata de una estrategia urbana que está en consonancia con las directrices de sostenibilidad y de ahorro energético que se están promulgando en la actualidad, puesto que se frena la expansión superficial que urbaniza el suelo rural y agota los recursos naturales, además de no conllevar nuevas inversiones en infraestructuras.

La regeneración urbana cuenta con un carácter integrador de medidas de transformación física de la ciudad y de medidas sectoriales (sociales y económicas), constituyendo una herramienta para la renovación de zonas físicamente degradadas, además de fomentar la cohesión social, evitar la segregación urbana e impulsar la actividad económica. Se trata, pues, de una forma de «hacer ciudad», que se aparta de las actuaciones meramente renovadoras del espacio que han producido en nuestras ciudades la pérdida de la identidad de los ámbitos, la eliminación de la traza urbana y edificaciones originarias y el desplazamiento de la población autóctona, perdiéndose así una riqueza cultural propia y específica de la ciudad. Asimismo, el concepto de regeneración está asociado a la mejora del medio ambiente urbano, incidiendo sobre los factores directos o indirectos que afectan a los habitantes de un ámbito y a las actividades que éstos desempeñan.

Como estrategia de desarrollo urbano, la regeneración se opone a los fenómenos de gentrificación, evitándose así la expulsión de los habitantes de un ámbito para su sustitución por sectores de población de mayor poder adquisitivo, y al fenómeno de musealización, que conlleva la implantación de un uso monofuncional turístico y, por tanto, la ausencia de un tejido social. La regeneración urbana recupera el suelo deteriorado y obsoleto no para su «puesta en el mercado», sino para mejorar el medio ambiente urbano y con ello la calidad de vida de los ciudadanos, abarcando la totalidad de los frentes del deterioro (físico, social y económico). Podemos decir, que la regeneración urbana no implanta un nuevo orden en los ámbitos deteriorados, sino que está enfocada a restablecerlos manteniendo su identidad.

De lo anterior, se infiere también, la importancia de la asociación público-privada en las políticas de regeneración, puesto que éstas conllevan la implantación de nuevas actividades económicas, con el consiguiente riesgo empresarial que podría asumir el capital privado, debiendo a su vez implicar a los habitantes de los ámbitos deteriorados para que planteen las necesidades específicas (participación ciudadana) y así evitar el hecho de caer en la especulación inmobiliaria.

La localización de los problemas que causan la degradación de una zona de la ciudad consolidada, a través de un proceso de diagnosis, indica el ámbito de actuación de la regeneración. De ahí que podamos distinguir distintos modelos en función de la zona a regenerar. En líneas generales se podrían diferenciar aquellas actuaciones de regeneración dirigidas a solventar el problema del abandono o musealización de los centros históricos de aquellas encaminadas a solucionar problemas de marginalidad en barrios residenciales periféricos o de zonas industriales que han quedado obsoletas.

Por último, podríamos destacar que la regeneración urbana de una zona, pese a tratarse de la intervención sobre un área concreta de la ciudad, debe tener en cuenta la posición del ámbito dentro de la propia ciudad y la incidencia que las actuaciones de regeneración puedan tener en ésta, evitándose así el aislamiento que puede llevar a situaciones de marginalidad.

CONLUSIÓN N.º 2: Sobre la regulación normativa de la regeneración urbana

Del estudio de la normativa consultada, se detecta que existe una clara apuesta por el cuidado de la ciudad existente como portadora de un valor ambiental y de cultura colectiva, dando prioridad a la recualificación de la ciudad existente por encima de los nuevos desarrollos urbanos y así disminuir los efectos del crecimiento expansivo. De ahí que las acciones relacionadas con la regeneración urbana estén presentes en la Normativa europea, estatal, autonómica y local. No obstante, tal y como se ha podido constatar en este estudio, la presencia de la regeneración urbana en la Normativa es, en la mayoría de casos, una declaración de intenciones que aparece en las Exposiciones de Motivos de las leyes, y que después no se ven reflejadas en el articulado ni en las medidas normativas que se proponen. En algunos casos, la regeneración urbana está entendida en las disposiciones normativas como actuaciones puramente físicas de rehabilitación, sin que se especifique una relación entre el planeamiento urbanístico destinado a la renovación de los ámbitos (por ejemplo los Planes Especiales de Reforma Interior) y los programas sociales y de incentivo de la actividad económica que deben acompañar a las actuaciones de regeneración.

El marco actual de crisis económica ha influido de una manera destacada en la normativa relativa a las actuaciones de regeneración urbana. Por un lado, se han aprobado normas (Real Decreto 1713/2010, de 17 de diciembre, por el que se modifica el Real Decreto 2066/2008 de 12 de diciembre que regula el Plan Estatal de Vivienda y Rehabilitación 2009-2012 y Real Decreto-ley 20/2012, de 13 de julio, de medidas para garantizar la estabilidad presupuestaria y de fomento de la competitividad) que reducen e incluso derogan ayudas estatales que iban dirigidas a financiar actuaciones de regeneración y, por otro lado, se enfatiza el enfoque hacia la ciudad existente mediante la definición de las actuaciones de renovación con un carácter integral propio de la regeneración urbana, fomentándose, además de medidas de actuación física, objetivos de sostenibilidad y de cohesión social. De esta manera, el nuevo Plan Estatal de fomento del alquiler de viviendas, la rehabilitación edificatoria, y la regeneración y renovación urbanas 2013-2016, se centra de un modo más directo sobre las zonas consolidadas de las ciudades y establece la obligatoriedad de realizar un diagnóstico sobre la situación social, económica y ambiental de las zonas degradadas. Y, el Real Decreto Legislativo 7/2015, de

30 de octubre por el que se aprueba el texto refundido de la ley de suelo y rehabilitación urbana, establece un marco normativo para las actuaciones de regeneración urbana, fundamentándose en objetivos de fomento de actuaciones de regeneración y renovación de los tejidos existentes para un desarrollo sostenible y eficiente del medio urbano, establecimiento de un marco normativo que permita la reconversión del sector de la construcción hacia la regeneración urbana y potenciación de la sostenibilidad y calidad del medio ambiente urbano. Asimismo, se regulan las actuaciones en el medio urbano (regeneración y renovación urbanas) señalándose el carácter integrado que deben tener éstas (articular medidas sociales, económicas y ambientales).

No obstante lo anterior, de la lectura de estas recientes normas dirigidas a la regeneración urbana, se observa que, frente a la descripción detallada de medidas de transformación física de los ámbitos existe una ausencia de medidas concretas encaminadas a la consecución de objetivos de cohesión social e incentivo de la actividad económica de los ámbitos. Así por ejemplo, en el nuevo Plan Estatal de fomento del alquiler de viviendas, la rehabilitación edificatoria, y la regeneración y renovación urbanas 2013-2016 no se describen las actuaciones específicas asociadas a cada una de las líneas estratégicas para la ejecución de proyectos dentro del Programa para el fomento de ciudades sostenibles y competitivas. También, se ha detectado la ausencia de mecanismos de coordinación de medidas urbanísticas con programas sectoriales de carácter social y económico, lo cual es fundamental para que las actuaciones de regeneración urbana tengan un carácter integral.

Por otro lado, la Carta de Leipzig sobre Ciudades Europeas Sostenibles y el Documento de Referencia de Toledo sobre la regeneración urbana integrada y su potencial estratégico para un desarrollo urbano más inteligente, sostenible y socialmente inclusivo en Europa, son documentos que sí contienen unos objetivos específicos de regeneración urbana, pero éstos no tienen fuerza normativa, sino que recogen una serie de recomendaciones.

Por tanto, sería necesaria la definición más concreta de un instrumento, el Proyecto de regeneración urbana, cuyo contenido incluya medidas específicas de carácter social, económico y urbanístico.

CONLUSIÓN N.º 3: Sobre el proyecto de regeneración urbana

Al hilo de lo anterior, se podría definir el Proyecto de regeneración urbana como el instrumento técnico que engloba actuaciones de tipo urbanístico, social y económico, dirigidas a la transformación positiva de las zonas de la ciudad consolidada que se encuentran en estado de deterioro. Asimismo, se podrán diferenciar distintos tipos de proyectos de regeneración urbana en función de la zona sobre la que se actúe, distinguiendo aquellos proyectos que intervienen sobre centros históricos que se han convertido en áreas monofuncionales turísticas o en los que se han producido fenómenos de gentrificación, de aquellos que intervengan en zonas periféricas de áreas industriales obsoletas o áreas residenciales degradadas.

La estructura de los proyectos de regeneración urbana podría estar fundamentada en tres puntos fundamentales: análisis de las causas del deterioro, objetivos y propuestas. Los objetivos y las propuestas de los proyectos de regeneración urbana serán el resultado del análisis del ámbito sobre el que se pretenda actuar, debiendo tratarse dichos objetivos y propuestas con una perspectiva metropolitana: la relación con el resto de la ciudad y con otros barrios, ya que se pueden aprovechar las oportunidades e infraestructuras ya existentes para la mejora del propio ámbito sobre el que se interviene.

Pese al carácter específico de los objetivos y propuestas, puesto que derivan de un análisis concreto del ámbito, sería posible establecer un protocolo general de actuación, dado que las zonas degradadas de las ciudades pueden presentar unas características comunes. Dicho protocolo general de actuación debería ir complementado con las medidas específicas que se consideren necesarias, teniendo en cuenta siempre que debe existir una adecuada coordinación entre las actuaciones y que éstas deben ser flexibles para poder adaptarse a los resultados que se vayan obteniendo. Por tanto, es también una cuestión fundamental el seguimiento de las actuaciones a través de una serie de indicadores que muestren la eficacia de las intervenciones y faciliten el intercambio de experiencias.

Por otro lado, en cuanto a la financiación de dichos proyectos de regeneración, si bien existe un apoyo financiero a la regeneración urbana desde las Administraciones Públicas, y más concretamente desde la Unión Europea a través del Fondo de Cohesión y de los Fondos Estructurales Europeos (financiación de la Iniciativa Comunitaria Urban), el apoyo de la iniciativa privada es fundamental en esta época de crisis en la que las Administraciones carecen de recursos. Las actuaciones de regeneración urbana que se plantean en zonas céntricas de las ciudades pueden tener mayor interés para la iniciativa privada por el factor inmobiliario, aunque la intervención del sector privado en los barrios marginales de la periferia es más complicada. Habría, pues, que incentivar la iniciativa privada mediante otros mecanismos distintos, a través por ejemplo, de beneficios fiscales, ventajas administrativas y financieras.

Se entiende, por tanto, que la mejor solución para la financiación de las intervenciones de regeneración urbana estaría en la combinación de ayudas públicas y capital privado. De esta forma, se conjugarían intereses públicos (asociados a cuestiones más sociales) con intereses privados, potenciando el sector económico de las zonas degradadas y evitando una ciudad planificada sólo de acuerdo con los intereses privados.

CONLUSIÓN N.º 4: Sobre la planificación y gestión de la regeneración urbana

En cuanto a la planificación y gestión de las intervenciones de regeneración se puede decir que, sin perjuicio del respaldo financiero y de las iniciativas de la Unión Europea y de las Administraciones Estatal y Autonómica en relación a esta cuestión, la Administración Local es el ente adecuado para el diseño y planificación de las intervenciones de regeneración urbana, ya que las competencias de los entes locales están muy ligadas a las intervenciones de regeneración urbana. Por otro lado, cabe destacar que la mejora de los ámbitos desfavorecidos es una cuestión de ciudad, existiendo un factor de proximidad que facilitaría las intervenciones en cuanto al conocimiento de la problemática específica de las áreas degradadas.

Dado que las ayudas relativas a la financiación de las intervenciones de regeneración provienen tanto de la Unión Europea como de las Administraciones Estatal y Autonómica, la colaboración interadministrativa cobra una importancia fundamental, ya que las soluciones son específicas (Administración Local) pero se nutren de fondos europeos, estatales y autonómicos.

Es también importante señalar que la planificación y gestión se puede canalizar a través de la creación de un organismo específico que coordine y ejecute los proyectos. Del estudio de las experiencias de regeneración expuestas en este capítulo, podemos concluir que, por ejemplo, en el caso del Plan de Transformación del barrio de La Mina, la experiencia de la creación de este organismo es bastante positiva, ya que éste es el encargado de articular los intereses de los distintos agentes, estando presente además en la gestión diaria de la intervención. La integración en este organismo de planificación y gestión, de los ciudadanos afectados, facilita el atender las necesidades reales que reclaman los vecinos afectados y además, al implicar a la población en la intervención de regeneración, se crea un sentimiento de colectividad que favorece la cohesión social de los ámbitos.

CONLUSIÓN N.º 5: Sobre los efectos de la regeneración urbana

Las acciones de regeneración urbana no tienen efectos inmediatos, ya que los programas de acción social y de impulso de la actividad económica necesitan de un tiempo relativamente largo para asentarse y dar el resultado esperado. Ni siquiera la transformación física de los ámbitos en las intervenciones de regeneración urbana es algo que se realice a corto plazo, ya que, tal y como se ha señalado a lo largo de este capítulo, es fundamental que las acciones de transformación física vayan coordinadas con las acciones sociales y de impulso económico. Por tanto, dado que las actuaciones integrales de regeneración urbana son recientes, no existe una gran cantidad de datos para comprobar si, de las acciones que se han llevado a cabo, resultan los objetivos marcados, o si éstos perduran a lo largo del tiempo. Al hilo de lo anterior, cabe señalar que el Dictamen del Comité de las Regiones sobre «Ciudades del mañana: ciudades sostenibles desde el punto de vista social y medioambiental» (2012/C 277/04), ha puesto de manifiesto que las políticas de desarrollo urbano llevadas a cabo hasta ahora han obtenido escasos resultados, planteándose la necesidad de buscar nuevas estrategias. Es pues, fundamental el seguimiento de las actuaciones mediante el establecimiento de unos indicadores específicos (desempleo, pobreza, actividad económica, nivel de estudios, absentismo escolar, etc.), que permitan de una forma objetiva constatar el resultado de las acciones, y de este modo, difundir conocimientos y resultados para poder intercambiar las experiencias positivas y negativas al objeto de crear unos patrones generales de regeneración urbana, todo ello sin perjuicio de las especificidades físicas, sociales y económicas con las que cuenta cada ámbito.

CAPÍTULO IV

REFLEXIONES SOBRE LOS DESAHUCIOS EN MATERIA DE VIVIENDA DESDE LA CONSIDERACIÓN NORMATIVA DE LA EXCLUSIÓN SOCIAL, Y EL INFORME SOCIAL COMO INSTRUMENTO DE VALIDACIÓN

RAFAEL ARREDONDO QUIJADA

TRABAJADOR SOCIAL. MÁSTER EN INVESTIGACIÓN E INTERVENCIÓN SOCIAL Y COMUNITARIA POR LA UNIVERSIDAD DE MÁLAGA

1. ACERCÁNDONOS A LA REALIDAD

Desde que en septiembre de 2008 estallara la crisis financiera, con la quiebra de uno de los mayores bancos, no ya de los Estados Unidos, sino a nivel mundial como Lehman Brothers, hasta la actualidad, vivimos en una constante donde las noticias de desahucios, ocupaciones de viviendas, lanzamientos, hipotecas, etc., se han hecho usual y cotidianas para el conjunto de los españoles.

Esta realidad la constata las cerca de seiscientas mil (598.747), ejecuciones hipotecarias realizadas desde el año 2008 al primer trimestre de 2015, según información que viene facilitando el Consejo General del Poder Judicial (CGPJ), de manera ininterrumpida con su informe trimestral «Efectos de la crisis en los órganos judiciales», siendo en estos momentos la única fuente que permite contrastar información con un marco temporal desde el inicio de la crisis hasta la actualidad.

De dichas ejecuciones han terminado con un Lanzamiento positivo, siendo éste el que se ha podido practicar tras ser acordado por el juzgado (CGPJ, 2015), un total de 256.174 (Figura 1 y Tabla 1), lo que viene a representar el 43% de ellas.

Figura 1. Ejecuciones hipotecarias y lanzamientos positivos producidos desde el año 2008 al 2014

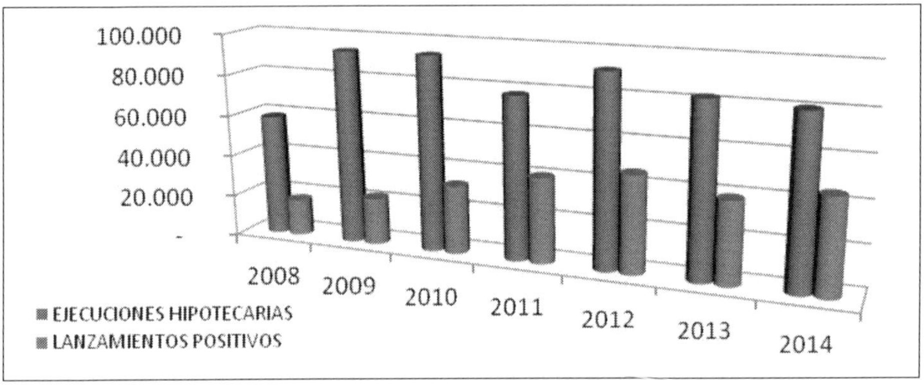

Fuente: Elaboración propia, a partir del Consejo General del Poder Judicial

Tabla 1. Ejecuciones hipotecarias y lanzamientos positivos producidos desde el año 2008 al primer trimestre de 2015.

	2008	2009	2010	2011	2012	2013	2014	2015 (1.ºT)	TOTAL 2008-2015 (1.º T.)
Ejecuciones hipotecarias	58.686	93.319	93.636	77.854	91.622	82.680	80.749	20.201	598.747
Lanzamientos positivos	17.433	22.493	32.689	40.740	46.408	39.206	45.298	11.907	256.174

Fuente: Elaboración propia, a partir del Consejo General del Poder Judicial

Pero si esta situación la encontramos a nivel del estado, realizando un acercamiento sobre la misma en el conjunto de Andalucía, y tomando como referencia el mismo ítem referido a los lanzamientos positivos que se han realizado (Tabla 2), como el indicador que viene a confirmar que éste se ha producido. Es la ciudad de Málaga con cerca de doce mil lanzamientos (11.969) la que encabeza este triste ranking, encontrándose también como quinta ciudad a nivel estatal en mayor número de lanzamientos positivos desde el año 2008 (Figura 2), tras Madrid, Barcelona, Valencia y Alicante.

En el contexto andaluz, a continuación de la ciudad de Málaga, se situaría Granada y posteriormente Cádiz.

En cambio si se hace un comparativo de la evolución que se ha producido desde el año 2008 al 2014, en este caso es la provincia de Granada la que con un incremento del 357,10% se pone en primer lugar, seguida de las provincias de Almería y de Jaén, con un 340,27% y 322,37% respectivamente, donde el total andaluz de lanzamientos positivos ha supuesto el 20% de todo el estado. (Tabla 2 y Figura 3)

Figura 2. Ciudades españoles con mayor número de lanzamientos positivos en el período 2008 al 2014

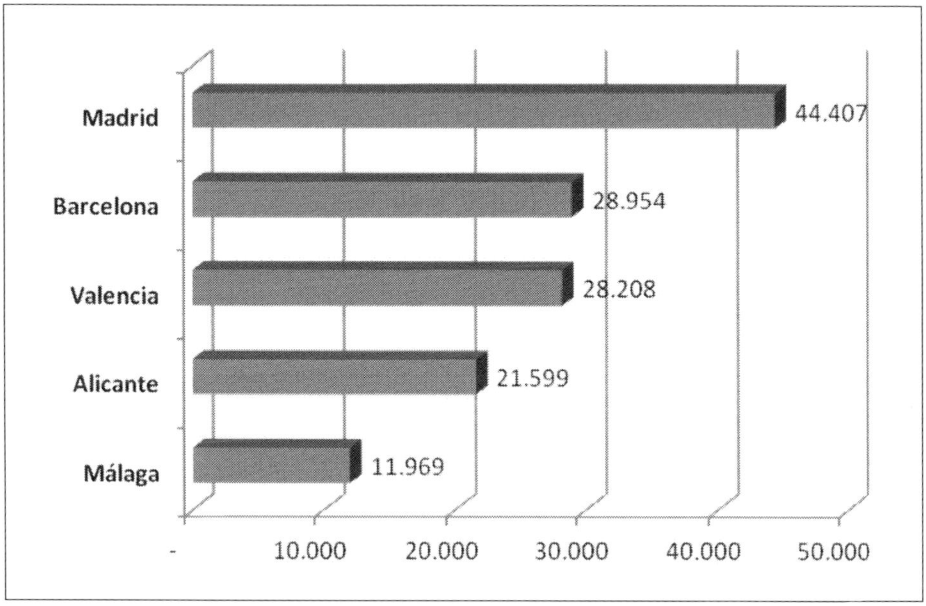

Fuente: Elaboración propia, a partir del Consejo General del Poder Judicial

Tabla 2. Número de lanzamientos positivos realizados en las diferentes provincias de Andalucía desde el año 2008 al año 2014

	2008	2009	2010	2011	2012	2013	2014	TOTAL	2008/2014 (%)
Almería	221	294	494	719	1.115	807	973	4.623	**340,27**
Cádiz	366	410	658	929	1.198	987	1.241	**5.789**	239,07
Córdoba	187	208	332	435	653	578	556	2.949	197,33
Granada	345	441	735	1.046	1.491	1.394	1.577	**7.029**	**357,10**
Huelva	137	169	301	432	591	513	480	2.623	250,36
Jaén	76	108	170	346	441	347	321	1.809	**322,37**
Málaga	812	981	1.344	1.930	2.210	2.044	2.648	**11.969**	226,11
Sevilla	245	154	254	307	402	344	446	2.152	82,04
	2.389	**2.765**	**4.288**	**6.144**	**8.101**	**7.014**	**8.242**	**38.943**	**245,00**

Fuente: Elaboración propia, a partir del Consejo General del Poder Judicial

Figura 3. Número de lanzamientos positivos realizados en las diferentes provincias de Andalucía desde el año 2008 al año 2014

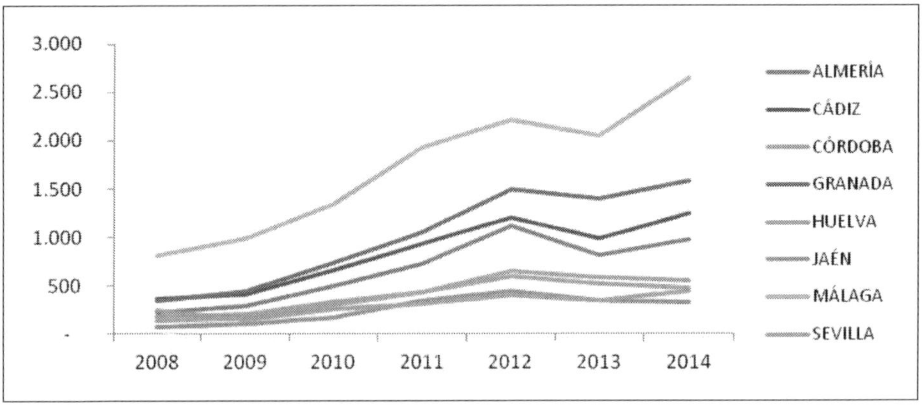

Fuente: Elaboración propia, a partir del Consejo General del Poder Judicial

De cara a reflejar la magnitud del problema, y si lo llevamos a una cifra que a veces ha sido titular de los medios de comunicación, como es el número de lanzamientos positivos que se han realizado como media por día, y tomando como referencia en el cálculo la cifra fija de los 365 días del año, o sea incorporando sábados, domingos y festivos que no son laborales por parte de los órganos judiciales, se observa (Figura 4), como la media no ha hecho sino crecer desde el año 2008, y aunque se produce una pequeña bajada en el año 2013, vuelve a subir en 2014 alcanzando el mayor valor del período, veintitrés lanzamientos positivos por día.

No es el objeto de este artículo ahondar en cuáles han sido las circunstancias que han originado esta realidad, y el porqué de estas situaciones, diagnóstico que sería mucho más extenso y complejo, pero del que se pueden destacar una serie de consideraciones que han estado en su génesis:

1. la consideración de la vivienda como un bien económico y no como un derecho social
2. la utilización de la construcción, principalmente la vivienda, con un gran peso para el desarrollo económico
3. la inexistencia de un parque de vivienda público, suficiente y adecuado
4. la especulación financiera donde primara el beneficio a toda costa, sin tener en cuenta buenas prácticas desde el punto de vista financiero
5. las altas tasas de desempleo, no sólo sobre el sector de la construcción sino sobre el conjunto de las empresas auxiliares, y otros sectores económicos afectados por la crisis y los recortes sociales que se han emprendido

Figura 4. Número de lanzamientos positivos, que como media, se han realizado en Andalucía, durante el período 2008 al 2014. Incorporándose sábados, domingos y festivos.

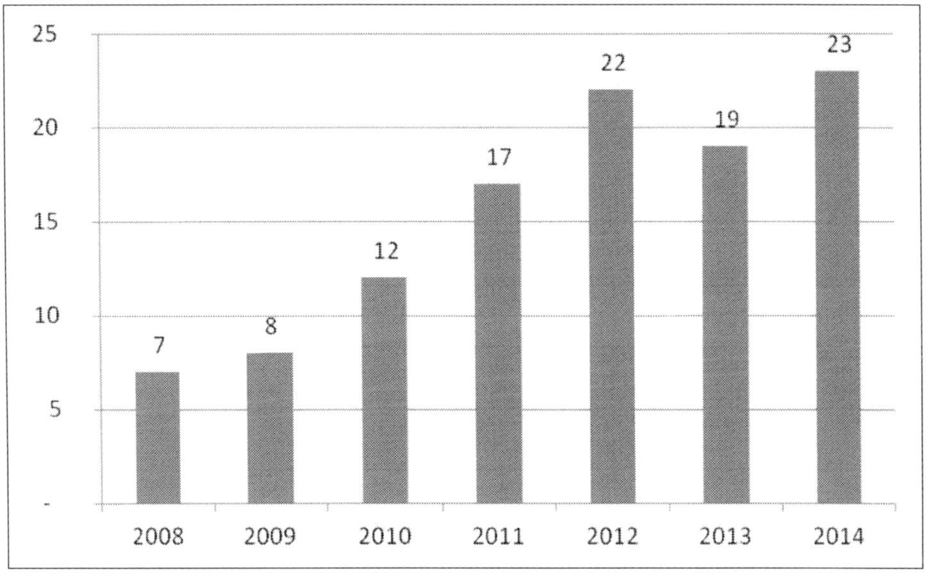

Fuente: Elaboración propia, a partir del Consejo General del Poder Judicial

6. un mensaje desde diferentes sectores, entre ellos la propia administración, de manera constante y persistente, donde la inversión y la compra de vivienda era una buena opción
7. un modelo de tenencia respecto a la vivienda, donde ha primado la compra sobre el alquiler
8. la utilización de la vivienda como fuente de ingresos financieros, en muchos casos de manera especulativa, por parte de las administraciones públicas, principalmente las locales.

2. DESARROLLO LEGISLATIVO DIRIGIDO A LAS PERSONAS EN PROCESO DE DESAHUCIO

Aunque como ya se ha indicado hay que remontarse al año 2008 para hablar de los inicios de ésta situación, no será hasta el año 2012, cuatro años después, cuando se comienzan aprobar las primeras normas dirigidas de manera específica y concreta a intentar paliar éstas situaciones. Donde el movimiento ciudadano, representado por la Plataforma de Afectados por la Hipoteca (PAH), que tiene sus inicios en Barcelona en 2009, ha jugado un papel esencial a la hora de evidenciar y llevar al debate político todo lo que estaba ocurriendo, siendo capaz de recoger un millón y medio de firmas en el conjunto del estado con la colaboración y participación de otras organizaciones y entidades sociales.

Estas normas aprobadas a partir del 2012, no han ido dirigidas a la generalidad de la población, al tratarse de un problema como es el derecho a la vivienda recogido en la carta magna (Art. 47), y por ende a facilitar el acceso a una vivienda digna y adecuada, volviendo a recordar el número tan elevado de ejecuciones hipotecarias y lanzamientos que se han producido y que se siguen produciendo. Sino que estas normas han ido dirigidas sólo aquellas personas afectadas por un desahucio que además reunieran toda una serie de requisitos y que fueran consideradas en exclusión o vulnerabilidad social, elementos estos que van a ser abordados por la publicación, tanto desde las aprobadas por parte del Estado como por parte de la Comunidad Autónoma de Andalucía.

El no poder acceder a una vivienda puede situar a una familia en las puertas de la vulnerabilidad, y a un paso de la exclusión social (Navarro, 2005), por ello todo lo que se realice de cara a facilitar éste acceso estará contribuyendo a que éstas situaciones no se produzcan. Pero más lejos de realizar estas intervenciones con un carácter generalista e incluso desde un concepto preventivo y de cohesión social, en estos momentos lo legislado sólo ha venido a cubrir aquellos sectores de población en torno a la exclusión, que siendo necesario y urgente, se puede afirmar que no es suficiente.

Normativas a nivel estatal:

- **Real Decreto-Ley 6/2012, de 9 de marzo, de medidas urgentes de protección de deudores hipotecarios sin recursos**

Artículo 3 Definición del umbral de exclusión

1. Se considerarán situados en el umbral de exclusión aquellos deudores de un crédito o préstamo garantizado con hipoteca sobre su vivienda habitual, cuando concurran en ellos todas las circunstancias siguientes:

a) Que todos los miembros de la unidad familiar carezcan de rentas derivadas del trabajo o de actividades económicas. A estos efectos se entenderá por unidad familiar la compuesta por el deudor, su cónyuge no separado legalmente o pareja de hecho inscrita y los hijos con independencia de su edad que residan en la vivienda.

b) Que la cuota hipotecaria resulte superior al 60 por cien de los ingresos netos que perciba el conjunto de los miembros de la unidad familiar.

c) Que el conjunto de los miembros de la unidad familiar carezca de cualesquiera otros bienes o derechos patrimoniales suficientes con los que hacer frente a la deuda.

d) Que se trate de un crédito o préstamo garantizado con hipoteca que recaiga sobre la única vivienda en propiedad del deudor y concedido para la adquisición de la misma.

e) Que se trate de un crédito o préstamo que carezca de otras garantías, reales o personales o, en el caso de existir estas últimas, que en todos los garantes concurran las circunstancias expresadas en las letras b) y c).

f) En el caso de que existan codeudores que no formen parte de la unidad familiar, deberán estar incluidos en las circunstancias a), b) y c) anteriores.

- **Real Decreto-ley 27/2012, de 15 de noviembre, de medidas urgentes para reforzar la protección a los deudores hipotecarios**

Artículo1 Suspensión de los lanzamientos sobre las viviendas habituales de colectivos especialmente vulnerables.

1. Hasta transcurridos dos años desde la entrada en vigor de este real decreto-ley, no procederá el lanzamiento cuando en un proceso judicial o extrajudicial de ejecución hipotecaria se hubiera adjudicado al acreedor, o a persona que actúe por su cuenta, la vivienda habitual de personas que se encuentren en los supuestos de especial vulnerabilidad y en las circunstancias económicas previstas en este artículo.

2. Los supuestos de especial vulnerabilidad a los que se refiere el apartado anterior son:

a) Familia numerosa, de conformidad con la legislación vigente.

b) Unidad familiar monoparental con dos hijos a cargo.

c) Unidad familiar de la que forme parte un menor de tres años.

d) Unidad familiar en la que alguno de sus miembros tenga declarada discapacidad superior al 33 por ciento, situación de dependencia o enfermedad que le incapacite acreditadamente de forma permanente para realizar una actividad laboral.

e) Unidad familiar en la que el deudor hipotecario se encuentre en situación de desempleo y haya agotado las prestaciones por desempleo.

f) Unidad familiar con la que convivan, en la misma vivienda, una o más personas que estén unidas con el titular de la hipoteca o su cónyuge por vínculo de parentesco hasta el tercer grado de consanguinidad o afinidad, y que se encuentren en situación personal de discapacidad, dependencia, enfermedad grave que les incapacite acreditadamente de forma temporal o permanente para realizar una actividad laboral.

g) Unidad familiar en que exista una víctima de violencia de género, conforme a lo establecido en la legislación vigente, en el caso de que la vivienda objeto de lanzamiento constituyan su domicilio habitual.

3. Para que sea de aplicación lo previsto en el apartado 1 deberán concurrir, además de los supuestos de especial vulnerabilidad previstos en el apartado anterior, las circunstancias económicas siguientes:

a) Que el conjunto de los ingresos de los miembros de la unidad familiar no supere el límite de tres veces el Indicador Público de Renta de Efectos Múltiples.

b) Que, en los cuatro años anteriores al momento de la solicitud, la unidad familiar haya sufrido una alteración significativa de sus circunstancias económicas, en términos de esfuerzo de acceso a la vivienda.

c) Que la cuota hipotecaria resulte superior al 50 por cien de los ingresos netos que perciba el conjunto de los miembros de la unidad familiar.

d) Que se trate de un crédito o préstamo garantizado con hipoteca que recaiga sobre la única vivienda en propiedad del deudor y concedido para la adquisición de la misma.

4. A los efectos de lo previsto en este artículo se entenderá:

a) Que se ha producido una alteración significativa de las circunstancias económicas cuando el esfuerzo que represente la carga hipotecaria sobre la renta familiar se haya multiplicado por al menos 1,5.

b) Por unidad familiar la compuesta por el deudor, su cónyuge no separado legalmente o pareja de hecho inscrita y los hijos, con independencia de su edad, que residan en la vivienda, incluyendo los vinculados por una relación de tutela, guarda o acogimiento familiar.

- **Ley 1/2013, de 14 de mayo, de medidas para reforzar la protección a los deudores hipotecarios, reestructuración de deuda y alquiler social**

CAPÍTULO IV

Modificación del Real Decreto-ley 6/2012, de 9 de marzo, de medidas urgentes de protección de deudores hipotecarios sin recursos

Dos. El artículo 3 queda redactado del siguiente modo:

«1. Se considerarán situados en el umbral de exclusión aquellos deudores de un crédito o préstamo garantizado con hipoteca sobre su vivienda habitual, cuando concurran en ellos todas las circunstancias siguientes:

a) Que el conjunto de los ingresos de los miembros de la unidad familiar no supere el límite de tres veces el Indicador Público de Renta de Efectos Múltiples. A estos efectos se entenderá por unidad familiar la compuesta por el deudor, su cónyuge no separado legalmente o pareja de hecho inscrita y los hijos, con independencia de su edad, que residan en la vivienda, incluyendo los vinculados por una relación de tutela, guarda o acogimiento familiar.

El límite previsto en el párrafo anterior será de cuatro veces el Indicador Público de Renta de Efectos Múltiples en caso de que alguno de los miembros de la unidad familiar tenga declarada discapacidad superior al 33 por ciento, situación de dependencia o enfermedad que le incapacite acreditadamente de forma permanente para realizar una actividad laboral, o de cinco veces dicho indicador, en el caso de que un deudor hipotecario sea persona con parálisis cerebral, con enfermedad mental o con discapacidad intelectual, con un grado de discapacidad reconocido igual o superior al 33 por ciento, o persona con discapacidad física o sensorial, con un grado de discapacidad reconocida igual o superior al 65 por ciento, así como en los casos de enfermedad grave que incapacite acreditadamente, a la persona o a su cuidador, para realizar una actividad laboral.

b) Que, en los cuatro años anteriores al momento de la solicitud, la unidad familiar haya sufrido una alteración significativa de sus circunstancias económicas, en términos de esfuerzo de acceso a la vivienda, o hayan sobrevenido en dicho período circunstancias familiares de especial vulnerabilidad.

A estos efectos se entenderá que se ha producido una alteración significativa de las circunstancias económicas cuando el esfuerzo que represente la carga hipotecaria sobre la renta familiar se haya multiplicado por al menos 1,5; salvo que la entidad acredite que la carga hipotecaria en el momento de la concesión del préstamo era igual o superior a la carga hipotecaria en el momento de la solicitud de la aplicación del Código de Buenas Prácticas.

Asimismo, se entiende que se encuentran en una circunstancia familiar de especial vulnerabilidad:

1.º La familia numerosa, de conformidad con la legislación vigente.

2.º La unidad familiar monoparental con dos hijos a cargo.

3.º La unidad familiar en la que alguno de sus miembros tenga declarada discapacidad superior al 33 por ciento, situación de dependencia o enfermedad que le incapacite de forma permanente, de forma acreditada, para realizar una actividad laboral.

4.º La unidad familiar de la que forme parte un menor de tres años.

c) Que la cuota hipotecaria resulte superior al 50 por cien de los ingresos netos que perciba el conjunto de los miembros de la unidad familiar. Dicho porcentaje será del 40 por cien cuando alguno de dichos miembros sea una persona en la que concurren las circunstancias previstas en el segundo párrafo del apartado a)

A efectos de las letras a) y b) anteriores, se considerará que presentan una discapacidad en grado igual o superior al 33 por ciento los pensionistas de la Seguridad Social que tengan reconocida una pensión de incapacidad permanente en el grado de total, absoluta o gran invalidez, y a los pensionistas de clases pasivas que tengan reconocida una pensión de jubilación o de retiro por incapacidad permanente para el servicio o inutilidad.

2. Para la aplicación de las medidas complementarias y sustitutivas de la ejecución hipotecaria a que se refieren los apartados 2 y 3 del Anexo, será además preciso que se cumplan los siguientes requisitos.

a) Que el conjunto de los miembros de la unidad familiar carezca de cualesquiera otros bienes o derechos patrimoniales suficientes con los que hacer frente a la deuda.

b) Que se trate de un crédito o préstamo garantizado con hipoteca que recaiga sobre la única vivienda en propiedad del deudor o deudores y concedido para la adquisición de la misma.

c) Que se trate de un crédito o préstamo que carezca de otras garantías, reales o personales o, en el caso de existir estas últimas, que carezca de otros bienes o derechos patrimoniales suficientes con los que hacer frente a la deuda.

d) En el caso de que existan codeudores que no formen parte de la unidad familiar, deberán estar incluidos en las circunstancias a), b) y c) anteriores.

- **Real Decreto-ley 1/2015, de 27 de febrero, de mecanismos de segunda oportunidad, reducción de carga financiera y otras medidas de orden social**

Artículo 2. Modificación del Real Decreto-ley 6/2012, de 9 de marzo, de medidas urgentes de protección de deudores hipotecarios sin recursos

Uno. El artículo 3.1 queda redactado del siguiente modo:

«1. Se considerarán situados en el umbral de exclusión aquellos deudores de un crédito o préstamo garantizado con hipoteca sobre su vivienda habitual, cuando concurran en ellos todas las circunstancias siguientes:

a) Que el conjunto de los ingresos de los miembros de la unidad familiar no supere el límite de tres veces el Indicador Público de Renta de Efectos Múltiples anual de catorce pagas. A estos efectos se entenderá por unidad familiar la compuesta por el deudor, su cónyuge no separado legalmente o pareja de hecho inscrita y los hijos, con independencia de su edad, que residan en la vivienda, incluyendo los vinculados por una relación de tutela, guarda o acogimiento familiar.

El límite previsto en el párrafo anterior será de cuatro veces el Indicador Público de Renta de Efectos Múltiples anual de catorce pagas en caso de que alguno de los miembros de la unidad familiar tenga declarada discapacidad superior al 33 por ciento, situación de dependencia o enfermedad que le incapacite acreditadamente de forma permanente para realizar una actividad laboral, o de cinco veces dicho indicador, en el caso de que un deudor hipotecario sea persona con parálisis cerebral, con enfermedad mental, o con discapacidad intelectual, con un grado de discapacidad reconocido igual o superior al 33 por ciento, o persona con discapacidad física o sensorial, con un grado de discapacidad reconocido igual o superior al 65 por ciento, así como en los casos de enfermedad grave que incapacite acreditadamente, a la persona o a su cuidador, para realizar una actividad laboral.

b) Que, en los cuatro años anteriores al momento de la solicitud, la unidad familiar haya sufrido una alteración significativa de sus circunstancias económicas, en términos de esfuerzo de acceso a la vivienda, o hayan sobrevenido en dicho período circunstancias familiares de especial vulnerabilidad.

A estos efectos se entenderá que se ha producido una alteración significativa de las circunstancias económicas cuando el esfuerzo que represente la carga hipotecaria sobre la renta familiar se haya multiplicado por al menos 1,5; salvo que la entidad acredite que la carga hipotecaria en el momento de la concesión del préstamo era igual o superior a la carga hipotecaria en el momento de la solicitud de la aplicación del Código de Buenas Prácticas.

Asimismo, se entiende que se encuentran en una circunstancia familiar de especial vulnerabilidad:

1.º La familia numerosa, de conformidad con la legislación vigente.
2.º La unidad familiar monoparental con dos hijos a cargo.
3.º La unidad familiar de la que forme parte un menor de tres años.
4.º La unidad familiar en la que alguno de sus miembros tenga declarada discapacidad superior al 33 por ciento, situación de dependencia o enfermedad que le incapacite de forma permanente, de forma acreditada, para realizar una actividad laboral.
5.º El deudor mayor de 60 años, aunque no reúna los requisitos para ser considerado unidad familiar según lo previsto en la letra a) de este número.

c) Que la cuota hipotecaria resulte superior al 50 por cien de los ingresos netos que perciba el conjunto de los miembros de la unidad familiar. Dicho porcentaje será del 40 por cien cuando alguno de dichos miembros sea una persona en la que concurren las circunstancias previstas en el segundo párrafo del apartado a).

A efectos de las letras a) y b) anteriores, se considerará que presentan una discapacidad en grado igual o superior al 33 por ciento los pensionistas de la Seguridad Social que tengan reconocida una pensión de incapacidad permanente en el grado de total, absoluta o gran invalidez, y a los pensionistas de clases pasivas que tengan reconocida una pensión de jubilación o de retiro por incapacidad permanente para el servicio o inutilidad.»

Como resumen, indicar que se recogen las cuatro normas aprobadas por el gobierno central, donde los conceptos de exclusión y vulnerabilidad, las características que se deben de tener para ser considerado como tal, el código de buenas prácticas para las entidades bancarias, y el plazo de paralización de desahucios, (dos años más hasta mayo de 2017) generan estas modificaciones: donde el Decreto-ley 27/2012, es modificado por la Ley 1/2013 y el Real Decreto-ley 1/2015, y el Real Decreto-ley 6/2012, también es modificado por la Ley 1/2013 y el Real Decreto-ley 1/2015.

Normativas a nivel de la Comunidad Autónoma de Andalucía

- **Decreto-ley 6/2013, de medidas para asegurar el cumplimiento de la Función Social de la Vivienda. Tramitado a través de la ley 4/2013, de medidas para asegurar el cumplimiento de la función social de la vivienda**

Disposición adicional segunda. Declaración del interés social a efectos de expropiación forzosa de la cobertura de necesidad de vivienda de personas en especiales circunstancias de emergencia social.

3. Podrán ser beneficiarias de esta expropiación de uso las personas que cumplan los siguientes requisitos:

c) El lanzamiento pueda generar una situación de emergencia o exclusión social.

11. Para el inicio del procedimiento de expropiación forzosa, la persona interesada deberá aportar, además de la solicitud dirigida al efecto y de la

documentación acreditativa del proceso de ejecución hipotecaria en el que su vivienda se encuentre incursa, la siguiente documentación:

f) Informe de los Servicios Sociales Comunitarios del municipio sobre la situación de emergencia o exclusión social en que puede quedar el beneficiario en caso de lanzamiento.

- **Orden de 28 de noviembre de 2014, por la que se establecen las bases reguladoras para la concesión, en régimen de concurrencia no competitiva, de ayudas a personas en especiales circunstancias de emergencia social incursas en procedimientos de desahucios o de ejecución, que sean privadas de la propiedad de su vivienda habitual, y se efectúa su convocatoria**

Artículo 4 Requisitos de las personas beneficiarias

c) Que el lanzamiento haya generado o pueda generar una situación de emergencia o exclusión social, en los términos del artículo 10.1.a).

Artículo 10. Documentación.

1. El formulario de solicitud irá acompañado de la siguiente documentación:

a) Informe de los servicios sociales comunitarios sobre la situación de emergencia o exclusión social en que haya quedado o pueda quedar la persona beneficiaria en caso de lanzamiento. En el caso en que dicho informe hubiese sido solicitado al Ayuntamiento y no se hubiese evacuado en el plazo de 10 días, la Delegación Territorial que deba resolver recabará informe del órgano de la Administración de la Junta de Andalucía competente por razón de materia. Para ello, la persona interesada presentará copia de la solicitud de informe y una declaración responsable de que no le ha sido notificado el mismo.

Al igual que en la normativa estatal, las circunstancias y características que van a marca la intervención se encuentra dirigida a las personas en procesos de exclusión social y/o de vulnerabilidad, siendo el Informe Social el instrumento clave que va a venir a definir ésta situación, elaborado desde los Servicios Sociales y por tanto por un Trabajador/a Social.

3. EL INFORME SOCIAL

Cuando en el ámbito del Trabajo Social, se alude al Informe Social, éste es un dictamen técnico que sirve de instrumento documental que elabora y firma con carácter exclusivo el Trabajador Social. Su contenido se deriva del estudio a través de la observación y la entrevista, donde queda reflejada en síntesis la situación objeto, su valoración, un dictamen técnico y una propuesta de intervención profesional (Arredondo y Cosano, et al., 2013).

Según Resolución de 23 de abril de 2013, de la Secretaria de Estado de Servicios Sociales e Igualdad, se hizo público el Acuerdo del Consejo Territorial de Servicios Sociales y del Sistema para la Autonomía y Atención a la Dependencia sobre criterios recomendaciones y condiciones mínimas para la elaboración de los planes de prevención de las situaciones de dependencia y promoción de la autonomía personal; datos básicos del sistema de información del SAAD y Catálogo de referencia de Servicios Sociales. La finalidad de este catálogo estriba en establecer un denominador mínimo común de derechos y prestaciones sociales para la totalidad de los ciudadanos en todo el territorio estatal. Asimismo en él, se establece una garantía general de acceso y seguimiento para todos los ciudadanos a través de un profesional de referencia: el Trabajador Social al que se refiere en los siguientes términos:

Las personas que accedan al Sistema Público de Servicios Sociales contarán con un profesional de referencia, que será un(a) Trabajador(a) Social, al menos en el ámbito de los Servicios Sociales de Atención Primaria, con la finalidad de asegurar la integralidad y continuidad en la intervención. El profesional de referencia será responsable de la historia social y el interlocutor principal que vele por la coherencia, la coordinación con los demás sistemas de bienestar y la globalidad del proceso de atención.

Es por esto que el Trabajador Social como profesional de referencia en los Servicios Sociales, se encuentra en un lugar central y clave a la hora de la intervención con las personas que acuden al Sistema de Servicios Sociales, situándose en la punta de lanza del conjunto de los procesos de inclusión/exclusión social, en aras del mayor bienestar social para las personas, y entre ellas aquellas que se puedan encontrar ante un desahucio.

Es por ello que tanto desde el Consejo General de Trabajo Social, entidad de derecho público que aglutina al conjunto de los colegios profesionales del estado, como por parte del Consejo Andaluz de Trabajo Social, conformado por los ocho colegios profesionales de Andalucía con más de 5.000 colegiadas/os. Se realizaron sendos modelos de informes sociales de cara a facilitar al conjunto de los profesionales un formato y criterios técnicos para la elaboración de éstos, que van a venir a establecer las claves oportunas para definir y avalar la correspondencia positiva o negativa, de una persona, a cualquiera de los posibles beneficios a que pudiera acogerse.

Concretamente el modelo de informe del Consejo Andaluz se incorpora al acuerdo firmado entre éste y la Consejería de Fomento y Vivienda de la Junta de Andalucía, de cara a la puesta en marcha del Decreto-ley 6/2013, de medidas para asegurar el cumplimiento de la Función Social de la Vivienda.

Y por su parte el modelo de informe social elaborado por el Consejo General, se enmarca dentro de la propuesta trabajada para la creación de Oficinas de Intermediación Hipotecaria, junto con el Consejo General de la Abogacía, como vía para la intervención junto a las personas afectadas.

Andalucía
Consejo Andaluz de Colegios Profesionales de Trabajo Social

JUNTA DE ANDALUCIA

INFORME SOCIAL EN CASO DE LANZAMIENTO

INSTITUCIÓN EMISORA ______________________________

TRABAJADORA/OR SOCIAL ______________________________

Nº COLEGIADA/O ________________

INSTITUCIÓN RECEPTORA ______________________________

1.- Objeto del informe

2.- Identificación del/la solicitante

Nombre y apellidos ______________________________

DNI / NIE ______________________________

Nacionalidad ______________________________

Fecha de nacimiento ______________________________

Domicilio ______________________________

C.P. ________________ Localidad ______________________________

Teléfono ______________________________

E-mail ______________________________

Andalucía
Consejo Andaluz de Colegios Profesionales de Trabajo Social

JUNTA DE ANDALUCIA

3.- Proceso metodológico

4.- Análisis documental

5.- Configuración unidad convivencial

6.- Datos de salud

Andalucía
Consejo Andaluz de Colegios Profesionales de Trabajo Social

JUNTA DE ANDALUCIA

7.- Información sobre la vivienda afectada

8.- Datos sobre la situación laboral/profesional

8.- Datos económicos

9.- Redes sociales y familiares

Consejo Andaluz de Colegios Profesionales de Trabajo Social

JUNTA DE ANDALUCIA

10.- Habilidades sociales

11.- Diagnóstico social

12.- Propuesta

Andalucía

Consejo Andaluz de Colegios Profesionales de Trabajo Social

JUNTA DE ANDALUCIA

13.- Pronóstico

Fdo.:

En a de de 201

INFORME SOCIAL

Consejo General del Trabajo Social

(Para dar cumplimiento a la L.O.P.D, en la portada no deben aparecer datos de identificación o identificables)

1 página de 4

INSTITUCIÓN EMISORA:

TRABAJADOR/A SOCIAL:

Nº COLEGIADO/A:

INSTITUCIÓN RECEPTORA:

En , a de de 201 .

1. OBJETO DEL INFORME

Someramente se describe el motivo, ejemplo= Informar acerca de las circunstancias sociales que concurren en la unidad familiar del informado/a, ante: (aquí describir por qué se inicia el contacto, ante falta de pago de la cuota hipotecaria, posibilidad de impago a corto plazo, notificaciones de la entidad bancaria, notificaciones en general…).

2. IDENTIFICACIÓN DEL INFORMADO/A

Si hay más de un informado/a, añadirlo/a.

Nombre/Apellidos: ____________________

Nº D.I.P.F.: ____________________

(Si son extranjeros/as puede que no tenga D.N.I. sino documentos identificativos, por eso es mejor poner documento de identificación de persona física).

Nacionalidad. ____________________

Fecha de nacimiento: ____________________

Domicilio: ____________________

Teléfono: ____________________ E-mail: ____________________

(El estado civil, si es fundamental, deberá ir como indicador en la situación familiar. Las ocupaciones y formación no son datos que identifiquen a las personas, por eso se excluye).

3. PROCESO METODOLÓGICO

Deberá transcribirse de forma cronológica, ejemplo:

Fecha… entrevista en despacho, análisis documental, domicilio…

Fecha… entrevista familiar en domicilio.

Fecha… entrevista o contacto con: institución, agente bancario/a…

INFORME SOCIAL

Consejo General del Trabajo Social

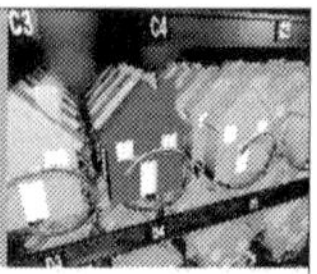

4. ANÁLISIS DOCUMENTAL

Referenciar los documentos visualizados.

5. CONFIGURACIÓN UNIDAD CONVIVENCIAL

Poner todos los/as miembros en relación de parentesco con el/la informado/a: nombres, apellidos, fechas nacimiento, a qué se dedican, pero sin especificar en este apartado. Por ejemplo: trabajador/a por cuenta ajena, escolarizado/a, pensionista, desempleado/a, empresario/a,...

6. DATOS DE SALUD

Incluir todos los indicadores relacionados a este ámbito. Ejemplo: el/la miembro familiar está afecto/a de una incapacidad permanente absoluta, (revisable o definitiva), según resolución administrativa de fecha..., por resolución administrativa de fecha..., el/la miembro tiene un porcentaje de discapacidad (temporal, o definitiva) de .... %; o le fue reconocido un nivel y grado.... de dependencia; por resolución judicial de fecha ..., el/la miembro, tiene la consideración de incapacitación civil.... según sentencia de fecha ..., está incapacitado legalmente.

Adscritos a comunidades terapéuticas, diagnósticos clínicos, tratamientos médicos, farmacológicos... etc... Utilización del sistema público de salud, asociados a compañías médicas privadas...

7. DATOS SOBRE LA VIVIENDA AFECTADA

7.1. DATOS GENERALES

Nº de personas empadronadas en la misma, titular de la propiedad, tiempo de ocupación, nº de m2, distribución, dependencias,...

7.2. DATOS HIPOTECARIOS

- **7.2.1. Identificación bancaria.** Entidad, sucursal.
- **7.2.2. Intervinientes.** Titular / titulares del préstamo. Avalista/s.
- **7.2.3. Datos de la operación.** Nº de préstamo hipotecario; nº de protocolo notarial; capital inicial; importe pendiente actual; fecha de inicio y finalización; amortización (periodicidad y cuantía); tipo de interés (fijo/variable, referencia euribor/T.P.M.H...), diferencial; tipo mínimo a aplicar; está tasada o no (si está, valor de tasación); fecha y valor de la tasación o tasaciones de la vivienda.
- **7.2.4. Finalidad.** Compra de vivienda y/o refinanciación. ¿Se ha ampliado la hipoteca?, ¿Cuántas veces?, motivo de la ampliación y destino de los fondos.

7.3. DATOS EN RELACIÓN A LA ENTIDAD BANCARIA

Persona de contacto en la sucursal con quien se ha realizado la negociación. Si han existido o no relaciones con el banco con propuestas para renegociar, conseguir una demora, si existen notificaciones de la entidad bancaria, definir y datar/fechar,...

INFORME SOCIAL

Consejo General del Trabajo Social

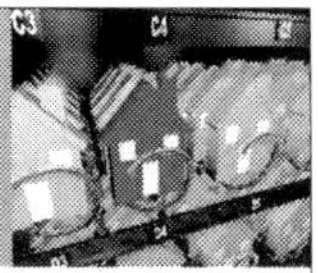

8. DATOS SOBRE LA SITUACIÓN LABORAL/PROFESIONAL

De todos/as los/as miembros de la unidad de convivencia, incluido/a obviamente el/la informado/a, definir: tipos de relación contractual laboral, inicio, antigüedad, ocupaciones, categorías, horarios, actividades soterradas,.. Niveles de estudios homologados o no. Situación de desempleo, demandas de empleo, fechas. Especificar situación laboral en el momento de la constitución de la hipoteca de cara a acreditar la inexistencia (si procede) de temeridad en la constitución de la obligación hipotecaria. Existencia de riesgo cierto de pérdida de empleo o reducción de la calidad del mismo, de los miembros empleados de la unidad de convivencia ; ERE, reducción de salario o jornada, impagos de salarios…etc.
En general, indicadores recogidos del análisis documental de la Vida Laboral remitida por el INSS.

9. DATOS ECONÓMICOS

Describir todos los ingresos de los/as miembros de la unidad familiar, detallando la procedencia, si son rentas de trabajo, o pensiones (detallar) economía sumergida, derivadas de otras situaciones como ayudas asistenciales, desempleo, ayuda familiar, R.M.I., subsidios….

9.1. SUMA TOTAL DE INGRESOS MENSUALES
En relación a los gastos, definir por:
- Cobertura de necesidades básicas: (pagos de los últimos 4 meses, o 6 meses de suministro de luz, agua, teléfono…). Gastos aproximados de alimentación, vestir, transporte…
- Cuotas y recibos: Cuota mensual de hipoteca, cuotas de préstamos personales, financieros, de tarjetas de créditos… detallar, el capital, el periodo de amortización y la cuota a satisfacer, fecha de inicio y de finalización.

Indicar sobre todos los pagos: si están al dia, si ha dejado de afrontar el pago, cuando, cuantas veces, situación actual, si hay demanda, apremio, intereses de demora etc…

9.2. SUMA TOTAL DE GASTOS MENSUALES
Existencia de gastos extraordinarios (pago de centros residenciales; auxiliares de ayuda a domicilio o teleasistencia privados; derivados de estudios de familiares a cargo…etc), especificando especialmente si han sido sobrevenidos y/o imprevisibles tras la constitución de la hipoteca. Todos los indicadores que nos permitan obtener una radiografía de la unidad familiar para poder llegar después al Diagnóstico y al Pronóstico.
(Se podría hacer un cuadro con las variables precitadas).

10. REDES SOCIALES Y FAMILIARES

Integración en el entorno más próximo a la vivienda y redes de apoyo en el mismo (familiares, centro escolar, unidad de estancias diurnas…etc).

BIBLIOGRAFÍA

ARREDONDO, R. y COSANO FCO. (Coords). (2013). Diccionario Práctico de Trabajo Social. Málaga: Colegio Profesional de Trabajo Social de Málaga.

NAVARRO, C. (2005). Indicadores de Vivienda y exclusión. *Documentación Social, 138*, 173-190

Boletín Oficial del Estado. Real Decreto-ley 6/2012, de 9 de marzo, de medidas urgentes de protección de deudores hipotecarios sin recursos. Recuperado el 6 de julio de 2015. http://www.boe.es/boe/dias/2012/03/10/pdfs/BOE-A-2012-3394.pdf

— Real Decreto-ley 27/2012, de 15 de noviembre, de medidas urgentes para reforzar la protección a los deudores hipotecarios. Recuperado el 6 de julio de 2015. http://www.boe.es/boe/dias/2012/11/16/pdfs/BOE-A-2012-14115.pdf

— Resolución de 23 de abril de 2013, de la Secretaría de Estado de Servicios Sociales e Igualdad, por la que se publica el Acuerdo del Consejo Territorial de Servicios Sociales y del Sistema para la Autonomía y Atención a la Dependencia sobre criterios, recomendaciones y condiciones mínimas para la elaboración de los planes de prevención de las situaciones de dependencia y promoción de la autonomía personal; datos básicos del sistema de información del SAAD y Catálogo de referencia de servicios sociales. Recuperado el 7 de julio de 2015. http://www.boe.es/boe/dias/2013/05/16/pdfs/BOE-A-2013-5163.pdf

— Ley 1/2013, de 14 de mayo, de medidas para reforzar la protección a los deudores hipotecarios, reestructuración de deuda y alquiler social. Recuperado el 6 de julio de 2015 http://www.boe.es/boe/dias/2013/05/15/pdfs/BOE-A-2013-5073.pdf

— Real Decreto-ley 1/2015, de 27 de febrero, de mecanismos de segunda oportunidad, reducción de carga financiera y otras medidas de orden social. Recuperado el 6 de julio de 2015 http://www.boe.es/boe/dias/2015/02/28/pdfs/BOE-A-2015-2109.pdf

Boletín Oficial de la Junta de Andalucía. Decreto-ley 6/2013, de 9 de abril, de medidas para asegurar el cumplimiento de la Función Social de la Vivienda. Recuperado el 6 de julio de 2015 http://www.juntadeandalucia.es/boja/2013/69/BOJA13-069-00026-6120-01_00025059.pdf

— Ley 4/2013, de 1 de octubre, de medidas para asegurar el cumplimiento de la función social de la vivienda. Recuperado el 6 de julio de 2015. http://www.juntadeandalucia.es/boja/2013/198/BOJA13-198-00028-16033-01_00034666.pdf

— Orden de 28 de noviembre de 2014, por la que se establecen las bases reguladoras para la concesión, en régimen de concurrencia no competitiva, de ayudas a personas en especiales circunstancias de emergencia social incursas en procedimientos de desahucios o de ejecución, que sean privadas de la propiedad de su vivienda habitual, y se efectúa su convocatoria. Recuperado el 7 de julio de 2015. http://www.juntadeandalucia.es/fomentoyvivienda/estaticas/sites/consejeria/contenidos/normativas/areas/vivienda/documentos/Orden_28_novienbre_2014_Boja_242.pdf

Consejo Andaluz de Trabajo Social. Informe Social en caso de lanzamiento. Recuperado el 7 de julio de 2015. http://www.catrabajosocial.es/app/download/5792994008/INFORME+SOCIAL+EN+CASO+DE+LANZAMIENTO.docx

Consejo General de Trabajo Social. Oficinas de Intermediación Hipotecaria. Recuperado el 7 de julio de 2015. http://cgtrabajosocial.com/app/webroot/files/consejo/files/OIH-DEFINITIVO.pdf

Consejo General del Poder Judicial. Datos de los efectos de la crisis en los órganos judiciales. Primer trimestre 2015. Recuperado el 6 de julio de 2015. http://www.poderjudicial.es/cgpj/es/Temas/Estadistica-Judicial/Informes-estadisticos-periodicos/Datos-sobre-el-efecto-de-la-crisis-en-los-organos-judiciales---Datos-desde-2007-hasta-primer-trimestre-de-2015

ANEXO

DECÁLOGO DE BUENAS PRÁCTICAS SOBRE VIVIENDA Y REHABILITACIÓN SOSTENIBLE. PASOS VIVIENDA

I. EL PORQUÉ DE UNA GUÍA DE BUENAS PRÁCTICAS

Las reformas normativas que en los últimos tiempos se han sucedido con el fin de paliar los efectos que la crisis económica ha provocado en el ámbito de la edificación residencial, sumado a la necesidad de encontrar soluciones a problemas comunes, motivan la realización de un documento que a modo de síntesis establezca alguna conclusiones generales sobre la política de vivienda en nuestro País, y las traduzcan en el formato de buenas prácticas orientativas en la toma de decisiones en el ámbito autonómico Andaluz.

Esta Guía no aspira a ser una monografía en la materia ni tampoco a resumir sin más las principales ideas que como moneda común han sido objeto de debate a la luz de las políticas o bien de acceso a la vivienda o bien respecto de la rehabilitación inmobiliaria.

Su objetivo es generar las reflexiones oportunas que permitan ahondar no sólo en la implementación de las medidas en ellas propuestas sino en la generación de otras complementarias que contribuyan a mejorar la calidad de vida de todos los andaluces y su especial satisfacción del derecho a la vivienda digna y adecuada que la Constitución Española en su día vino a consagrar.

II. OBJETIVOS

El objetivo de este documento es contribuir la generación de líneas orientativas de la actuación de los poderes públicos y ciudadanos tendentes a mejorar las condiciones de accesibilidad a la vivienda y la rehabilitación sostenible de la misma.

Este documento no aspirar al examen detallado de las propuestas legales, ni a la mera enumeración de las mismas, sino a generar elementos de Guía y orientación a partir de las investigaciones realizadas que permitan orientar las actuaciones públicas de la Consejería de Fomento y Vivienda en materia de acceso a la vivienda y rehabilitación sostenible.

La Guía de las Buenas Prácticas de Vivienda y Rehabilitación Sostenible intenta incluir estas acciones responsables como indicador para el desarrollo inmobiliario, desde diferentes perspectivas.

Esta Guía de Buenas prácticas se estructura en tres grandes bloques buenas prácticas sociales, buenas prácticas económicas, y buenas prácticas ambientales

III. CONCEPTUALIZACIÓN BUENAS PRÁCTICAS BANCARIAS

Las líneas que se suceden abordan la propuestas de buenas prácticas en dos ámbitos diferenciados, a saber: de un lado, *las buenas prácticas que se refieren a la accesibilidad a la vivienda sostenible*. Con ello nos hacemos eco de las medidas que proponemos en relación a la mejora del acceso a colectivos que por razón económica, o social se encuentran en graves dificultades para o bien acceder o bien mantener la vivienda en sí. En este punto seguimos no sólo referencias de normativa Estatal sino los debates que en organismos internacionales, a raíz de la crisis inmobiliaria han tenido lugar, integrando las propuestas relacionadas con la tenencia de la vivienda y los mecanismos para mejorar la misma.

En otro orden de ideas, se incorporan en el documento *las propuestas relacionadas con la mejora de la rehabilitación edificatoria en el sentido de la expresión contemplada a nivel estatal por el Texto Refundido de la Ley del Suelo y Rehabilitación Urbana, aprobado por Real Decreto Legislativo 7/2015, de 30 de octubre.*

Se trata de hacer propuestas concretas que abunden en la cumplimiento de premisas de eficiencias energética, rehabilitación energética y edificatoria que tome como punto de partida el patrimonio inmobiliario existentes y se oriente a la mejora sostenible del mismo en el contexto de la regeneración urbana. Además, se debe tomar en consideración la implementación del código de las buenas prácticas bancarias que suscrito por las entidades de crédito se orientan a la reestructuración de la deuda con garantía hipotecaria en vivienda habitual[1].

IV. ACCESO A LA VIVIENDA SOSTENIBLE

Pues bien para la implementación del código de buenas prácticas bancarias depende de la adopción del mismo por las entidades que se adhieren a él.

Entres las medidas contenidas en el **Código de buenas prácticas bancarias** se encuentran; la dación en pago de la vivienda, la suspensión del lan-

[1] Este código de buenas prácticas bancarias fue regulado en el RDecreto-Ley 6/2012, de 9 de marzo, de medidas urgentes de protección a los deudores hipotecarios sin recursos, conforme a la redacción dada por la Ley 1/2013, y Ley 1/2015.

zamiento de viviendas habituales de colectivos especialmente vulnerables, la bonificación del interés moratorio, la restructuración de la deuda.

Para ser beneficiarios de la aplicación de las medida previstas en la norma se exige que se reúnan los siguiente requisitos:

a) Que los ingresos de la unidad familiar no supere el triple del IPREM (Indicador Público de Renta de Efectos Múltiples), IPREM anual de 14 mensualidades. A estos efectos se entenderá por unidad familiar, la compuesta por el deudor, su cónyuge no separado legalmente o pareja de hecho inscrita y los hijos, con independencia de su edad, que residan en la vivienda, incluyendo los vinculados por una relación de tutela, guarda o acogimiento familiar.

El límite será el cuádruple si alguno de los miembros de la familia tiene una discapacidad superior al 33%, situación de dependencia o enfermedad que impida realizar una actividad laboral) o el quíntuple si el deudor tiene parálisis cerebral, enfermedad mental con discapacidad superior al 33% o discapacidad física o sensorial superior al 65% o enfermedad grave que le impida realizar una actividad laboral.

b) Que en los cuatro años anteriores la unidad familiar haya sufrido una alteración significativa de sus circunstancias económicas (cuando el esfuerzo que represente la carga hipotecaria sobre la renta familiar se haya multiplicado por al menos 1,5); o hayan sobrevenido en dicho periodo circunstancias familiares de especial vulnerabilidad:

1) La familia numerosa, de conformidad con la legislación vigente.
2) La unidad familiar monoparental con dos hijos a su cargo.
3) La unidad familiar en la que alguno de sus miembros tenga declarada discapacidad superior al 33 por ciento, situación de dependencia o enfermedad que le incapacite de forma permanente, de forma acreditada, para realizar una actividad laboral.
4) Deudor mayor de 60 años.
5) La unidad familiar de la que forme parte un menor de tres años.

A efectos de las letras a) y b) anteriores, se considerará que presentan una discapacidad en grado igual o superior al 33% los pensionistas de la Seguridad Social que tengan reconocida una pensión de incapacidad permanente en el grado de total, absoluta o gran invalidez, y a los pensionistas de clases pasivas que tengan reconocida una pensión de jubilación o de retiro por incapacidad permanente para el servicio o inutilidad.

c) Que la cuota hipotecaria resulte superior al 50% de los ingresos netos de la unidad familiar o al 40% si uno de los miembros se encuentra en alguna de las situaciones mencionadas en el punto (a) anterior.

Las medidas previstas en el real Decreto-Ley, se aplicarán igualmente a los avalistas hipotecarios respecto de su vivienda habitual y con las mismas condiciones que las establecidas para el deudor hipotecario.

Examinemos con un mayor detalles algunas de las medidas que se integran en el presente código de buenas prácticas como parte de las correspondientes a las existentes en la buenas prácticas bancarias.

1) Bonificación del interés moratorio: El interés moratorio aplicable al capital pendiente del préstamo hipotecario, será el resultante de sumar a los intereses ordinarios pactados en el préstamo un 2 %.
2) Reestructuración de la deuda: Así mismo, podrán acogerse a esta medida siempre que el Precio de Adquisición de la vivienda no exceda de un 20% del que resultaría de multiplicar la extensión del inmueble por el precio medio por metro cuadrado para vivienda libre que arroje el Índice de Precios de la Vivienda elaborado por el Ministerio de Fomento para el año de adquisición del bien inmueble y la provincia en que esté radicado dicho bien, con un límite absoluto de 300.000 €. Los inmuebles adquiridos antes del año 1995 tomarán como precio medio de referencia el relativo al año 1995.

1. Buenas Prácticas desde la perspectiva Socio-economica

Pues bien en el contexto de las Buenas prácticas en materia edificatoria, la primera referencia hay que hacerla a los principios informadores de la actuación administrativa. Así, la tradicional configuración del derecho a la Vivienda como un principio rector de la política social y económica viene a contrastar con la proyección del mismo en el ámbito privado y patrimonial de las unidades familiares, y con la propia conformación de la ciudad. En este contexto, se hace precisa el establecimiento de medidas que se orienten tanto a las políticas dirigidas a favorecer el acceso a la vivienda, como las que permiten su conservación y aquellas que se orientan a la regeneración urbana de espacios degradados así como a la rehabilitación inmobiliaria. Respecto del Acceso a la vivienda, las condiciones del mercado inmobiliario, en los momentos de crisis económica han dificultado el mismo, instrumentos como el **Fondo Social de Viviendas**, puesto en marcha en enero 2013, a partir del acuerdo entre: el Ministerio de Fomento, el Ministerio de Economía y Competitividad, la Ministra de Sanidad, Servicios Sociales e Igualdad, el Presidente de la Federación Española de Municipios y Provincias, la Plataforma del Tercer sector, el Banco de España, la Asociación Española de la Banca, la Confederación Española de Cajas de Ahorro, la Unión Nacional de Cooperativas de Crédito, la Asociación Hipotecaria Española, Banca March, El BBVA, Banco CEISS, Banco de Sabadell S.A., Banco de Valencia S.A., Banco Español de Crédito, Banco Espirito Santo S.A., Banco Cajatrés S.A., Banco Mare Nostrum S.A., Banco Popular Español S.A., Banco Santander S.A., Bankia S.A., Bankinter S.A., Barclais Bank S.A., Caixa Bank S.A., Unicaja Banco, S.A. Caja Rural de Aragón S.A. Bankinter S.A., Caixa Bank, S.A., Monte de Piedad Ontinyent, Caja Laboral Popular S.A., Caja Rural Castilla-La Mancha S.A., Caja Rural de Granada S.A., Caja Rural de Soria S.A., Caja Rural de Extremadura S.A., Cajas Rurales Unidas S.C.C., Caja Rural Caja Siete S.C.C., Catalunya Banc S.A., Deutsche Bank, IberCaja Banco S.A, ING Direct, BBK Bank Caja Sur S.A.U., Liberbank S.A., NGC Banco S.A., Caja Rural Aragón S.A..

En este contexto el FSV, está cumpliendo una función significativa al permitir el acceso en régimen de alquiler en aquellos supuestos de vulnerabilidad social que motiva la situación de impago del crédito hipotecario y que mediante la creación del Fondo Social se pretende paliar.

Pues bien como una medida de emergencia social, que tiende a permitir el acceso a la vivienda en régimen de alquiler para los que hayan perdido la titularidad de la vivienda, se debe considerar una buena práctica la de permitir el acceso a las mismas, sin mayor limitaciones que las establecidas en la Ley.

Así, para acceder a las viviendas en régimen de arrendamiento, se establecen en el convenio que crea el FSV, las siguientes[2]:

— Que el desalojo se haya producido como consecuencia de una demanda de ejecución hipotecaria, iniciada por algunas de las entidades firmantes del convenio.
— Que el desalojo se haya producido a partir de 1 de enero de 2008.
— Que, en el momento de presentación de la solicitud, se encuentre en las circunstancias siguientes:
  1.º Que el conjunto de los ingresos de los miembros de su unidad familiar no supere el límite de tres veces el Indicador Público de Renta de Efectos Múltiples.
  2.º Que ninguno de los miembros de la unidad familiar disponga de vivienda en propiedad o de un derecho de usufructo sobre una vivienda.
— Que se encuentre en un supuesto de especial vulnerabilidad. A tal fin, se entenderán como tales cualquiera de los siguientes:
  1.º Familia numerosa, de conformidad con la legislación vigente.
  2.º Unidad familiar monoparental con dos o más hijos a cargo.
  3.º Unidad familiar de la que forme parte, al menos, un menor de hasta tres años.
  4.º Unidad familiar en la que alguno de sus miembros tenga declarada discapacidad superior al 33 por ciento, situación de dependencia o enfermedad que le incapacite acreditadamente de forma permanente para realizar una actividad laboral.

---

[2] Acuerdo de Creación del FSV, pág. 7 y ss.

5.º Unidad familiar en la que el deudor hipotecario desalojado se encuentre en situación de desempleo y haya agotado las prestaciones por desempleo.
6.º Unidad familiar con la que convivan, en la misma vivienda, una o más personas que estén unidas con el titular de la hipoteca cuyo impago produjo el desalojo o su cónyuge por vínculo de parentesco hasta el tercer grado de consanguinidad o afinidad, y que alguno de sus miembros se encuentren en situación personal de discapacidad, dependencia, enfermedad grave que les incapacite acreditadamente de forma temporal o permanente para realizar una actividad laboral.
7.º Unidad familiar en que exista alguna víctima de violencia de género, conforme a lo establecido en la legislación vigente.

Pues bien, a la luz de las disposiciones vigentes resulta especialmente relevante la configuración de lo que se entienda por vulnerabilidad social, y como calificarla, hasta el punto de que las solicitudes deben ser valoradas en función de la calificación de aquellas que presenten un mayor riesgo social.

BP1: Establecimiento de medidas Políticas de contenido económico que se orienten a minimizar las situaciones de vulnerabilidad social, con carácter integral.

Se puede afirmar sin ambagues que la calificación de la Vulnerabilidad social, y las situaciones de riesgo de exclusión social han motivado la incorporación de medidas de contenido económico que integran la participación de los operadores socioeconómicos que afectan al mercado inmobiliario.

Pues si la vulnerabilidad social se puede expresar en términos económicos, esto es la incapacidad para acceder en las mismas condiciones que los demás a los bienes y servicios, también tiene una vertiente positiva manifestada en la expresión de una especial atención requerida por los poderes públicos tendentes a satisfacer una necesidad particular del colectivo vulnerable (esto es menores, o personas mayores, personas con alguna diversidad funcional).

En este contexto, la perspectiva de género debe ser incorporada a las políticas de atención a la remoción de obstáculos que promuevan la vulnerabilidad social de la mujer en el acceso a la vivienda. Más allá de los supuestos de violencia de género, o la atención al tiempo dedicado al cuidado de los hijos, la estructura familiar permite nuevas formas de entender la unidad familiar y su proyección en necesidad edificatoria.

BP2: La transformación de la Sociedad española en la proyección específica de la conformación de unidades familiares debe ser integrada en las propuestas normativas de atención a la familia y al acceso de la misma a una vivienda digna y adecuada.

Instrumentos como el Fondo Social de Vivienda o la necesaria puesta en marcha de los Planes de vivienda a través de la concertación económica y social, pero con atención a la participación de la Sociedad civil, permiten integrar en los modelos de desarrollo y propuestas de normativas que afecten al régimen de acceso a la vivienda el factor de la participación y de la innovación Social.

En este sentido, resulta innegable tal y como nos recordarían las conclusiones del VII COT, Congreso de Ordenación del Territorio y Medio Ambiente Celebrado en Madrid en el mes de noviembre de 2014, acudir a la concertación social y económica sin olvidar la participación ciudadana las formulas que ésta incorpora.

Por ello puede afirmarse haciendo nuestras la conclusión número séptima, que:

«El bueno gobierno exige que la planificación y gestión territorial, urbana y ambiental, aseguren mecanismos de concertación, colaboración, y cooperación interadministrativa, interdepartamental y con la Sociedad Civil.»

En la Administración Pública del Siglo XXI, en la que las comunicaciones electrónicas (E-Administración) aspiran a convertirse en elemento habitual de interrelación entre el Administrado y la Administración. En la que los ciudadanos pueden tener acceso en tiempo real a la información disponible en dispositivos electrónicos capaces de proporcionarles datos que afecten y puedan mejorar su calidad de vida en la ciudad. En un contexto en el que se han aprobado el Plan Nacional de Ciudades Inteligentes, y las municipalidades aspiran a convertir a su ciudad en una metrópoli que pueda ser calificada como tal, cuestiones de orden social como el aseguramiento a una vivienda digna y adecuada siguen siendo una asignatura pendiente, que demanda un esfuerzo significativo de los poderes públicos para mejorar no sólo las estrategias de relación con los ciudadanos sino las forma en la que lleva a cabo la gestión de las políticas públicas que tiene obligación de acometer en el servicio al interés General (Art. 103 de la Constitución Española).

Es por ello que las políticas de vivienda deben configurarse no sólo desde la ciudadanía sino para la ciudadanía,. Esto permite entender una nueva gobernanza de lo público desde la innovación social, que se base en valores de transparencia institucional y de eficacia y garantía. Tanto en la gestión de los recursos públicos como en la salvaguarda de los intereses de los particulares que aspiran a ver modulada la propiedad en la función social que la define constitucionalmente y a poder acceder en condiciones de igualdad a una vivienda digna y adecuada, en la formula de tenencia que precisen.

BP3: La Gobernanza Pública debe partir de la constatación de la necesidades sociales, e integrar los mecanismos de participación adecuados que garanticen el adecuado equilibro entre derechos-garantías y la salvaguarda del interés general.

Las formulas de comunicación han cambiado las dinámicas de poder, han permitido la interacción de agentes que en otro tiempo era difícil, y puede generar escenarios que no se proyectan ya a escala local o nacional sino internacional. Los operadores públicos conscientes de esta realidad deben regular y adaptar las disposiciones normativas a una escala de gobernanza global.

Las decisiones de contenido económico internacional, y sus impactos en las economía locales son muestra evidente de que las interacciones se suceden en escenarios que requieren de nuevas herramientas de acción. Cuestiones que han generado el debate científico en ámbitos disciplinares como el Derecho Administrativo, la ciencia política y de la Administración, la Economía, y la Sociología Urbana. Por ello deben buscarse nuevas fórmula de participación e implicación pública que superen las insuficiencias de la formalización actual.

BP4: Las Administraciones Públicas deben mejorar la forma en la que gestionan la participación ciudadana en las decisiones que afectan al acceso a la vivienda y al uso del suelo.
Esta mejora vendrá de la mano de una implementación de técnicas de gestión menos formalizadas y más eficaces capaces de llegar a todos los agentes implicados y de resolver con inmediatez cuestiones en la actualidad aún demoradas.

En estos momentos en los que nos hemos visto sacudidos por una profunda crisis económica, los poderes públicos, los gobiernos y administraciones deben esforzarse por actuar como motor de recuperación económica, **creando instrumentos que generen confianza en los ciudadanos e impulsen la actividad de la sociedad**. Recae por tanto sobre los poderes públicos la labor de fomentar e impulsar la actividad la actividad económica que trasladada al sector de la construcción/rehabilitación de vivienda permitan repercutir los efectos de las mismas en una mejora conjunta del sistema económico del país[3].

Además, la accesibilidad a la vivienda no sólo debe ser económica sino física. Esto es, la mejora de la misma debe contemplar la supresión de las

[3] Se observa el impacto del sector de la Construcción en el resto de la economía, como un motor económico de primer orden, de tal suerte que los análisis de coyuntura del sector se convierten con cierta frecuencia en diagnóstico de la evaluación del grado de desarrollo económico del país. Así el repunte anunciado a final del 2014, en el sector de la construcción ha sido considerado como signos de un repunte económico (http://www.elmundo.es/economia/2014/12/12/5489e8ec268e3e5c0f8b456e.html).

Barreras arquitectónicas existentes e integrar parámetros de sostenibilidad ambiental en la adaptación del edificio para su acceso a los colectivos que presenten alguna dificultad ambulatoria.

La normativa Andaluza sobre supresión de barreras arquitectónicas debe tomar en consideración no sólo las reformas operadas en materia para adaptarse a las nueva coyuntura socio-económica e inmobiliaria sino que debe prever la adecuada adaptación de los edificios que aún presentan barreras, mediante el uso y la implementación de nuevas tecnologías.

Así, el Decreto 293/2009, de 7 de julio[4], vino a regular el Reglamento que regula las normas sobre accesibilidad en las infraestructuras, el urbanismo la edificación y el transporte en Andalucía. Norma que vendría a recoger las recomendaciones del Defensor del Pueblo Andaluz así como de la comisión de Accesibilidad, y Eliminación de Barreras arquitectónicas, urbanísticas y del transporte de Andalucía. Cuestiones que se han abordado con carácter complementario a la regulación existente respecto de la atención a las personas con discapacidad o la normativa estatal que prevé la supresión de barreras arqutiectónicas, y ello en el contexto del Consejo Andaluz de Personas con discapacidad. Pues dicha regulación del año 2009, debe hacerse compatible con las previsiones de rehabilitación inmobiliaria contenidas en el Texto Refundido de la Ley del Suelo y Rehabilitación Urbana 7/2015, de 30 de octubre, en la medida en que permitan integrar las previsiones de accesibilidad universal en las actuaciones que se lleven acabo con el fin de remodelar el espacio urbano, vía actuaciones de regeneración urbana o de rehabilitación inmobiliaria.

BP5: Las actuaciones en materia inmobiliaria deben tomar en consideración las necesidades de aquellos colectivos con especial necesidad de adaptación por razón de diversidad funcional, edad o discapacidad. Se considera buena práctica aquella que permitan la adaptación de los edificios al entorno no sólo económico sino social. Las políticas públicas tendentes a este fin deben en Andalucía integrar los contenidos de la normativa sobre supresión de barreras arquitectónicas en los proyectos de regeneración urbana.

En otro orden de ideas, el acceso a la vivienda en nuestro país es aún en un amplio porcentaje de **vivienda en régimen de propiedad**. La tenencia de al vivienda predetermina las vicisitudes que la misma presenta respecto de las consecuencias que la falta de recursos económicos ha puesto de manifiesto en alusión a los casos del lanzamiento de la vivienda por impago del préstamo hipotecario. La tenencia de la Vivienda se configura pues como parte integrante del Derecho a la Vivienda digna y Adecuada[5].

---

[4] Publicado en el BOJA de 21 de Julio de 2009, núm. 115.

[5] Así, señala GÓMEZ JIMENEZ, en «Repensando el derecho a la Vivienda: Derecho Humano o principio Rector», en Revista Europea de Derechos Fundamentales, Universidad Rey Juan Carlos, en prensa, 2015.

Las políticas adoptadas en materia de vivienda por su lado contribuye no solamente a la mejora del sector económico al que va referida sino que **permite la mejora de la cohesión social, convirtiéndose en un factor de cohesión en la construcción europea**[6].

En el ámbito de la gobernanza pública cada vez resulta más precisa la disminución de la judicialización de los asuntos públicos. Las Políticas Públicas de Vivienda debieran permitir mecanismos de conciliación, mediación y arbitraje que fomenten instrumentos existentes en nuestro ordenamiento jurídico tendentes a la resolución extrajudicial de conflictos. Sin perjuicio de las dificultades que la puesta en valor de los mismos plantea[7], en la Ley de Medidas de Vivienda de la Comunidad Autónoma Andaluza se ha puesto de manifiesto la necesidad de incorporar mecanismos de arbitraje, que han dado lugar a las Juntas Arbitrales de Vivienda de Andalucía[8], con las dificultades que su implementación lleva consigo.

BP6: La deseada disminución de la litigiosidad en la política de vivienda debe contar con la puestas en valor de mecanismos de resolución extrajudicial de los conflictos tales como las creadas Juntas Arbitrales de Vivienda de Andalucía, dotándolas de especial regulación y alcance de sus decisiones.

---

2. Buenas prácticas desde la perspectiva ambiental

La definición contenida en la Ley del Suelo de 2015 respecto del derecho a la Vivienda, incorpora ya desde los parámetros urbanísticos previsiones de protección ambiental en la expresión de sostenibilidad de las políticas públicas que se acometen. Así el artículo 3 de la norma viene a incorporar principios de desarrollo territorial y urbano sostenible en la política urbanística y edificatoria.

Como quiera que las cuestiones de eficiencia energética permiten una calificación diferenciadas de las políticas públicas en la materia, y existen en la actualidad importantes documentos relativos a la misma, hacemos en este punto referencia a la Guía de Buenas prácticas aprobadas en la región de la UNECE, orientada a la eficiencia energética de la vivienda.

---

[6] Víd. CECODHAS, Conferencia Europea de la Vivienda, la vivienda factor de cohesión en la construcción europea. Valencia 1997.

[7] Víd. En este sentido las ponencias al X Congreso de la Asociación de Profesores de Derecho Administrativo que han abordado con carácter monográfico las cuestiones suscitadas en torno a la implementación de medios de resolución extrajudicial de conflictos en «Actas del X Congreso de la AEPDA», *INAP*, en prensa 2015.

[8] En el texto referenciado ut supra, puede leerse aportación de GOMEZ JIMENEZ, María Luisa: «Las Juntas Arbitrales en Andalucía: Un caso aparte?». INAP, 2015.

Pues dicha guía de Buenas Prácticas no ha sido aún traducida al Español, al ser un producto para los países de la UNECE. Por contradictorio que esto pudiera parecer dada la necesidad de su difusión y su integración a nivel global, el caso es que en el documento se recoger una serie de sugerencia que entendemos deben ser implementadas en nuestro país respecto de la rehabilitación energética y de la eficiencia energética en los procedimientos edificatorios. Es por ello, que con independencia de las propias valoraciones realizadas en el equipo de investigación, derivadas de las actuaciones desarrolladas en el proyecto se ha optado en este punto por ser fiel al documento no conocido ni difundido en nuestro país, para que nuestra Comunidad Autónoma sea pionera en la implementación de las directrices en el contenidas que por otro lado no difieren en el exceso de las lineamientos que han sido desarrollados hasta la fecha en la materia.

V. DECÁLOGO BUENAS PRÁCTICAS EN VIVIENDA Y REHABILITACIÓN SOSTENIBLE

1.—Desde la perspectiva social y económica, podemos considerar:

La dación en pago como una de las primeras prácticas que se deberían tener en cuenta en esta guía de buenas prácticas. Estas medidas se consideran como voluntarias por las entidades financieras, siguiendo el Código de Buenas Prácticas Bancarias, e incluyen además el alquiler normal y el solidario.

La Ley 1/2013 de 14 de mayo, de medidas para reforzar la protección a los deudores hipotecarios, reestructuración de deuda y alquiler social que modifica en su Capítulo IV el Real Decreto-Ley 6/2012, de 9 de marzo, de medidas urgentes de protección de deudores hipotecarios sin recursos constituyó la primera medida normativa dirigida a la protección de los deudores hipotecarios, contemplando la dación en pago en determinadas circunstancias.

En esta ley, se incluye la posibilidad de que el deudor presente una propuesta a la entidad de crédito, en tres fases de actuación. En primer lugar, la reestructuración viable de la deuda hipotecaria, a través de la aplicación a los préstamos o créditos de una carencia en la amortización de capital y una reducción del tipo de interés durante cuatros años y la ampliación del plazo total de amortización. En segundo lugar, el ofrecimiento de los deudores de una quita sobre el conjunto de su deuda, y por último, la dación en pago como medio liberatorio definitivo de la deuda.

Estas acciones pueden ser beneficiosas para mejorar el nivel de imagen de la entidad bancaria en momentos de crisis de identidad corporativa en este ámbito, y al mismo tiempo que se adhieran al Código de Buenas prácticas de Vivienda y Rehabilitación Sostenible.

2.—Desde el punto de vista social, el acceso de la vivienda a pensionistas no contributivos, que no sean propietarios de una residencia, según el art. 2

del Real Decreto 1191/2012, de 3 de agosto, por el que se establecen normas para el reconocimiento del complemento de pensión para el alquiler de vivienda a favor de los pensionistas de la seguridad social en su modalidad no contributiva. Por un lado, destinadas a personas que hayan cotizado a la seguridad social durante su vida laboral; y por otro, personas que carecen de recursos económicos para obtener una pensión no contributiva.

Se establecen normas para el reconocimiento del complemento de pensión para el alquiler de vivienda a favor de los pensionistas de la seguridad social en su modalidad no contributiva. Se propone estableces criterios más flexibles para este segmento de población.

3.—La actual situación de incapacidad de las familias para costear unos suministros «mínimos» de energía se consolida como problema social. Según un informe de la Asociación de Ciencias Ambientales, la pobreza energética está generando anualmente más muertes que los accidentes de tráfico en carretera.

El papel de las Administraciones es determinante en este sentido como garantes de las coberturas sociales mínimas, ejerciendo su poder para garantizar los suministros energéticos, así como en la concreción de parámetros clave como «pobreza energética», «suministros vitales» o «consumidor vulnerable» que permitan articular políticas públicas de cobertura social dirigidas a aquellos núcleos familiares que más necesidades tienen.

La llamada a la intervención de los poderes del estado en el ejercicio de regulación y control del sector eléctrico, con el objetivo de mejorar todo modelos de facturación inteligibles, e importantes cuñas de impuestos gubernamentales en el recibo eléctrico, en dinámica creciente, a soportar directamente por las familias.

4.—Hay que considerar socialmente, la Ley del Suelo y de rehabilitación urbana aprobada por Real Decreto Legislativo 7/2015, de 30 de octubre, la accesibilidad, como un aspecto importante a tener en cuenta; de tal forma que se incluye el acceso a las personas con movilidad y comunicación reducidas el acceso y la circulación por el edificio en los términos previstos en su normativa específica.

5.—*Desde el punto de vista medioambiental,* se aconseja que se utilicen garantías necesarias para el adecuado desarrollo de edificaciones, con el fin de asegurar la calidad mediante el cumplimiento de los requisitos básicos de los edificios y la adecuada protección de los intereses de los usuarios. Según la Ley de Régimen del Suelo y Rehabilitación Urbana 7/2015, de 30 de octubre, la forma que reglamentariamente se establezca, en el proyecto, la construcción, el mantenimiento, la conservación y el uso de los edificios y sus instalaciones, así como en las intervenciones que se realicen en los edificios existentes.

En cuanto a la economía sostenible, todas las grandes empresas deben tener conocimiento y están sujetas a la Ley 2/2011, de 4 de Marzo, de economía sostenible. En esta ley se recoge el compromiso de la formación profesional en su capítulo VII, su Título III está dedicado íntegramente a la sostenibilidad medioambiental (energía, niveles de emisiones, transportes, etc.)

La importancia de la utilización de materiales sostenibles, es decir, que generen residuos de bajo impacto ambiental tras ser tratados para su uso (productos reciclados o renovables, etc.)

6.—Obligación de mejorar la gestión del agua, ya sea por exceso como por defecto, a través de la planificación medida acorde con las necesidades de la población; así como la potabilización de la misma y la conservación adecuada de ríos, cauces fluviales, embalses y acuíferos.

7.—Adecuado uso de las energías renovables, tales como la energía solar, a través de placas solares en aquellos edificaciones que sean rentables, tanto económica como espacialmente. Además de la correcta utilización de otras energías como la energía aeólica, entre otras. Es preciso llevar a cabo una reforma sustantiva del régimen de las energías renovables que permita su integración en los procesos edificatorios y la generación de mecanismos de eficiencia energética interrrelacionados

8.—Es necesaria la evaluación de los posibles efectos en el medio ambiente por parte de las organizaciones, además de establecer un órgano legislador en aspectos medioambientales, según la Ley 21/2013, de 9 de diciembre, de evaluación ambiental.

Esta ley establece las bases que deben regir la evaluación ambiental de los planes, programas y proyectos que puedan tener efectos significativos sobre el medio ambiente, garantizando en todo el territorio del Estado un elevado nivel de protección ambiental, con el fin de promover un desarrollo sostenible, mediante:

a) La integración de los aspectos medioambientales en la elaboración y en la adopción, aprobación o autorización de los planes, programas y proyectos;
b) el análisis y la selección de las alternativas que resulten ambientalmente viables;
c) el establecimiento de las medidas que permitan prevenir, corregir y, en su caso, compensar los efectos adversos sobre el medio ambiente;
d) el establecimiento de las medidas de vigilancia, seguimiento y sanción necesarias para cumplir con las finalidades de esta ley.

9.—Ser consciente de la importancia de la sostenibilidad ambiental de las construcciones, centrándose específicamente en su dimensión paisajística, abordando los problemas de impacto ambiental y paisajístico de las aglomeraciones de edificaciones dispersas ubicadas en espacios rurales, habitualmente sobre suelo no urbanizable y al margen de la legalidad.

10.—Es precisa una configuración integrada de las actuaciones de rehabilitación y regeneración urbana que impliquen la toma en consideración no sólo de aspectos urbanísticos y edificatorios sino de la necesidad social, que reflejen la sostenibilidad social que los procesos de rehabilitación edificatoria deben incorporar, y promover en los próximos años.

BIBLIOGRAFÍA

ARANA GARCÍA, ESTANISLAO; La reforma de la Constitución para constitucionalizar el principio de estabilidad presupuestaria como medida estructural de lucha contra crisis económica en España, Il diritto dell'economia, vól. 25, núm. 77, (1-2012) pag. 125-137, Modena, Enricho, Mucchi, Editore, 2012.

«Conferencia Europea de la Vivienda, la vivienda factor de cohesión en la construcción europea», CECODH

COSCOLLANO RODRÍGUEZ, JOSÉ: Ahorro energético en la Construcción y rehabilitación de edificios». Thomson, 2002.

DÍAZ LEMA, J.M. «Rehabilitación Urbana o como hacer de la necesidad virtud», en Revista de Derecho Urbanístico y Medio Ambiente, 2010, abril-mayo, pp. 11 y ss.

GARCÍA GARCÍA, M.ª JESÚS: El Régimen Jurídico de la Rehabilitación Urbana. Instituto Alfons. El Magnanim. Madrid. 1999.

GARCÍA RUBIO, F; MELLADO RUIZ, LORENZO: Eficiencia Energética y Derecho, Dykinson, S.L. Asociación de Promotores Públicos. Madrid. 2013.pp. 15 y ss.

GÓMEZ JIMÉNEZ, MARÍA LUISA: «Informe sobre la regeneración urbana en España: nuevo instrumentos normativos en un escenario de cambios», Revista de Derecho Urbanístico y Medio Ambiente. Núm. 285. 2013.

JIMÉNEZ HERRERO, LUIS. M. «La sostenibilidad como oportunidad frente a la crisis: economía verde y empleo», Observatorio de la Sostenibilidad en España.

SERRALLONGA SIVILLA, M.ª MONTSERRAT, Medidas para el control del empleo sumergido y la rehabilitación de viviendas., en La Administración Práctica 7/2011, Aranzadi Pamplona. 2011.

OLANGUA, PABLO; La rehabilitación como Política de Vivienda, en Análisis Local núm. 82/2009, Consultores de Administraciones Públicas. Madrid. 2009.

OLMO JUAN: Urbanismo y Crisis Social: El País, en http://ccaa.elpais.com/ccaa/2014/01/27/valencia/1390821053_949480.html

QUINTANA LÓPEZ, TOMÁS; «De la conservación de las edificaciones a la regeneración de la ciudad existente», en Revista de Derecho Urbanístico y de la Edificación, núm. 24, 2011.

PONCE SOLÉ: «Políticas Públicas para afrontar la regeneración urbana de espacios degradados; una visión integrada desde el derecho», en Revista Aragonesa de Administración Pública, núm. 41-42, Zaragoza. 2013.

TEJEDOR BIELSA, JULIO: «Reflexiones sobre el Estado Urbanístico: entre la anomalía y la excepción», Revista de Administración Pública, núm. 181, enero-abril 2010.

Derecho a la vivienda y burbuja inmobiliaria. La Ley, 2012.

Libro Blanco de la sostenibilidad en España en el planeamiento Urbanístico Español. Ministerio de la Vivienda. Gobierno de España. 2010.

ARNALDO ALCUBILLA, ENRIQUE (2003) «Autonomía y modernización del Gobierno Local», en Diario la Ley, 5908.

ARROZAMENA SIERRA, JERÓNIMO (2002): «Unas consideraciones previas sobre los poderes locales en la umbral del Siglo XXI», en Arrozamena Sierra J (coord.). El Derecho Local en la doctrina del Consejo de Estado, BOE, Madrid.

BALLESTEROS FERNÁNDEZ, ÁNGEL (2004): «Comentarios al Proyecto de Ley de Medidas para la Modernización del Gobierno Local», en Ballesteros Fernández, A.; Modernización del Gobierno Local (comentarios a la Ley 57/2003, de 16 de diciembre), en El Consultor de los Ayuntamientos y Juzgados, Madrid.

BARRERO RODRÍGUEZ, C (1990): «El Reglamento Orgánico de las Entidades Locales en el sistema de fuentes. A propósito de la STC 214/89, de 21 de Diciembre sobre la Ley Básica de Régimen Local», Revista Andaluza de Administración Pública, núm. 2, 1990.

BOIX PALOP (2014) en «Tres notas explicativas sobre el sentido y orientación de la Ley 27/2013 de racionalización y sostenibilidad de la Administración local», que puede verse en: http://blogs.elpais.com/no-se-trata-de-hacer-leer/2013/12/tres-notas-explicativas-sobre-el-sentido-y-orientaci%C3%B3n-de-la-ley-272013-de-racionalizaci%C3%B3n-y-sosteni.html

DÍEZ SÁNCHEZ (coord.) (2013); La planta del Gobierno Local. Asociación de Profesores de Derecho Administrativo. Fundación Democracia y Gobierno Local.

EMBID IRUJO, A. (1981): «Autonomía municipal y Constitución; aproximación al concepto y significado de la declaración constitucional de la autonomía local», en Revista Española de Derecho Administrativo, núm. 30.

FERNÁNDEZ HERNÁNDEZ, (2014) Octavio Manuel, «La emisión de Informes en el Procedimiento Administrativo Local», Revista CEMCI, Enero-Marzo 2013, núm. 18.

FONT I LLOVET, TOMÁS (1999): «La autonomía Local en España a los veinte años de la Constitución: perspectivas de cambio» en Font i Llovet T. (dir) Anuario del gobierno Local, 1998, Marcial Pons, Barcelona.

GARCÍA ROCA, JAVIER (2000): «El concepto actual de la autonomía Local según el bloque de la constitucionalidad», en Revista de Estudios de la Administración Local y Autonómica, núm. 282.

GARCÍA RUBIO, F; y MELLADO RUIZ (2013); Eficiencia energética y Derecho, Dykinson S.L. Madrid.

GÓMEZ JIMÉNEZ, MARÍA LUISA (2006): La Intervención Administrativa de la Vivienda en España, 1938-2005, Montecorvo. Madrid.

— (2007) «Public Initiatives and Social Needs: and American and Spanish Perspective on Housing», in International Journal of Interdicisplinary Social Sciences, Common Ground Publishing, Melbourne, Australia.
— (2013) «De la Inspección Técnica de Edificios a la Certificación de Eficiencia energética: algunas reflexiones en torno a su configuración jurídica», en Congreso de la Asociación Española de Profesores de Derecho Administrativo. Alicante, Febrero.
— (2013) «Informe sobre la Regeneración Urbana en España: nuevos instrumentos normativos en un escenario de cambios». Revista Española de Derecho Urbanístico y Medio Ambiente núm, 285.
HUERGO LORA, A. (2013):«El Derecho Administrativo y la Sentencia del Tribunal de Justicia sobre los Desahucios», en Revista Española de Derecho Administrativo, núm. 158, abril-junio 2013. Pág.17-22.
MARAZUELA BERMEJO, A (2003). «El principio de autonomía local en el constitucionalismo español», en Revista parlamentaria de la Asamblea de Madrid, núm. 8.
MORA BONGERA, F (1991). «Régimen jurídico de las Entidades Locales: la incidencia de la Sentencia del Tribunal Constitucional 214/1989, de 21 de diciembre sobre el sistema de fuentes» en Revista Española de Derecho Administrativo, núm. 70.
PAREJO ALFONSO, L. (2002): «El municipio y su autonomía», en Revista de Estudios de la Administración Local, núm. 288.
RODRÍGUEZ ÁLVAREZ, JOSÉ M. (1996): La Carta Europea de la Autonomía Local. Su significado en el ordenamiento jurídico español, Bayer Hnos. Barcelona.
SÁNCHEZ MORÓN, M.(1990): La autonomía local: antecedentes históricos y significado constitucional. Cívitas, Madrid.
TEJEDOR BIELSA «Derecho a la vivienda y burbuja inmobiliaria: de la propiedad al alquiler y la rehabilitación», La Ley, Las Rozas (Madrid), 2012.
TOSCANO GIL, FRANCISCO (2006):Autonomía y Potestad normativa Local. Comares, Universidad Pablo de Olavide de Sevilla, Sevilla.

Made in United States
Orlando, FL
04 November 2026

90201287R00129